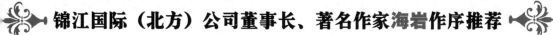

锦江国际（北方）公司董事长、著名作家海岩作序推荐

小日 王潇

著

星级饭店
质量管理

知识产权出版社

全国百佳图书出版单位

图书在版编目(CIP)数据

星级饭店质量管理 / 孙晨阳,王潇著. ——北京:知识产权出版社,2016.6
ISBN 978-7-5130-3554-5

Ⅰ.①星… Ⅱ.①孙… ②王… Ⅲ.①饭店—企业管理—质量管理 Ⅳ.①F719.2

中国版本图书馆CIP数据核字(2015)第129270号

内容提要

本书是饭店管理集团或者管理公司以及实体饭店内部有效控制质量工作的实用手册。针对饭店管理中如何做好质量工作及质量工作中实际需要解决的问题,本书进行了深入浅出的阐述,提供了比较务实的质量管理经验,即如何从硬件到软件把好质量关是本书的核心;如何将质量理念上升为"质量是饭店的生命线"是本书的亮点。此外,通过解读成功案例,本书针对饭店感到棘手的质量管理难题,提出了有效解决的技术手段和措施。本书既可作为星级饭店质量控制的运行手册,也可作为大专院校旅游管理专业、饭店管理专业的教学参考用书。

责任编辑:许 波　　　　　　　　　　责任出版:刘译文

星级饭店质量管理
XINGJI FANDIAN ZHILIANG GUANLI
孙晨阳　王潇　著

出版发行:	知识产权出版社有限责任公司	网　　址:	http://www.ipph.cn	
电　　话:	010-82004826		http://www.laichushu.com	
社　　址:	北京市海淀区西外太平庄55号	邮　　编:	100081	
责编电话:	010-82000860转8380	责编邮箱:	xbsun@163.com	
发行电话:	010-82000860转8101/8029	发行传真:	010-82000893/82003279	
印　　刷:	北京嘉恒彩色印刷有限责任公司	经　　销:	各大网上书店、新华书店及相关专业书店	
开　　本:	720mm×1000mm　1/16	印　　张:	23.5	
版　　次:	2016年6月第1版	印　　次:	2016年6月第1次印刷	
字　　数:	338千字	定　　价:	58.00元	

ISBN 978-7-5130-3554-5

序
Preface

欣喜地看到锦江（北方）管理有限公司原管理部孙晨阳老师在离开饭店管理一线岗位之后，笔耕不辍，将多年管理工作的实践经验进行了回顾、总结、提炼、加工，编写了"星级饭店高级管理丛书"，将星级饭店管理经验传授给业界同仁，以此丰富、扩展中国人管理高星级饭店的模式和经验。真是值得称"赞"。

孙晨阳老师在锦江国际集团地区公司（北方）任职多年，历经锦江国际最大的地区性酒店管理公司从成立到发展的重要阶段：在不到20年的时间里，从开始的3家酒店发展到现在的近40家酒店，管理规模扩大10倍之多。在这期间，孙老师参与了地区公司建章立制及战略实施的过程，在公司管理软件——质量管理体系、培训体系和企业文化体系的建设中，与团队一起参与起草质量管理体系文件、培训体系文件并参与编写企业文化手册等工作。孙老师组织编写了《质量管理工作标准操作手册》，并凭借在管理部主持工作的平台，将质量管理手册落实到具体的对客服务检查和监控工作中，极大地提升了公司所属饭店的品牌意识。为了规范和提升培训工作，组织编写了十几本内部教材，使得公司的专业化管理有了坚实的理论基础和操作规则。为了贯彻落实公司"像军队、像学校、像家庭"的企业文化宗旨，提升饭店对员工管理的理念，孙老师参与了公司企业文化的梳理工作，编辑了《企业文化手册》，并制作宣讲教材，使企业文化鲜活、生动地渗透到管理者和员工的灵魂之中，成为强大的凝聚力。在这一系列软件及制度的建设中，孙老师与团队鼎力合作，亲力亲为地做了许多给力的工作。

　　锦江北方公司品牌发展的过程也是我国改革开放以来旅游饭店业迅速发展并逐步成熟的重要阶段。这个阶段也正是中国饭店业迅速走上集团化发展道路，并与国际饭店管理模式接轨的重要时期。在锦江北方公司快速与国际接轨的过程中，孙老师参与了公司战略升级的具体操作工作，将高层设定的"模仿、创新"战略转化为具体的运作实操步骤，并推行到具体的管理工作中去。特别是在捕捉饭店管理新动向，学习考察国际饭店业最新理念方面，孙老师具有敏锐的觉察能力，并将学习到的新理念转化为高星级酒店员工管理资源，在促进高星级饭店品牌化建设方面成为"助推力"。

　　基于以上经历，在孙老师近期出版的系列丛书中，归纳总结了多年在锦江平台积累的管理经验和实战案例，细腻地介绍了饭店管理软件的三大基石：质量管理、培训管理、员工管理。值得推荐的是孙老师所阐述的质量管理体系、培训管理体系和员工管理体系均带有中国人成功管理高星级饭店的特色。十分可贵的是这几本书中摒弃了从理论到理论的空泛写法，以平实、直白的书面语言，道出了管理的真经，可谓"接地气"。

　　我曾做中国旅游饭店业协会会长十二年，深知在近年来外资酒店管理集团大举进军中国，并以10%的酒店占有90%经营利润的严峻形势下，中国人需要奋起直追。看到有人能够总结提炼管理高星级饭店的经验并加以推广，确是难能可贵的。

　　实事求是地讲，我们中国人管理高星级饭店与世界级品牌还有不小的差距，需要业界朋友积极探索，不断总结自己创造的独特的管理经验，以促进中国高星级饭店在具有中国特色的管理中进一步与国际接轨。相信孙老师近80万字的"星级饭店高级管理丛书"会在中国人管理高星级饭店的探索进程中起到一定的参考作用。

　　期盼孙老师"星级饭店高级管理丛书"成功出版，愿业界同仁共同分享！

二〇一三年十一月

目 录
Contents

导 论

改革开放以来，随着市场经济的飞速发展，中国饭店业可以称得上是异军突起，得到了迅猛的发展，成为国民经济发展中比较快的行业之一。尤其是一些高星级饭店在服务理念、管理方法、操作程序上引入了国际知名饭店的管理经验和做法，率先接近国际水准，成就了广州的白天鹅宾馆、南京的金陵饭店和北京的昆仑饭店等具有国际竞争力的由中国人管理的五星级饭店。这些饭店管理质量的提升，推动中国饭店管理事业步入了现代管理的时代。特别是以锦江国际和首旅建国两大饭店管理集团为代表的饭店管理集团，都在迅速跻身国际饭店业的靠前位置，领军中国饭店集团的发展。近些年，民营饭店集团的发展迅猛，浙江开元饭店管理集团就是比较典型的代表。

自 1982 年北京建国饭店引进香港半岛酒店的管理至今，中国饭店业经历了 30 余年的风风雨雨，饭店管理者对饭店管理的认识在不断提高。他们已经认识到现代饭店管理的竞争焦点主要是服务质量和管理质量的竞争。从认识质量管理的重要性，到提高质量管理的水平，是许多饭店从当初招待所式的管理提升为高档次、高水准星级饭店管理的认识过程和发展过程，也是我国星级饭店与国际管理水准接轨的重要步骤，标志着中国人已经走上自己管理好高星级饭店、创造世界知名品牌的必然之路。

随着近些年饭店业的迅猛发展，随着市场竞争的愈演愈烈，饭店业内人士越来越清楚地认识到，星级饭店的质量管理工作，不单单体现在直接面客的服务质量方面，而更多地体现在管理的后台，体现在饭店管理的各个方面，渗透在一线二线操作的各个岗位，是星级饭店各项管理工作总体水平的反映。饭店业的同仁们经常谈及服务质量管理这个话题。很多人容易把服务质量管理和质量管理混为一谈，实际上质量管理不等同于服务质量管理，服务质量管理是质量管理的一个分支概念。而质量管理是饭店管理中一个大的概念，包括质量意识、质量观、质量体系内容、质量教育与培训，包括所有工作标准和操作程序的制定与贯彻，包括对各项工作的管理与控制，等等。而一些人士对饭店质量管理最直观的认识，仅停留在对客服务时的服务质量上。这是不够全面的，或者说是比较片面的认识。

当然，服务质量固然重要，常常挂在嘴边也是非常必要的，而且服务质量通常是一家星级饭店质量管理的对外窗口。服务质量的好坏，在不同程度上代表着星级饭店质量管理总水平的高低。应该说，客人的感知是最好的评判。如果客人走进一家饭店，立即感觉到它的服务非常规范、得体、员工个个训练有素，各项操作井然有序，基本可以判断这家饭店具有较高水平的服务质量，而这个服务质量的背后一定会有一个重视质量管理的管理团队，一定会有强大的质量管理体系在支撑。反之，员工懈怠、衣冠不整、服务没有章法，一定是管理者无视待客标准，没有质量意识。

作为星级饭店管理者，必须明确地认识到饭店质量管理工作与饭店中的规章制度的制定、教育培训的推行、人力资源的开发及保安工作的管理是一样重要的，对企业的经营发展而言，都具有重大的管理意义。当然在不同命题下，孰轻孰重，是有所不同的。本书主要谈星级饭店质量管理工作，那么从质量管理的命题看，质量管理就是星级饭店的生命线，是饭店生存与发展的重要战略之一，是企业竞争中最本质的资源，"质量就是生命线"的理念是星级饭店创立品牌的一个核心价值观。

一、让我们来深度认识"质量管理是星级饭店管理的生命线"这个命题

在市场经济的发展过程中，人们越来越深刻地认识到质量对于一个产品的知名度和诚信度而言是何等的重要。可以说质量如何是任何一件产品打入市场的头等要素，是产品能否占领市场的决定因素：质量决定着企业的生存，质量决定着企业的发展。没有质量，就没有企业的明天。

目前，国内有些制造企业之所以走在同行业竞争者的前列，这与其对质量的认知水平和保证程度是密不可分的。例如国内家电企业的老大海尔集团，从一个由于产品质量低劣而濒临倒闭的破烂工厂，经过一番彻底的理念转变，通过完善其家电产品的生产与质量保证体系，使其产品成为世界知名品牌并打入国际市场，这其中质量观的转变是必不可少的重要条件。同样道理，国内许多服务企业，不转变质量观、服务观，就会走向自行毁灭的道路。一些国企商业零售网点，之所以越来越不景气，越来越经营不善，这与他们的服务理念有很大关系，与他们的服务质量也有很大关系。但是我们欣慰地看到并体会到：金融、保险、航空服务业，特别是国有银行营业网点等服务质量得到了很大的改善。银行服务再也不是"门难进、脸难看、退休老人站着排队一长串"的景象了，而是设立了舒适的座椅、提供了饮水设备，可以有秩序地拿到电脑打印的排号单、等待电脑叫号，服务人员也是态度和蔼、服务亲切，百问不烦，主动帮助退休老人办理私人业务。

实事求是地讲，作为走在改革开放潮头的饭店业，虽然在服务意识、服务标准方面进步了许多，具有了一定的优势，但是比起世界顶级饭店的管理和服务，我们的差距还不是一星半点。国人要想在饭店业领域更有建树，成为质量可靠、管理出色的先锋，还需要对质量内涵有更加深刻的理解和认识，还须在质量管理方面下更大的功夫，我们的路还很长。

那么，对于质量和质量管理的重要性究竟如何认识？目前还存在着一些不同观点，主要焦点是如何看待产品带来的效益和产品质量带来的声誉之间的辩证关系。

通常在饭店管理中，我们的管理者会说销售是龙头，销售的地位最重要。的确，没有得力的市场营销系统及网络支持，没有有效的营销策略，饭店连生意都做不起来，又谈何服务质量，谈何管理质量呢？但是当销售人员千辛万苦地招揽了客人，客人也非常高兴地入住了我们饭店时，如果因为饭店服务环节或其他环节出现了质量问题而吓退客人，甚至引起客人投诉，把好端端的一笔生意搞"黄"了，那么饭店不仅失去了客人，声誉也会受损。因此，只注重销售是不够的。

通常还会有人认为，经营效益是饭店的硬指标，没有经营效益谈何质量管理，因此大家都要把目光紧紧盯住经营效益。是的，没有理想的经营效益，不管是饭店的管理者还是饭店的业主方（投资者）都是不"爽"的。大家辛苦一年，不但没有利润，还落个亏损的结局，这是谁也不愿意接受的现实。可是如果深入分析的话，效益不好的原因恰恰出自管理，其根源多是质量管理发生了这样或那样的问题，或者是不重视质量管理的某些环节、或者是质量管理不力、或者是对质量管理无方。比如，饭店服务中，最基本的一条是：饭店应该有清洁的客房、良好的卫生设施，使客人从心理上感到愉悦。可是如果饭店的客房灰尘很厚，床单有污迹，卫生间凌乱，随处可见毛发、污物、碎屑等，试想宾客走进这样的客房能够愉悦吗？能够愿意把钱花到这样的饭店吗？为什么他（她）不再寻找另一家饭店落脚呢？

举例来说：有这样三家饭店，在地理位置上比邻而居，其中两家的外观及硬件都强于另外的一家，但是它们的环境氛围、卫生状况、室内陈设、人员精神状态，却只会让客人望而却步；而另一家饭店，外观相对逊色，但亮丽的大堂、幽雅而洁净的环境、殷勤好客的服务员，走进去的第一感觉就会使客人眼前一亮，相比之下，客人更多地是选择这家外表"不起眼"的饭店，甚至有一些客人经过对比后，纷纷从那两家饭店搬过来。这家饭店开业要比前两家晚，但是效益连年上升，出租率常年在90%以上，尽管房价根据行情一升再升，还是占有许多忠实的回头客。这说明：没有质量就没有饭店的效益，也就没有竞争的优势。

此外，我们还要认识到，质量管理不仅是对宾客的一面，对员工的管理质量也是非常重要的。如果一家饭店对员工的管理很混乱，员工在工作中没有热情，更没有激情，心理上感到压抑，找不到归属感，找不到温暖，他们就不会热爱自己所在的饭店，甚至惧怕上班，对岗位心生厌恶。员工的这种感受必然带到工作中，必然在对客服务中不真诚、不主动、不热情或者是呆滞、死板、生硬、机械地照章办事、应付差事。这样的服务，客人肯定不满意，这一定会影响到企业的效益和声誉。应该说这并不是员工本身的问题。

还有些企业虽然似乎重视质量管理，但是没有质量管理的长远规划或战略考虑，表现为走一步说一步，走到哪儿说到哪儿，习惯跟着"感觉"走。这样的饭店质量管理不可能扎实牢靠，表现为时而服务质量好一些，时而服务质量差一些，没有稳定性。

随着现代管理的深入发展，企业家都十分重视战略管理。企业战略是企业全局的、长期的预先谋划，它决定着企业的发展方向，决定着企业的资源配置，决定着企业的质量和信誉，它是企业理想与现实的结合点。饭店管理者如若认识到质量是企业的生命线，那么质量管理就必须在企业战略中占据应有位置，并被提高到"灵魂"的高度来认识质量管理的重要性和必要性。

因此，饭店管理的有识之士想要不断提升自己饭店的品牌，想要将自己的饭店做成有信誉的、有竞争优势的一流企业，就必须认真对待质量管理问题。

现代企业重视产品，质量第一，这是共识。管理者为了保障产品质量，一般都会围绕质量进行管理，通过质量管理创立品牌效应。许多饭店把质量管理提高到企业的生命线来认识，是不为"过"的，好的企业就是要把质量管理当做生命线来对待。

二、星级饭店质量管理中普遍存在的问题

在饭店质量管理中，很多管理者会碰到这样或那样的问题，导致饭店的服务质量总是达不到令人满意的程度，他们会经常感到很无奈；或者是遇上管理中很头疼的事，苦于没有给力的办法解决服务质量差的问题。与之相反，也有的饭店管理者并不看重质量管理，对质量方面的问题见怪不怪，只抓生意，认为收到钱，有效益，不亏损就万事大吉，就是好的经营者。他们的理念是赚钱第一，不必过多地强调质量管理。这显然是管理标准不高的表现。

根据笔者多年经验，悉数在饭店质量管理方面存在的各种问题，归结起来不外乎以下几种情况：

（1）质量管理意识淡薄。在我们国人自己管理的饭店中，不少管理人员质量管理意识淡薄，对质量管理的做法是顺其自然，只要饭店正常运转即可。也有的人在口头上承认质量的重要性，但只停留在口头上，并不真抓实干，只要没有客人投诉，从来不主动查看各个岗位服务如何，工作质量如何。

（2）质量管理措施乏力。有的管理者对质量的重要性不是不清楚，但是缺乏措施，不重视管理机制的作用。主要表现是无论在组织机构上、人员保障上，还是管理方法上，都没有建立一套明确的有效机制，且日常管理缺乏制度保障和数据积累，管理存在随意性。

（3）质量管理过程停留在形式上。对于质量管理，只注重在形式上强调质量管理的重要性，满足于有组织、有机构、有条例、有规定。至于是否落实到位，是否有人监管，是否每周有检查、有记录、有报告，实际效果如何，查出问题有无整改，整改情况如何等就不太注重了。往往是质量事故发生之后，再去追究责任，质量管理机构和人员实际上就是被投诉后的救火队。

（4）认为质量管理就是单纯的服务质量。有的饭店把质量管理和服务质量的概念混为一谈，甚至简单地理解为抓质量就是抓员工的礼节礼貌、仪容仪表、服务态度。往往重点管理的就是服务工作中一些表面的东西，把整个饭店的质量管

理内容通通局限在服务层面。他们虽然也下工夫去抓、去管，但是因其认识的偏颇，将整个饭店的质量工作局限在服务质量层面上，无法解决深层次的问题。

（5）认为质检巡查就是质量管理的全部。有的饭店对质量管理的理解就是组织一个质检小组，质检人员每天要巡视，内容就是检查各个部位的卫生、纠正员工违纪行为等。他们简单地认为，有质检人员的不断巡视、现场纠正问题，就是在认真地抓质量管理，就是质量管理的全部内容了。

（6）质检工作存在随意性。有的企业日常的服务质量检查，存在较大的个人主观随意性，没有统一的标准和操作规程。比如：在检查中认为某个员工的头发长了，就说：你的头发长，不符合标准，罚款xx元。或者说：你的胸牌已磨损，不符合规定，罚款xx元。检查一圈下来，罚了几百元，认为力度很大，管理很严，员工都被管得很规范了。殊不知这样的检查和罚款，被检查者非常反感，他们不服气的是罚款没有规则，经常私下议论："就是你们说了算，想罚多少就罚多少，可是罚款的依据在哪里？"在这个问题上，经常是员工没有争辩和解释的权利，只得服从，交钱完事。但是员工却由此产生很大的怨气，他们为了找回心理上的平衡，往往会把"气"撒在工作上、甚至撒在客人身上，由工作情绪导致服务质量发生问题，进而影响饭店的总体质量。

（7）把迎检工作当作质量管理的灵丹妙药。有些饭店的质量管理还表现在阶段性和突击性上。当上级要来检查工作，行业管理部门要组织互查、星级评定或星级复核时，饭店会大张旗鼓地突击检查卫生、检查员工仪容仪表、工作状态，强调迎检重要性，强调在检查时一定要按照工作程序和操作规程服务好宾客。往往这种突击性的质量提高会有一定的作用，能够在检查或评比中取得好的成绩。然而往往等上级的检查完毕后，饭店员工短时内绷紧的弦就会松懈下来，可能会几天内都一蹶不振，使整个饭店的服务状态出现马鞍形起伏。

还有许多这样那样的管理方式，表面看是在认真地抓，也非常重视质量管理，而实际上或者认识不够明确，或者做表面文章，或者只是为了应付上级，都没有真正地从根本上重视质量管理工作，没有下工夫从制度上、管理体系上建立一套保障制度，没有科学、透明、规范地抓好质量管理。虽然下的工夫也不小，但是并不能扎扎实实地做好质量管理，也不可能科学有序地做好质量管理工作。这样抓质量，没有长效性，没有稳定性，没有持续性，也不可能有长远的效应。一言以蔽之，这样的饭店不可能有科学、规范、有序的的质量管理。

三、本书涉及的质量管理内容及星级饭店如何做好质量管理实操做法

（1）本书首先给出质量、服务质量、管理质量、饭店管理质量等概念。指出饭店质量管理的特性，对比饭店服务与工业加工企业的产品质量管理的区别，强调服务质量与产品出品在时间上的一致性和不可更改性，故服务性企业的质量管理比产品加工企业的质量管理更加重视现场操作中服务质量的重要性。由此提出饭店质量管理的操作方法和监控内容，给出质量管理的考核评估方法和标准，从而使饭店质量管理成为有形有影，可以操作、可以控制的规范程序。本书还给出了如何建立饭店质量管理体系，如何运行质量管理体系的操作方法等务实可行的实践经验和做法。不管哪家饭店，只要按照基本的质量体系原理和内容，建立适合本饭店的质量管理体系，就可以有序操作，不做表面文章。书中还用大量的鲜活案例来说明问题。

（2）根据笔者的实践经验，本书给出了相关的定义和概念。书中谈及的有关质量管理方面的内容，都试图给出相关的定义和概念。其中有些定义和概念是笔者根据实践率先归纳和总结出来的，具有创新性的特点。

（3）本书阐述的质量管理内容具有操作的可行性和借鉴性。书中的质量管理操作内容是现代饭店管理都会涉及的质量管理问题和管理细节。例如，如何设置饭店质量管理的机构，如何做好饭店日常质量监督，如何控制对客服务岗位的运行质量，如何控制后台保障部位运行质量，如何进行饭店明查工作，如何进行饭店暗访工作，如何运用好宾客意见反馈的工具——宾客意见书，如何建立和使用宾客满意度调查工具，如何做好饭店质量管理的培训工作，如何建立质量管理

的奖惩机制，等等。可以说在操作方法上具有鲜活的可行性和借鉴性。

（4）本书还从战略的角度，谈及了质量管理与品牌创立、饭店质量管理与企业文化的有机结合、质量管理的持久性战略、饭店质量管理与可持续发展等问题。特别强调了饭店要树立社会责任感，处理好经营与环保、节能之间的关系等热点问题。

（5）本书的最大特点在于实操性强，操作方法细致可学。从饭店质量管理的角度，给出了具体的实操性很强的质量管理方法。在操作方法的章节中，内容具体而翔实，既是经验的总结与传授，又是详细的指导与教学。例如，质量管理组织机构如何设置一节甚至给出了饭店质量委员会组织机构图、饭店质量委员会工作职责、部门质量管理小组工作职责等。本书为了帮助一些企业根据实际情况建立适用的管理机构，还特别指出：质量管理机构的设置不一定只有一种模式，也不一定确认某种模式是最好的，关键是这个机构能否适合本饭店的特点，是否起到应有的作用。强调了书本上的经验和做法要与本饭店实际情况相结合的辩证关系。如果我们的某些饭店还不具备集团化管理条件，或者还不具备成熟的、完善的管理体系（即处于管理的初期阶段），又想抓好服务质量和饭店的质量管理工作，有必要按照书中的做法，首先设置质量管理机构，并且要强化这个机构的重要作用，给予一定的权限支持，使饭店的质量从起步阶段就能够得到有效的控制。

（6）本书特别强调饭店质量体系的形成和应用的重要性。饭店要想达到具有竞争力的质量管理标准，就需要提高全员对"质量"的认识，在明确的质量体系文件的指导下，科学、规范、有序地执行质量管理要求和标准，从而产生整合效应，使质量管理工作沿着正确的轨道发展下去。实践表明，质量体系产生的整合效果源于多个要素，而且这些要素之间彼此关联、互相影响，不可偏废。就饭店企业而言，质量管理包括饭店的物质资源、人力资源、技术基础、生产秩序、管理制度等范畴。在饭店整合质量资源、建立质量体系的过程中，要做到使每个环节、每个过程、每个岗位、每个员工都必须达到质量标准的要求。

（7）本书中不仅顾及到了单体的星级饭店质量管理如何操作，还在相关章节中详细地做了介绍。关于目前我国饭店管理公司如何管理饭店质量，如何建立饭店质量管理体系等问题，本书给出了一定的操作方法指导。目前我国饭店业有识之士已经认识到饭店管理公司存在和发展的必要性，相信，今后我国更多的饭店会走上专业化管理的道路。

（8）本书的重大贡献在于给出了成功的质量管理经验和做法。本书围绕饭店质量管理相关内容，介绍了已经产生良好效应的成功的系统运作模式与具体操作方法，给初具规模的新建饭店和新的管理公司提供了可以参照的实操经验，希望能够对饭店管理者有所启发。

（9）本书介绍的质量管理体系具有中国人自己管理高星级饭店的创新性和可操作性。介绍如何让饭店质量系统、运营系统有机结合在一起，使饭店形成全面质量管理体系，做到让管理体系来规范质量管理的操作、检查、监控、评估。这是一整套适合中国人自己管理高星级饭店的实践经验，它经过了二十多年的磨合和调整，具有落地特点和适应本国情况的特点，相信对我国本土星级饭店具有一定参考作用和借鉴作用。

四、如何阅读和使用本书

在现代信息化、快节奏的环境里，每个人都会带着一定的目的选择所要阅读的书籍内容和章节。对于本书，笔者相信一定是饭店业内人士与相关专家学者才会对《星级饭店质量管理》这样的题目感兴趣。也相信某些阅读者从书中寻找解决工作中遇到的难题的答案，有的是从书中了解相关理论的研究与发展，有的是从书中寻找具体的操作方法和技巧，有的或许是从书中找到教学的补充内容与资料，等等。因此，阅读本书，您可以不必全部去读。

如果想了解基本的理论和相关的概念，那么，可以从书中第1章和其他每个章节的起始部分去寻找。

如果想了解作为一个饭店，如何建立质量管理机构和职能，本书的第2章中会有答案。

如果想详细地了解饭店一线、二线的质量检查都有哪些内容，第3章、第4章会给出非常详细的"点"和如何控制的方法。

如果想知道如何进行明查和暗访，尤其是如何处理暗访后的相关事宜，就可以重点阅读第5章、第6章。

如果需要了解有关宾客意见书与宾客满意度调查工作的内容，请阅读第7章和第8章。

如果想要了解和参考如何做好质量管理方面的培训工作，如何建立有效的质量管理奖惩机制，请阅读第9章。

如果需要建立饭店质量管理体系或饭店管理公司质量管理体系时，可以从第10章、第11章中找到相关内容。

第12章至第15章是饭店质量管理与战略管理关系的相关论述。

此外，附录中笔者运用案例指导大家如何解读暗访报告、如何做好暗访报告。在本书的最后，列出了相关表格，可以帮助一些企业在建立质量管理的初期或规范质量管理时得到参考。

阅读本书，如果您是饭店管理人士，当可体察出本书的一个"实"字：实情、实效、实用。

阅读本书，如果您是从事教学工作的，而且一直以来依靠学校的教科书的话，那么，本书的内容，一定是您教学中想要增加的颇具实践性和操作性的参考资料和补充资料。

阅读本书，如果您是在搞研究工作，那么可以给予您一些实际的案例，或者您可以将书中已经总结出的理论进行再加工和再整理，使之更加完善、规范、标准，用以发展饭店质量管理理论研究。

各取所需，到实践中去检验。如果您能这样去读，笔者会倍感欣慰。

1

饭店质量与质量管理的相关概念

本章首先介绍饭店质量与质量管理的相关概念，其后对服务质量的相关概念进行梳理和阐述，进而指明饭店质量管理的内涵与内外部评价标准。

一、质量、产品质量、饭店产品质量

在谈及饭店产品质量之前，我们有必要先将与质量有关的定义和解释进行阐述。

1. 什么是质量

国际标准化组织（ISO）在 2000 年颁布实施的 ISO 9000：2000《质量管理体系——基础和术语》中将质量定义为：一组固有特性满足要求的程度（ISO 9000：2000-3.1.1）。

"特性"是指"可区分的特征"，包括物理、功能、感官、生理、行为、时间等各种类别的特性。特性可以是固有的或赋予的，也可以是定性的或定量的。固有特性是指产品中本来就有的、天然存在的、永久的特性；赋予特性是指产品形成后因不同需要所赋予的特性。定量特性是指能用数字或条码表达和衡量的特性；定性特性是指无法用数字或条码表达和衡量，只能通过文字描述或感知体会的特性。

"要求"是指"明示的、通常隐含的或必须履行的要求或期望"；"明示的"要求是指通过标准、规范、程序和技术要求、合同等文件明确规定的要求，特别强调技术、市场、社会等方面的要求；"通常隐含"是指人们公认的、不言而喻、无需明确规定的"需求和期望"，包括惯例和一般做法；"必须履行"是指法律法规规定必须履行的有关健康、安全、环境、能源、自然资源、社会保障等方面的要求；"明示或隐含的需要"不仅包括顾客需要，也包括产品的其他受益者和社会的需要、所有者和供应商的期望和需要。

"满足要求的程度"是指在满足规定的要求和达到预期的使用目的方面的客观情况，是固有特性的客观表现或反映，而不是人们的主观评价。即"质量"本身是指一种客观状态，对质量进行主观评价或提出主观要求时，通常使用"合格""不合格""等级""顾客满意"等术语。"合格"是指"满足要求"；"不合格"是指"未满足要求"；"等级"是指"对功能用途相同但质量要求不同的产品、过程或体系所作的分类和分级"（质量比较只能在同一等级上进行，不同等级的产品不能在质量上进行比较）；"顾客满意"是指"顾客对其要求已被满足的程度的感觉"。[①]

2. 什么是产品质量

产品质量是指产品满足人们对其需要和期望的总体特征和满足要求的程度。这里的产品，既包括有形产品，也包括无形产品，还包括二者的组合。这里的人们不仅包括产品的直接消费者，也包括所有者、供应商等在内所有的产品相关者。特性是指产品在实用、可信、安全、环境、经济和美观等方面的特有的持久特性，也是人们对产品需要和期望的衡量指标，通常体现在人们在这些方面的满意度上。颜色、重量、尺寸等有形产品的特性，以及功

[①] 资料来源：郑向敏。饭店质量管理。北京：旅游教育出版社，2005.11.

能性、时间性、安全性和使用的舒适程度、满意程度等无形产品的特性，都是人们对产品需要和期望的衡量指标。这些特性会随时间、条件、环境的变化而变化。人们对产品在这些特性方面的需要和期望就是对产品的质量要求。产品质量要求全面反映顾客明确和隐含的需要，同时反映符合法律、法规、规章、条例，以及环境、健康、安全、社会保障、节约能源和环保等条件的需要。

3. 什么是饭店产品质量

饭店产品质量是饭店提供的产品满足消费者需要和期望的能力和程度。饭店产品是有形产品和无形产品的组合，因此饭店产品质量是有形产品和无形产品质量的总和。而服务是饭店产品的重要组成部分，所以，饭店产品质量是指饭店提供的服务产品满足顾客需求的能力与程度。服务是一种或多或少具有无形性特征的活动或过程，它是在服务提供者与服务接受者（服务对象）两者之间的互动过程中完成的，服务行为主体是为了另一个主体对象获得利益，同时，服务也是一个企业实行差异化战略的重要手段，通过服务的差异化，企业可以创建自己长期的竞争优势。因而，饭店产品质量管理在很大程度上就是饭店对服务产品质量的管理。

而服务质量具有主观质量的特征，因为服务质量不同于有形产品的质量，不同的消费者可能对同一种服务质量产生不同的感知，即使是同一个消费者在不同的时段，可能对质量的要求也会有不同的标准，所以服务质量是一种主观质量，没有客观的标准来衡量。服务质量也是一种互动质量，因为服务产品是生产和消费同时进行的，服务质量也是在服务提供者与消费者互动的过程中形成的，在这个过程中，需要生产者和消费者的紧密配合。因此，在服务质量的构成中，过程质量尤为重要。而对服务质量的衡量，无法采用制造业中的办法进行衡量。

二、质量管理、饭店质量管理、质量管理体系、饭店质量管理体系

1. 什么是质量管理

国际标准化组织（ISO）在2000年颁布实施的ISO 9000:2000《质量管理体系——基础和术语》中将质量管理定义为：指导和控制某组织与质量有关的彼此协调的活动（ISO 9000:2000-3.2.1）。与质量有关的活动包括质量方针和质量目标的建立、质量策划、质量控制、质量保证、质量改进。由此不难看出，不论是工业加工产品还是服务业的服务产品，都离不开质量管理，而质量管理的主要内容就是建立一整套与质量有关的彼此协调的质量组织机构和质量策划、控制、保证、改进的制度与措施。

谈及质量管理，不同行业有不同的质量标准，不同的质量内涵，不同的质量管理控制手段。在制造业，产品加工质量主要是指产品是否按照工艺流程制造，其规格、尺寸、外观、性能等是否符合工艺要求和使用性能；服务业的产品则不同，它无法用工业加工的要求去衡量，但是可以根据服务业的特点制定一套具有衡量其质量的标准。

2. 什么是饭店质量管理

饭店质量管理是确定和建立饭店质量方针、质量目标，建立质量体系，并在质量体系中通过质量策划、质量控制、质量保证和质量改进等手段来实施饭店全部管理职能的所有活动的总称。饭店质量管理既要遵循传统的程序化、标准化和规范化的质量控制，更要重视生产服务过程中的质量评价、质量控制、质量保证和全面质量管理，重视过程与结果的质量控制，重视服务提供过程中的主客互动和宾客关系管理。

3. 什么是质量管理体系

质量管理体系是"建立质量方针和质量目标并实现这些目标的体系"（ISO 9000:2000-3.2.3）。质量管理体系应以文件为基础来规范各项质量活动，

企业要建立质量管理体系，就要建立一个已形成文件的完整的质量管理体系架构。而且，质量管理体系在运行中需要进行系统的、定期的适宜性和有效性评价，并进行不断的改进和完善。

4. 什么是饭店质量管理体系

饭店质量管理体系是饭店为确保其产品质量满足消费者需要这一质量目标，将饭店中所有与质量有关的要素（即质量管理体系要素）整合后，以文件的方式构成饭店质量控制与管理的整体架构。包括组织机构、人员、质量方针、质量活动计划、质量控制措施、质量改进要求等。

饭店质量管理体系要素包括：

（1）各类质量管理活动与内容（如质量计划、质量评价、质量控制、质量保证、顾客关系管理等）；

（2）为实施质量管理活动所建立的组织机构（质量领导小组、质量管理小组、QC 小组等）；

（3）面向质量形成过程和质量管理活动的各种生产与服务程序（生产流程、服务程序、关键服务环节、关键服务岗位和服务点）；

（4）质量形成过程所需的资源管理活动和程序（人力的组织与协调、设施设备控制、采购供应、信息收集与反馈等）；

（5）饭店生产服务过程的记录、与质量管理相关的各种数据资料和质量文件等。

饭店质量管理体系由质量目标体系、质量计划体系、质量文件体系、质量评价体系、质量控制体系、质量保证体系和顾客关系管理体系等子体系组合构成。

三、饭店质量管理与工业质量管理的异同

工业企业在经历了长期的发展之后，已经形成了一套较为完善的质量管

理体系，这套质量管理体系对制造业、加工业产品的质量能够进行严格的管理和控制。而仅有百年历史的饭店业，特别是改革开放以来大规模建造起来的中国星级饭店，仅有30多年的成长历史，还没有形成完备的质量管理体系。笔者在工业制造业亲历了质量管理的严谨和规范化操作过程，在饭店业亲历了质量管理的建立和逐步发展过程，两相对比，既有相同之处，也有不同之处。了解工业制造业的质量管理，对现代服务业制定质量管理标准，在理论上具有一定的启发和参考作用。但在实际操作中又必须遵循饭店服务的特点来制定可操作的、可监控的质量管理标准。首先让我们来了解其异同之处：

工业产品加工与饭店服务宾客的相同之处在于：

（1）员工都必须进行标准化操作。与工业产品加工相类似，饭店业的服务也需要按照标准化操作流程进行服务。不管是生产线上的工人还是饭店服务岗位的员工，其工作性质都是按照操作规范、操作流程进行工作。如果违反操作流程，都要发生质量问题。

（2）员工所掌握的技能都是相对单一的。每一个岗位上的员工所掌握的操作技能并不复杂，具有熟练工种的特点，随着操作时间的推移，其熟练程度会越来越高，加工或服务的技巧会越来越熟练。

（3）员工都需要岗前培训。产品加工工人和饭店服务操作人员在上岗之前，都需要一定时间的操作技能培训，以便了解和熟悉所要从事工作的性质、环境和操作技能。在上岗的初期阶段都必须经过大概三个月的实习期，待其基本掌握了工作要求和技能之后，才能成为正式的岗上人员，才能独立操作完成工作任务。

（4）师带徒是普遍的培训新员工的做法。对于新员工操作技能的培训，工厂加工岗位普遍是采用师傅带徒弟的方式进行岗前或岗上培训，饭店对新员工的操作技能的传授，也多采用师傅带徒弟的做法。这样做，主要是通过传帮带，让熟练的员工将技能传授给新员工。它的好处是新员工的培训有专人负责，可以使新员工尽快掌握技能，以便保证服务质量和工作质量。

与工业产品加工质量的特点相比，饭店服务业的产品质量又有很多不同之处。

1. 对硬软件的依赖程度不同

工业产品的加工中硬性的指标多一些，而饭店服务业中对软件的依赖程度更高一些。工业产品加工过程靠技术图纸、加工工艺、加工设备和计量器具来控制。在加工制造过程中人的主观因素相对服务业而言，其作用小一些，更多地是依照图纸、工艺、设备和计量器具的配合进行操作。而饭店服务业的特点是软性的东西更多一些，控制质量一是要员工依据工作程序、操作标准去完成，二是人对人的服务，要渗透情感的东西在里边。虽然工作程序、操作标准与加工业的蓝图、工艺等是大同小异的，但是人对人的服务必须融入人性化的内容，更多地体现在服务过程中对宾客情感的体会和理解。加工业更多地是人机对话，机器的稳定性和计量器具的成型性是一定的，人是在机械地操作机器和工具。比如：用车床车一个零件，设备的模具是一定的、刀具是一定的，加工的深度是由模具、刀具设定好的，人只要开动机床，按操作程序加工，质量就有保证了。而饭店服务过程中，虽然也有对设备的操纵，但是员工不能机械地去服务、去和客人沟通。以前台接待为例，前台服务员要使用电脑按程序给宾客办理入住手续，他（她）必须熟练掌握电脑操作系统的程序要求，同时他（她）又要使用规范的、职业化的语言与客人交谈，见到客人首先要有热情友好的微笑和问候，同时从电脑中找到客人的预订（或询问没有预订客人的入住需求）、确认宾客的姓名、入住时间和离店日期，同时还要填写宾客登记单，为宾客介绍房型、饭店主要设备设施、周边环境等，直至为客人指引通往客房的电梯位置，才算完成了一个程序；而且前台接待岗位的员工还需要具备外语沟通能力。

上述服务内容既要同时进行，又要照顾不同宾客的个性化要求，提供恰当服务。如果员工熟悉这些程序同时又能够热情地为宾客服务，这个过程会在3

分钟之内完成，宾客会感到快捷、流畅，满意。如果能够达到这个水平，这样的服务过程应该是高质量的。但是在实际工作中，往往不能做到这么完美。假如员工心情不好时，他（她）就可能面对宾客不微笑、不问候，服务不按程序。虽然员工的电脑操作很熟练、填写入住单也很快捷，整个过程也是3分钟，但是宾客感觉到他（她）是在冷淡地、机械地、不情愿地操作，宾客内心的满意程度就不高。如果遇到新上岗的员工，虽然态度很亲切，服务很热情，但是操作不熟练，办理入住用时过长，宾客也不会满意。

曾经有这样的案例：前台接待员有三、四位，他们在聊天，客人走过来，他们仍旧沉浸在聊天内容中，由于精神不够集中，办理入住不仅用了十几分钟，还错误百出，客人十分不满，导致投诉。

这表明饭店服务更需要培养员工的职业素养，即在服务意识、服务理念方面要下工夫培训，要有热情周到的服务，并且要做到服务的迅捷、得体，才能体现高质量。

饭店所提供的服务，其特点主要在服务态度和服务的人性化方面，体现服务的软件特性更突出一些，与加工业相比，在遵循操作规程的同时，还需要灵活的、体察宾客不同需求的能力和沟通技巧，才能提供优质产品（服务）。

2. 工业产品加工与饭店服务的质量把控情况不同

在工业产品加工过程中，发现残次品，可以修补；修补不了的，可以不再继续加工，可以使它不流入下一道工序。在零件加工的每一道工序，都可以将不合格的产品挑出来，让合格产品继续流转到下一道工序继续加工。每一道工序都可以控制不合格产品不再继续加工。

但是饭店服务却不同，由于服务的即时性和不可储存性，往往在服务产品产生的同时，它的质量不但已经形成而且已经卖出且不可更改。在上面的案例中，一位客人来到前台办理入住手续，按规定应在3分钟之内办理完毕，由于员工的注意力不集中，几位员工的服务不精心，虽然操作熟练程度没有问题，但是服务态度出了问题，入住手续拖至10分钟，且客人的姓名和住址出现错误。如果是一个零件加工，超过 3 分钟，可能成为废品，操作员可以随手剔除，不再往下道工序流转了；可是服务程序超出了规定的 3 分钟，同时出现了多个差错，这个产品不能被剔除，它已经卖给了客人，影响已经造成，客人的不满已是既成事实。如遭遇到客人投诉，饭店还要派专人去认真处理投诉，尽最大可能挽回损失；如果客人不投诉，饭店管理方也许无从知道这件事，可是这位客人也许永远不会再来这家饭店了；也许这位客人还会告诉他的朋友不要来这家饭店入住。这种损失是无形的、潜在的。轻者，失掉了一位客人；重者，失掉了多位客人，而且失掉了饭店的声誉。在饭店的服务中，还有这样的情况，同样一个人，在他（她）情绪好的时候和不好的时候，他（她）的服务产品就会有非常大的差距，这些都是因为服务具有不确定性、不可储存性，甚至还有不可预见性。这些特性，反映出服务质量的不可把控性，比起加工业而言，其产品质量的管理和监控更加具有难度。

3. 工业产品的质量控制与饭店服务业的质量控制手段不同

在工业产品加工过程中，第一，自检。每加工一个零件后，操作员运用计量器具进行自检，控制每一个零件的加工质量。第二，检验员的抽检。专职检验员会在流动检查中，进行抽检，进行第二次把关。第三，车间班组长、车间技术主任等还会进行技术把关和检验。第四，下一道工序也是上一道工序的检验员，上一道工序不合格产品流入下一道工序，也会被挑拣出来。第五，在产品组合时，也能把不合格的零部件剔除出来，不使整个产品加工发生问题。

在饭店服务过程中，服务人员与客人面对面，服务人员的质量是随时产生的，随时接受的是客人的检验，质检人员无法在当时或现场进行层层把关。其控制手段，一是依靠现场督导人员或部门经理在发现问题时及时补救；二是发生了客人的投诉后，饭店以补救措施安抚客人，挽回损失；三是饭店的质检人员在巡视中发现员工的不规范和不当服务时予以提醒和纠正。这样对比而言，饭店服务质量的控制手段虽然有效，但更多地是依赖即时督导和事后弥补。所有的质量问题大都与服务宾客过程同步，无法事先摒弃掉。

基于以上不同点，作为从事饭店业和研究质量管理的人员，非常有必要借鉴工业产品加工过程中比较成熟的质量控制手段，认真借鉴工业产品加工过程的标准化操作流程，不断改进饭店服务的质量控制措施。尤其应该借鉴工业产品加工的质量控制体系形成过程，研究和完善饭店服务方面的质量操作和控制体系。因为这不但关系到饭店服务和管理的生存与发展，同时还关系到饭店服务质量如何像加工业生产那样规范、成型、可控地走标准化道路。

追求饭店服务品质和质量的提升，寻求可遵循的质量标准和管理办法，更加规范地管理饭店，以质量求生存……这些正是国内饭店业同行所要探求的核心问题。

在本书中，我们基于饭店服务中大量的质量问题和许多真实的案例，探究饭店业的质量工作方针、目标，研究软性管理问题，研究服务产品如何设定质量标准，如何更准确地计量和控制服务产品质量等问题。饭店业虽然是人的因素起重要作用的行业，但是它一定是有规律可循的，也是可控的。因此，探询、研究和制定一套完整的、科学的饭店行业质量管理标准是十分必要的。

四、饭店质量管理中应认识的服务特性

饭店工作质量体现最明显的是服务质量，"服务"是饭店工作的主要特征。"质量"是衡量服务水平和标准的尺度，因此我们有必要先了解服务的相关特征。

1. 服务具有无形性

首先，服务及组成服务的要素具有无形的特性。产品加工的各个流程、工艺、操作方法等，是实实在在看得见、摸得着的东西。而服务，特别是星级饭店的对客服务，许多都具有看不见摸不着的特点。比如：接听电话的服务员，你只能感觉他（她）的声音是否甜美，话语是否热情，脸上是否带有微笑，回答是否到位，而无法用什么器具类的工具测量。再比如：同样是见到客人要微笑，但是有亲切的微笑、有生硬的微笑（"皮笑肉不笑"）、有心不在焉的微

笑，也有傻傻的憨笑，客人只能感觉，不能用什么尺子去衡量。这就是服务的无形性。

其次，服务出品和服务质量不可事先感知。服务在被购买之前，客人是无法事先品尝、感觉或触摸到的，也就是说服务的质量产生于服务之中。饮品或食品可以事先品尝，衣服或饰品可以用眼睛看，用手触摸，也可以用相关尺度衡量，可服务却是在过程中发生的。当服务员面对面服务客人时，他（她）的礼貌程度、服务技能、理解宾客需求并满足其需求的程度，就是服务出品，客人既不可能事先感知，也不可能事先预定。

最后，服务缺陷直接暴露在客人面前。服务是直接面客的活动，不能像加工产品那样，事先做好了再呈现给客人。因此，服务缺陷会直接暴露在客人面前。有型产品加工的时候，如果产生废品，可以及时清除，不把它混进合格的产品中去，而服务产品发生了问题，直接导致服务质量不合格，并造成不良影响。经常是当客人感受到服务产品发生问题时，此时产品已经卖给了客人，饭店无法召回产品，只能依靠事后的安抚或给客人一定的补偿来减少客人的不满。

2. 服务的生产和消费不可分离

饭店的产品是服务，而服务的生产和质量是同时发生的。服务人员在提供服务的同时，也是顾客消费服务产品的过程。两者在时空上具有不可分割性。当客人还没有住进某家饭店时，可能听说它的服务好与不好，而没有亲身感受。当客人入住并消费的同时，才能体会服务的好与不好，此时服务不管好与不好，都已经成为了事实。服务和普通的有形商品不一样，它的生产和消费是不可分离的，是同时存在的，也是无法储存的。服务的过程中发生问题，它的影响往往不仅仅是客源的流失，不满意的客人可能会向他周围的人群有意无意地进行负面宣传，使得一些接触过这位客人的人都不再购买这家饭店的产品。这也是饭店服务质量控制的难点所在。

3. 服务是由一系列动态活动或过程组成的

和有形产品不同，服务是通过一系列活动或过程来体现的。比如：顾客与产品加工的单位可以通过合同预订某个产品，当质量不合格时，该产品加工单位可以废除重来，再重新加工新的产品，直至拿出合格的产品，达到客人的满意。而服务却不同，一个预订好的宴会，事先可以答应客人的种种要求，承诺将服务做得如何如何好，如何如何让客人满意。但是在宴会服务过程中，有可能由于员工紧张或动作不熟练把热汤撒在了重要客人的身上。发生这样的事，会导致好端端的宴会气氛立时不和谐了。即使重来，撒汤的事实也无法在与会人员的心中抹去了。

一个宴会服务的过程，又是一系列活动和过程的组合：事先处理预订；与客人沟通并预订成功后，宴会服务部门根据订单做好相关准备工作，包括摆台、备餐具、备酒水等；厨师根据订单准备加工菜品的原材料、订出菜单和准备菜肴的制作；宴会开始后，由传菜员传菜、服务员上菜、撤菜，督导人员根据现场情况指挥、协调等一系列环节构成。通常情况下宴会要持续2个小时左右，宴会前还需要至少半天的场地布置和摆台。即使其他环节都完美无缺，整个过程只有上汤这一个环节上发生了撒汤情况，这次宴会服务也是失败的，其他的努力也显得苍白无力了。可见，服务是要由一系列活动和过程组成的，都是动态的，要在动态的每一个细节上都不出问题，不出闪失，才能保证整个活动的成功，不发生质量问题。

4. 服务一般具有差异性

如上所述，服务往往是一个过程，比如：客人进入饭店时的一系列接待服务，包括下车时的开门、问候、帮助客人提行李、引导客人到前台进行登记、送客人到房间。这个过程中，会遇到门卫在服务时是否及时、热情；行李员是否及时帮助客人提行李，是否热情引导客人到前台进行登记；登记时服务员的态度如何，熟练程度如何，谈价格的销售技巧能否让客人欣然接受，等等。

这个过程的每一个环节都是非常重要的。客人对每一个环节都有一个服务的质量好与不好的体会和感觉。上述过程，至少要遇到门卫、行李员、前台接待员，如果今天客户到这家饭店，这三个环节都很规范，服务也热情，客户就会对这家饭店首先有一个非常好的印象。如果进门时，没有热情的笑脸，没有及时周到的服务，或服务环节不衔接，客户就会心情不悦。假如，客户进门时遇到的门卫是个新员工，工作经验、技巧都还不熟练，客户就会感到他的服务比较蹩脚，不会令客户舒服；假如客户遇到的是一个非常熟练、工作又非常热情的员工，他的服务会使客户有一种身份高贵、受到礼遇的享受；假如即便是位熟练的员工，但他当时正因为一件不愉快的事情心情烦躁，他的服务也会比平时正常状态时候打一些折扣。诸如此类，每一天每一个员工的每一次服务都会有不同的变化。

这就是服务的动态性、差异性。这些动态和差异对于饭店也许是局部的、偶然的，但是对于遇到不满意服务过程的客人而言，可就是全部的感受了。

饭店服务的无形性、服务与质量的同时性、服务的动态性和差异性构成饭店服务质量的总体特点，这些特点比起加工业而言，就是它的特殊性和复杂性，是服务业保证和控制产品质量的难点，也是区别于加工业质量控制的不同点。这就是饭店服务质量管理和控制的根本所在。根据这些特点，我们需要制定科学的、合理的、可控的质量管理标准，其中有难度，也有规律可循。

五、饭店质量管理由哪几部分组成

饭店产品质量满足宾客要求的特性有以下几个方面：

根据质量的定义，产品质量就是产品满足宾客要求的程度。这其中包括满足宾客明确的要求和隐含的要求。对于工业制造业产品的质量，可从性能、可信度、安全性、适应性、经济性和时间性等方面来满足顾客明确的和隐含的需要。而对于饭店产品质量，总结多年的服务经验，笔者认为应该从安全性、舒适性、谦恭性、从属性、满足性和豪华性几个方面满足宾客的要求。

（1）安全性。安全性是指饭店产品要确保客人的人身安全、财产安全和食品健康安全。第一是人身安全。星级饭店都配有先进的消防安全硬件设施，以中央控制系统作为中枢监控，配有覆盖各个点位的监控录像，实时监控和记录饭店整体安全情况。同时饭店配有内保安全人员，定时地巡逻，查看并记录饭店各个部位的安全情况，及时排除各种隐患，这是公共区域的安全措施。在客房内，为了不使客人在入住期间发生任何人身意外，在客房安全装置方面，除了门锁之外，还要加防盗链和客人在房内使用的第二道门锁，并有消防喷淋系统监控烟雾情况，一旦遇有火灾隐患，会及时报警并根据火灾情况启动喷淋灭火。第二是财产安全。饭店为保证客人在饭店期间的财产安全，在客房内放置了贵重物品保险箱。除此之外，前台还设有客用保险箱，免费为宾客存放贵重物品。第三是食品安全。星级饭店为保证客人在饭店用餐的食品安全，都设有食品检验岗位，有专职的食品检验人员，有专门的检验设备、器械和操作程序。食品检验人员都是经过专业培训并按要求持证上岗的。

（2）舒适性。舒适性是指客人在入住饭店期间应该享受到如同"家"一样的温暖。星级饭店要提供给客人舒适的休息环境和商务环境，尤其高星级饭店要不断研究和改善入住客人的环境设施，从硬件上提高宾客的舒适度。

例如，一间客房内的用品配置中，主要用品是客人赖以休息的"床"。对于床的要求，床垫不但要软硬适度，还要根据人体曲线来设计床垫的弹簧张力和支撑力，让客人得到充分放松和休息，享受到高质量的睡眠。对于棉织品的要求，客人使用的浴巾、毛巾、方巾、地巾、床单、被罩、浴衣等，这些都是直接接触皮肤的用品，从客人的舒适度和环保的角度，一定要配备纯棉的高质量的棉织品。而且，这些用品的洗涤方式和洗涤质量也不可忽视。现在由于环保和节能的需求，很多星级饭店不再配有洗衣厂，洗涤客衣和各种棉织品都是送到社会上的洗衣店去洗涤，但是往往这些洗衣店使用劣质洗涤液，或者偷工减料，很多棉织品被洗过几次后就变得僵硬、灰黑，显得脏兮兮的。客人使用这样的棉织品，还是无法体验到舒适的感觉。为了解决这个问题，建议星级饭店对承包的洗衣店要提出严格的质量要求，并严查每一批洗涤产品的质量，不合格时，要有赔偿措施。对于卫生间洗涤用品的要求，有的星级饭店为了节省成本，配备的牙刷，棕毛质量极差，客人使用时感到扎嘴；洗发液也很劣质，洗后头发既粘又涩；润肤露稀得像水一样。这些都会造成客人不舒适的体验。

在软件服务方面，客人最需要的服务是舒适度。舒适度主要表现在服务的快捷性、适度性等方面。如果客人要求的服务总是迟迟办不了，客人的情绪就会急躁；如果服务不足或者服务过度，客人也会感觉不舒服。

例如，客人对服务员提出要使用一个多功能接线板，虽然服务员告知马上送到，但是等待了10分钟还不能送达，那么，客人肯定很急躁，影响客人的工作进度；如果客人提出要办理退房手续，服务员竟然要让客人等待十几分钟，这样也会影响客人的工作效率和行程安排，引起客人的心理烦躁，难有舒适的感受。

谈及舒适度，还有一个方面是星级饭店必须关注到的，那就是服务员的服务要适度。有的高星级饭店的服务员会带着一种傲慢的情绪为宾客服务，他们经常是给客人一个生冷的面孔，或者用不够尊重、不够友好的语言与客人交流，使得宾客身心不爽；有的服务员又过于热情、服务得过于密集，不管客人是否需要，总是过来打扰客人，这样做，看似热情服务，实则有打扰客人之嫌，这也是客人感到不舒适的服务。

因此，舒适性是现代饭店业服务中非常重要的一项服务追求，它体现在方方面面，既有对硬件的要求，也有对软件的要求。其核心是如何做到人性化地适度服务，即在客人需要服务时，能够得到及时、热情、有礼的服务，满足客人的需求；在客人不需要服务时能够不被打扰。

（3）谦恭性。谦恭性是指服务人员对待客人的态度要谦和恭敬。我们要求服务员首先要以微笑的姿态面对客人，语言要谦恭、面孔要和善、态度要友好、作风要低调，服务员要以适中的语音、语调、语速来询问客人有什么需求，并且要快速反应、准确无误地为客人服务。在服务中要做到不卑不亢，彬彬有礼。谦恭性，还表现在服务人员能够事先体察和预知客人的需求，并且以超前服务的意识和做法来满足客人需求，达到使客人意外惊喜的程度。

要做到对客人谦恭有礼，对于饭店管理人员来说，除了对员工培训所需的技能和操作程序之外，还要十分注意培训服务人员仪容仪表、礼节礼貌、举止仪态、语音语调、站姿坐姿、引路手势及肢体语言，使之符合服务规范，并养成职业习惯。

（4）从属性。从属性是指饭店服务中的客我主从关系。从服务的角度讲，具有从属性特点。一方面，"客人是上帝"，饭店服务要满足客人的需求。在饭店业，大家都有这样的一个共识，即"客人是上帝""客人是我们的衣食父母"。也就是说尊重客人，满足客人的需求，是饭店服务的特性。这是从客人与饭店服务的角度而言。另一方面，对委托管理的饭店而言，管理方要从属于业主方，"业主是主人"。这个概念的意思是酒店的投资者是这个酒店的业主，而管理方则是被聘来进行经营管理的。双方构成经营方与业主方的关系。从这层意义上来讲，酒店管理方也是从属于业主的。现在，越来越多的饭店投资方将自己所建的饭店交给具有专业管理经验的管理公司来管理，使得所有权和经营权分离。有的饭店管理公司自嘲是"保姆公司"，意即饭店投资方（股东方）是业主，管理方是"保姆"，是受聘于业主做管家的，从这层意思上讲，饭店管理方自称是"保姆"。从这个角度来看，也反映了饭店经营者和从业人员的从属地位。

当然，饭店从业人员在饭店内部又是主人，这个地位是不可动摇的。相对于管理人员来讲，饭店服务人员也是饭店内部的"上帝"，管理者也要关心和照顾好这个"上帝"群体。在饭店内，我们推崇"员工第一"的理念，管理人员经常说"先要照顾好自己的员工，员工才能照顾好客人"。因此，这里的

"从属性"不是人格的贵贱高低之分，只是职业要求、职业性质之分。

（5）满足性。满足性是指服务给予客人的满足感。人人都有"满足感"的诉求。客人购买高星级饭店的产品，是为了从事商务活动和旅游度假，宾客最主要的需求是"物有所值"。为了达到客人的满足性需求，饭店业管理者和服务人员要经常换位思考：假设自己是客人，自问我们的需求是什么？能否得到满足？我们希望饭店的服务是怎么样的？为了亲身体验宾客的感受，有的饭店管理者还会以客人的身份入住其他高星级饭店，体验"被"服务的感觉，体验人家服务好的地方在哪里，自己的感受是怎样的。这其实也是一种换位感受，以便回到自己饭店后，带着问题进行服务的调整和改进，尽可能做到让宾客满意。

（6）豪华性。豪华性是高星级饭店的重要特征。高星级饭店的重要功能之一就是提供上层社会人士社交的场所。政府间的接待、交往要放在高星级饭店，才显得有档次、够级别。民间的较高层次的接待、会议、展览等活动，也要选择高星级饭店来举办，才能体现举办方的实力和对活动的重视程度、体现对来宾的重视程度。高档商务客人和高档旅游休闲客人也要选择自己喜欢的高星级饭店入住，各种商务或政府的重要接待宴会也是放在豪华的高星级饭店来举行的。因此，豪华性是高星级饭店的重要特征。豪华性主要体现在硬件及装饰装潢的用材讲究和中心艺术品特色突出等，体现在服务的气派性、烘托性、个性化等，体现在提供顶级制作的精美食品，确保食品的上乘质量等方面。

安全性、舒适性、谦恭性、从属性、满足性和豪华性是对高星级饭店服务质量的要求，也是高星级饭店从业者所追求的标准。我们的服务质量和管理质量必须突出这六个特性。

六、员工工作质量的内部评价指标

员工工作质量是指与质量有关的各项工作的保证程度。无论哪个行业，不管是加工还是服务过程，都是由一组相互关联的、具有不同职能和方式的具体操作程序所组成，这个组成的机构被称为管理团队。在这个团队中要有正确的经营方针、明确的质量目标、合理的组织生产过程或服务过程。要科学设置每一个工作岗位、设置每个岗位之间的连接和传递功能。要规定每项工作的操作规程和质量规范，并通过有效的控制，确保工作质量达到要求。这是一组工作链，其中最重要的因素就是人，人的素质和工作态度决定工作质量。

人的工作目标和态度、知识和技能高低、身体和精神状态，在工作质量的诸多因素中占有主要位置，也是最直接、最能动的因素。在工厂里，工业产品的工作质量可以通过合格率、返修率、投诉率、满意率等指标来考核评价。在饭店员工的服务中，不能像工厂机械加工产品一样，去检测合格率、返修率等。那么，对员工服务质量的内部评价有哪些指标呢？主要是通过客人的回头率、满意率、投诉率等指标来检验工作质量高低。

（1）回头率。回头率是指非首次入住客人占所有客人的比率。客人购买了这家饭店的产品之后，如果感觉物有所值，满意度较高，甚至对这里的服务感觉亲切、自然、舒适，当他（她）再次光临这座城市时，就有可能还是选择这家饭店入住。当更多的客人反复入住这家他们熟悉的饭店时，就构成了较高的回头率。回头率的高低，可以反映一家饭店的服务是否让客人满意，满意程度有多高，客人能否体验到舒适的"家"一般的感觉。有这样一家五星级饭店，得到一位经常往来于国内外的外籍人士的青睐，这位客人非常喜欢他入住的这家饭店，十几年来他把所有的公务活动都放在这家饭店，他本人入住这家饭店达一百多次，成为这家五星级饭店的常客户、忠实客户，这家饭店也已把他升级为VIP客人，给予最优厚的待遇。这种只认准一家饭店入住的宾客，就是构成回头率较高的主要因素，也是体现这家饭店服务质量达到宾客满意的较高程度。

还有的客人之所以总是青睐某一家饭店，反复入住，其原因是能够得到饭店内某一位服务员的热情接待、体贴服务，以至于他（她）十分愿意见到这位服务员，甚至他（她）与这位服务员成为了好朋友。这种情况构成的回头率，得益于某位员工的优质服务，可见优质服务的员工会给饭店带来更多的经济效益。

回头率高与低的变化，有时也反映一家饭店客户群的变化。如果一家饭店经过装修，提高了档次，提高了客房价格，会造成先前的一些回头客的流失，这些客人可能是因为不能接受新的价格，不再是这家饭店的回头客。这是不是代表这家饭店的服务质量下降了呢？不一定。通常是这家饭店通过提高硬件档次和房价来调整客源结构，淘汰一批低价位的回头客，置换为更高一个层面的回头客。如果这家饭店服务质量不下降，甚至服务更加优质，那么，客源结构得到有效平稳的调整之后，还会有新的回头客的群体，而新的回头客会构成比以前更高档次的客源结构。这会使得饭店客源结构和经营效益趋于良性发展。

（2）满意率。满意率是指饭店通过满意度调查得到客人满意程度的比率。满意度调查是当今各行各业普遍使用的客户调查手段，通过客户满意度调查，可以发现本企业产品在市场的购买力指数；发现产品的优缺点和实用性等性能和服务水平的认可度。满意率高低，是企业调整产品的风向标。需要指出的是满意率高低，不能单一地理解为产品的服务好与不好，饭店产品质量是由许多因素构成的。因此，设定满意度调查表格时，最好请专门的调查公司帮助设计，由专门的咨询公司帮助分析，并请他们提出建设性意见和建议，提供给饭店作为产品和服务质量评价的依据。

现在网络评价（网评）也是宾客反馈对入住饭店满意程度如何的一个渠道。不少饭店的经营者也十分重视这个渠道的信息反馈，他们每天查看对自己饭店的网评意见和建议，并且打印出来进行分析，利用图表曲线等方式进行对比，甚至做成PPT，在晨会或者例会上进行讲评，以引起相关部门的重视。对于存在的问题，也组织相关部门进行分析，提出整改措施，落实到具体的部门、岗位和人员。实践证明，重视网评对于饭店提高宾客满意程度是十分有效的。重视服务质量的饭店，一定会重视宾客满意度指标的高低，他们会利用各种现代手段收集宾客意见反馈，并及时分析宾客意见，及时改进服务中存在的问题。

（3）投诉率。投诉率是指客人对购买的产品较为不满，或极为不满导致的投诉量的比率。一般而言，客人对购买的产品（包括服务产品）不到极为不满或愤怒的程度，是不会投诉的。客人通常采取对不满意的产品和服务不再购买的方式来解决。客人对饭店的投诉，有几种情况：一是硬件产品的不舒适达到一定的程度时，客人会投诉。例如，客房内的空调发出较大的噪声，导致客人无法入睡，影响到客人的公务活动和睡眠质量时，客人会通过书面或口头投诉方式表达不满。二是服务的时效性和态度引起客人的极大不满时，客人也会提出口头投诉或书面投诉。例如，客人来到餐厅用餐，点了几道菜之后，过了大约半小时，第一道菜还没有送来，或是经过再三催促，菜是送来了，但是服务员的态度非常差，没有笑脸，不回答客人提出的问题，菜品质量也很差。这时，客人会感到愤怒，提出投诉。如果这样的投诉在一段时间里发生多起，引起较高的投诉率，给饭店带来声誉上的负面影响的话，这是饭店员工服务质量和工作质量出现较多问题的信号。表面看是服务不周或态度不好，实际上一定是某些管理环节发生了薄弱现象，或是管理松弛、或是员工培训不够、或是服务程序不尽合理。饭店管理者应该从现象入手，深入分析管理中发生了什么问题，员工服务方面发生了什么问题。投诉率主要反映饭店自身存在问题多寡、严重程度如何，是引起饭店管理方重视内部管理的信号。

七、员工服务质量的外部评价标准——客人的评价

服务质量是服务固有的特性满足顾客和其他相关方要求的能力。饭店业最敏感的问题就是服务质量问题。服务质量的好坏，最客观的评价是客人的感受。

客人评价饭店服务质量不外乎从明确和隐含需要两个方面进行评判。明确需要是指宾客购买产品的直接的明确的需要，即直接购买到的硬件和软件内容

与自己所付的费用是否相称。如：客人入住高星级饭店时，交了高额的住房费用，其明确需要就是要购买一间高档、豪华、清洁、舒适、有品位的客房，购买人性化的优质服务。隐含需要是指宾客在明确需要的基础上还需要享受到更加舒适的、人性化的、超前的、预知的服务。

隐含需要的内容几乎不好用明确的语言来表达。如：宾客希望饭店能够让训练有素的员工来为自己服务、员工有着得体的仪表和服务态度，员工有预知客人隐含需求的能力和超前服务意识，能够把满足客人下一步需求的工作做在前头，能够尽最大的可能，满足客人所期望的隐含需求等。简言之，硬件和软件都使客人满意，给客人以身心的满足，给客人以最恰当的舒适度，让客人体验到非常得体的服务，就是高质量的服务。

预期服务需求和感知服务质量之间的差距越小，说明服务质量越好，顾客就越满意。否则，顾客就越不满意。

客人对服务质量的评判标准大致有以下几个方面：

（1）服务能否满足客人明确和隐含的需要。饭店服务，想要达到宾客的明确需要是比较容易做到的；但是要真正满足客人明确和隐含需要，就要做到优质服务，高质量服务。服务不仅是员工技能的体现，更是员工用心程度、服务艺术的体现。如果能够做到既有纯熟的技能技艺又用心去服务，是能够既满足宾客明确需要又满足隐含需要的，二者相得益彰、天衣无缝的服务才是宾客最满意的服务，也是星级饭店所追求的质量目标。

明确和隐含需要的内容，在不同时期和不同情况下是有所不同的，特别是隐含需要，需要员工的服务经验，也需要员工的服务悟性。有经验、有悟性并能够用心服务的服务员能够及时识别宾客的隐含需求并做出相应的反应。例如在餐厅，客人着急赶飞机，他（她）的用餐需要简捷、迅速，宾客提出不要求按照程序上菜；此时，有经验的服务员可能马上理解他（她）的心情，尽最大可能做到上菜快捷。而有悟性的服务员不仅催促厨房上菜要快，还要求厨房上来的菜不要太烫口；并且在客人结束用餐前，账单已经打出；在客人离开座位时，提醒客人检查是否有遗留物品，帮助客人拉开椅子，迅速欢送客人。这个过程中，饭菜温度适中、快速结账、提醒宾客检查物品、及时拉椅子欢送宾客，这些服务都是宾客的隐含需求，而宾客对这样的服务才是最为满意的。如果没有经验也没有悟性的服务员，可能只能够做到不按程序上菜，其他环节还是照旧服务，这样的话，菜品上桌是烫的、结账时还要等几分钟，客人虽然心中着急赶飞机，但是也说不出什么不满意的地方，这就是不能体悟宾客的隐含需求。再比如：有一对情侣来到餐厅，他们的明确需要是用餐；隐含需要是想要找个比较隐秘的环境，例如比较靠边、靠角落、光线比较暗一些的地方就座。有经验的服务员不用询问就会带领他们找个隐秘的座位坐下来。如果是一位老板请客，他的明确需要是菜品上乘，价格适中；隐含需要则是服务员在点菜时，要根据老板对他的客人的热情程度和老板浏览菜单的情况，适度把握菜品的档次并帮助推荐，做到既让老板的客人满意，又让老板很有面子。

因此，好的服务，绝不是只满足宾客明确的需要，还要细心体察宾客的隐含需要并满足宾客。只满足宾客明确需要的服务，只要按照服务程序去做就够了，但是这是不够的，星级饭店所要追求的服务是既要满足宾客的明确需要又要满足宾客的隐含需要。

（2）服务能否做到既热情又适度。热情应该是服务员最基本的职业素养，但是服务适度才是高质量的服务。在日常服务过程中，我们经常发现员工的服务有时不足，有时过分，这两种情况都是不能令客人满意的。所谓服务不足，一般表现为服务不能满足宾客的明确需要，就连最基本的服务要求都不能达到，宾客感觉不到物有所值。例如，一间客房，最基本的是清洁要到位，各项功能完好。但是如果宾客发现清洁不够好，床单有污迹，浴缸内有毛发，部分照明按键失灵等，这肯定是服务不足，没有达到宾客最基本的明确需求。再有客人明确要求的服务，如需要熨衣板或电源插板等，员工迟迟不能送达。这也是服务不足的表现。所谓服务过分，常常表现为过于热情，导致宾客有备受打扰之嫌。例如，一位客人来到商务中心，自己借用电脑进行工作。服务员非常热情，一会儿过来问有什么可以帮助的，一会儿递上一杯水，一会儿问室内温度是否合适等。服务员的本意是表现出特别关注客人，帮助客人，可是客人在忙公务，并不希望如此打扰，以致无法全神贯注地投入工作。其效果与服务不足是相仿的，都没有给宾客最舒适的感觉。

因此，热情适度的服务是服务员必须掌握的基本功。热情是态度问题，对待宾客一定要热情，但是热情不能过度。服务是服务员的职责，要用心去做，但是不能过度。适度的服务宾客才能感觉到舒服，感觉到舒服的服务才是宾客满意的尺度。

（3）服务是否做到衔接流畅、岗位与岗位之间的服务均衡。一家好的饭店，他们的服务质量表现在各个岗位都相差无几，都能够做得非常优秀，总体均衡。但不是所有饭店都能做到这样的。在暗访中，我们经常发现一家饭店的服务会在不同的岗位之间表现出不够均衡、不够流畅，甚至岗位与岗位之间、服务员与服务员之间的服务态度、服务水平相差很大。有的岗位表现非常到位，有的服务员表现非常出色；有的岗位服务员表现较差，服务很不尽如人意。有的岗位之间配合默契，有的岗位之间配合脱离，给宾客造成不必要的麻烦。

尽管是在同一饭店的管理之下，服务的差异性也是存在的。例如，暗访人员进饭店暗访时，同样都是行李员这个岗位，宾客进店时，行李员站在大堂，却视而不见、无动于衷，并不主动上前帮助客人提行李；而当客人离店时，行李员（与到店时不是同一个行李员）非常热情，主动上前提行李，帮助叫出租车，并帮助客人将行李放进出租车行李箱内，然后礼貌地与客人道别。还有，当客人到不同的餐厅用餐时，有的餐厅员工整体表现为热情有度，服务流畅，并且能够做到有个性化服务、预知服务和超前服务，使客人不仅感受到菜品的美味，更感受到得体服务的温馨；有的餐厅员工却冷漠、散漫、倦怠、服务被动，再加上上菜速度慢、菜品质量差，等等，使客人感觉差别巨大，甚至不像是在同一家饭店里。这些现象都说明，各个不同岗位和不同服务员之间的服务水平、服务意识是有差距的。

以上三项评价标准，是每一位入住饭店的宾客自身感受所得出的标准。他们并不清楚星级饭店的服务流程和服务规范的细节，他们给予饭店的评价就是自身感受，是不是服务热情，是不是服务适度，是不是让宾客内心感到满意。因此，作为星级饭店的管理者，一方面要追求服务流程的标准化、规范化，另一方面也要要求服务员用心体察宾客的隐含需求，并适度地满足宾客的隐含需求，才能体现优质高效的服务质量和服务水平。

员工服务质量往往是一家饭店的外在表现，透过员工服务质量，可以窥见饭店的管理质量、管理要求和管理理念。当步入一家星级饭店并感受到员工整体服务状态时，有经验的宾客基本知晓了这家饭店的管理是个什么状态。因此，可以说员工整体服务质量是饭店服务文化、服务理念的外在体现。星级饭店要打造优质服务，必须在打造高端的服务文化、服务理念方面下工夫。

八、服务过程中如何控制质量

过程质量是指工作或服务的过程是否达到工作要求的标准。现代饭店业，尤其是国际知名品牌的饭店集团或管理公司，经过几十年、上百年的实践过程，总结出了一整套管理饭店的质量控制标准和工作程序标准，被称作SOP（标准操作程序），他们非常强调过程质量，把饭店的操作程序用文字和表格的形式表现出来，既清晰又便于操作和培训。

过程质量，是一种动态服务中的质量，从管理角度而言，是比较难以控制的质量。但是一个管理有序、严格推行标准操作程序的星级饭店，其过程质量是可以有序控制的。一个重要的前提是首先对服务人员进行标准化程序的培训，经过培训的员工，如同工厂的工人操控机器一样，按照操作标准程序进行服务，使操作过程井然有序，使服务过程有较高的质量保证。但是饭店的服务过程又是动态的，与工人操作机器不同的是，服务会随着客人需求的变化而变化，随着服务员主观的各种因素的变化而变化。因此，服务过程质量的控制也是具有一定难度的。如何控制过程质量呢？总结多年服务过程中对质量控制的经验，星级饭店大都采取培训把关、督导到位、质检巡视等措施进行控制。

1. 培训把关

培训把关是指员工在上岗之前，要经过系统的、正规的培训和考核。培训把关由培训部实施，人力资源部控制，部门经理考核，这三个环节协调配合完成。一名新员工全部通过这三个关口后，方能正式上岗服务。经验证明，一个新员工的培训过程一般需要90天。由入职基础培训3天、上岗前的技能培训87天组成。入职培训3天，主要内容是新员工对本企业的基础认知、规章制度的了解、安全教育、企业文化教育等。3天的入职培训后，经过第一阶段的考核合格之后，新员工被分配到固定的专业岗位。之后在87天里，主要是岗位技能的培训，饭店多采取师傅带徒弟的方式进行技能操作的培训。在这阶段的培训过程中，也会有若干的考试和测评，分阶段考察新员工掌握技能的程度。待新员工技能培训合格后，由培训部、人力资源部、所在部门在其入职培训表格上签署意见，证明该员工达到基本上岗标准，可以独立操作。但是为了达到很好地控制服务的过程质量，一般还要在师傅的带领下，在服务的过程中有师傅的把控，直至是师傅认为可以独立操作了，才可以独立操作。这是保证过程质量的第一道关卡——对新员工服务技能的确保合格。

在另外一种情况下，即在筹备期的星级饭店，建议饭店采取成建制集中培训的方式训练员工的服务技能。对于筹备期的饭店，饭店成批招聘新员工时，最好采取集中封闭培训的方式，设立大课堂，由饭店培训师带领进行封闭培训，一般为期2个月到3个月。在封闭培训阶段，一个重要的措施是首先将新员工集中管理，采取借助早操、军训、队列训练等方式，使员工接受军事化管理的训练，便于培养员工队伍的执行力，新员工通过军事化的强化训练，在饭店营造"像军队"的氛围，培养员工成为有组织、守纪律的团队成员。其次要进行企业文化的教育，将企业文化内涵以多种方式灌输给新员工，使新员工对本企业有认同感、归属感。再次是在新员工接受了适应性和企业文化的培训后，将他们分配到相应的岗位，进行技能训练，使新员工尽快熟悉自己的工作岗位、操作技能。实践证明，这样的成建制集中培训可以打好饭店开业前的基础。筹备企业通过这个大力度、集中性、服务技能操作流程的培训，使员工整齐划一地进入到服务岗位，员工的技能得到了规范的培训，员工之间得到了一定的磨合，大家产生了对饭店的"认同感"，通过企业文化的熏陶，员工与企业有了"共同的愿景"。待到饭店进入经营阶段，整个运行就比较有基础，员工能够很快进入状态，可缩短磨合过程。一般情况下，经过这样的培训过程，第一批员工的素质都是比较高的，他们会很快成为饭店的骨干力量、中坚力量。

2. 督导到位

督导到位是指督导人员在岗位工作过程中的作用。在饭店管理层级中，有一个层级的人员虽然级别低但是很重要，被称为督导层人员，他们是比较有操作经验的"主管"或"领班"。他们熟知基层运行情况，具有多年实际工作经验。他们是最了解基层情况的骨干人员，是最具岗位操作技能的熟练员工。不仅对一线的流程操作和程序控制最清楚、最熟悉，他们还对饭店客人的情况最了解，对满足客人的明确需求和隐含需求具有一定的经验。因此，督导层的作用非常重要。督导层能否督导及时、督导到位，往往是饭店服务过程控制的重要因素，是客人满意与否的重要因素。一般情况下，判断督导是否到位，体现在以下几个方面。

（1）督导人员是否尽职尽责。督导人员对其工作范围内的情况是最熟悉的，往往也最清楚问题在哪里。督导得效果好与不好，管区工作质量如何，服务过程质量如何，关键看他们是否能够负起责任来。有的督导人员表现懒散，不尽职尽责，他们那个岗位的服务必然经常出问题。有的督导人员表现为见风使舵，在领导眼前非常卖力气，表现极好；但在领导不在的情况下，放松管理，不去督导，甚至有些玩忽职守，他们管区的过程质量就会忽好忽坏。有的督导人员尽职尽责，一心一意地管理好本管区的服务工作和员工管理工作，督导得力，他的管区就会表现得非常出色，服务质量好且稳定。这说明，督导人员的责任心和敬业态度是十分重要的，督导人员能否尽职尽责，关系到饭店基层的运行是否顺畅、过程质量是否有保障。

（2）督导人员是否亲历亲为。督导人员是最熟练的操作人员，但是往往在他们被提升为主管、领班之后，他们自认为是"官"了，可以指挥别人，自己不干活了。如果是这样，他们将很少再亲自做实际操作的"苦"差事了。慢慢地，他们脱离了实际，原有的操作熟练程度会衰退、熟悉基层情况的优势也会丧失。当他们去督导别人时，必然不能达到应有的效果，有时还会被属下愚弄或欺骗一下。因此，在基层操作中，督导人员一定要亲力亲为，不脱离操作岗位，才能达到有效的督导和现场管理。

（3）督导人员与员工的关系是否融洽。督导人员是员工的直接上级，是具体工作的指挥者。如果他们不能与员工处理好人际关系，办事不公，必然影响到其督导的权威性和指挥的有效性。作为督导人员，很重要的一个方面就是首先要学习如何处理人际关系，如何与下属交往，如何用现代理念和下属沟通。要做到关系融洽、沟通流畅，下属才会心服口服。作为督导人员，要先学习如何做人，再学习如何做事。在很多时候，往往是因为督导人员与员工的关系不融恰、沟通不畅，导致管区服务发生问题，给饭店经营带来不利影响。星级饭店应重视对督导人员的培训，特别是对即将被提拔的督导人员，先进行督导知识和与人沟通等方面的培训，然后再上岗。

（4）督导人员的培训能力关系到基层员工的服务技能和服务质量。督导人员又被称为"小教员"，是部门和岗位具体工作技能的培训者。一般情况下，员工的岗位操作技能均由"小教员"进行培训。他们的培训能力如何就显得非常重要了。在饭店业内，有一门叫做"培训培训者"的课程，就是专门对培训者进行培训技巧训练的课程。这种课程需要分阶段反复进行，每一个督导人员都应接受初级训练、晋级训练、提高训练。通过这种专业的训练，提高他们的语言表达能力、肢体语言与表达的配合能力、控场能力、抗干扰能力等，总之，要提高他们的培训能力和培训技巧。饭店只有抓好了督导层人员的培训，不断提高他们的培训能力，才能使督导工作在过程控制中发挥作用。如果听任督导人员自发地根据自己的先天特长，或者朴素的、简单的培训方式培训员工，其培训效果是要大打折扣的。督导人员的培训能力差，其下属的技能操作和服务技能就会在一个低层次循环，直接影响到服务的过程质量。

3. 质检巡视的作用

质检巡视是过程质量控制的手段之一。质检巡视是国内饭店业普遍采用的过程质量控制手段。现在的多数饭店都采取在饭店内部设立质检部，由专职或兼职人员组成，专事质检工作。质检部的主要任务就是每天定时或不定时地在饭店的各个岗位之间巡查，及时发现和纠正岗位员工自身穿戴、仪表规范方面存在的问题、服务过程当中存在的问题、员工遵守纪律方面存在的问题等，其作用在于帮助督导人员进行侧面的督导，帮助饭店了解和及时发现过程控制中的问题并加以纠正。质检部的工作能否做到位，主要在于其权威性和检查纠偏的力度。

质检部的权威性：是指质检人员是否有足够的权威。这个权威一是靠饭店授予的权力决定，饭店既然设立质检部，就要有足够的授权，质检人员才能充分发挥其检查和督导的作用。二是其自身业务要精通，检查和发现的问题能使被检查人员服气。三是质检人员自律性要强，秉公执法。在检查和处置工作时，能够公平、公正地对待每一个问题，能够对事不对人地处理各种问题，才能树立起质检工作的权威性。

质检部检查纠偏的力度：是指在检查和发现问题后，质检人员的纠偏命令能否得到很好的落实。这关系到权威性，这种权威性就是质检人员要坚决、果断地做出处理决定，做出决定之后，要坚决按照操作规程办，该罚款就要罚款，该填违纪过失单，就要其填写过失单，不能"心慈手软"，不能说了不算。如果有半点妥协和退让，违纪员工会钻力度不够的空子，同时也会造成负面影响，以后再纠正其他人的问题，也会降低权威性，更主要的是不能有效保证过程质量。

4. 领导的支持力度

饭店领导的支持力度是能否很好地控制质量的重要因素。很多星级饭店的主要领导平时更多地忙于事务性工作和接待应酬工作，不太重视饭店内服务质量的管理和控制过程，也不太关心服务质量的具体工作是否顺利开展、有无各方面的阻力。当主管服务质量的工作人员前去汇报工作时，他们也经常以各种借口推辞，不愿意听管理者的汇报，更不愿意帮助解决和处理质量管理中遇到的困难和问题。这样的话，具体抓服务质量和质量管理工作的人员就身单力薄，没有后盾，他们很多时候不是怕工作复杂、有困难，而是为难没有上级管理人员的有利支持。所以，饭店中必须有一位主要领导分管质量管理工作，并从各方面有力地支持他们的工作，才能体现质量管理的效果。

在服务过程中如何控制质量的几个因素中，培训把关是前提，督导到位是关键，质检巡视是辅助，领导支持是靠山，四者相辅相成，配合默契，一定能够有效控制服务的过程质量。

九、影响饭店管理质量的因素有哪些

管理质量，在这里，我们重点强调的是管理者在管理过程中的质量。一个企业的质量构成，固然要谈到质量标准、操作程序、督导指挥、协调运作和质量监督等方面的质量构成因素，但单靠这些还不够，还要谈及管理者的管理因素。管理因素也是构成质量管理的一个非常重要的环节。关于管理因素，根据多年经验，从如下几个方面谈谈管理因素对质量管理的影响。

（1）管理者的敬业精神。做饭店管理行业的，首先要有自觉付出和奉献的精神。饭店行业对于饭店管理者而言，最为突出的特点就是工作时间长，个人付出多，不可能像机关工作人员那样早八点上班，晚五点下班，下班就可以回家。通常情况下，饭店管理人员要牺牲许多个人的时间，要付出比其他行业更多的精力和体力。饭店管理者经常是每天从早上七点多到饭店，一直工作到晚上九、十点钟。这一天中，有对宾客的迎来送往、有检查各个环节的衔接状况、有对各个部门和岗位的协调、有对员工的管理、有对客服务中问题的解决，等等。例如，早餐一般从早上 6：00 开始，陆续延续到上午 10：30，这中间，除了当班的工作人员正常服务外，还要有人督导和协调。遇有团队或会议，早餐用餐人员少则几十人，多则几百人，用餐人员与餐位的调配、菜品的供应及时与否、菜品质量、服务的跟进程度都需要管理人员盯在现场，及时协调。又如：晚餐一般要在晚上 9：00 左右才能陆续结束，在这个过程中，饭店管理者都要在场并进行现场管理。遇有重要客人，还需要陪同和接待。还有，在周六、周日和重要的节假日，由于饭店照常经营，管理者也要照常到饭店巡视和管理。这些，都要求饭店管理者有很强的敬业精神，要全身心地投入。这是从事饭店管理工作必备的素质之一。

（2）管理者的专业技术能力。饭店管理是一门比较微观的学问，主要靠工作经验和专业技术能力来指挥和协调。饭店管理者的专业技术如何，直接影响饭店的管理和工作质量。虽然饭店不是高科技单位，但是其中的技术含量也不低。例如，前厅管理要运用计算机输入宾客信息，并且要与客房、餐厅、康乐等部门联网，以便准确掌握和处理宾客在店信息；客房管理也需要一套专业程序和操作技术；餐饮管理更是需要具备餐厅服务、厨房管理、中西餐知识等经验的人员来协调和处理日常事务。现代饭店的工程管理，一般都采用了先进的、智能化的设备和设施；市场营销、康乐管理、保安管理、财务管理、人力资源管理等，都需要具有一定的专业能力、掌握一定科技含量的操作技能和具有一定的经验积累。因此，作为饭店的管理者，尤其高层管理人员，首先应该是饭店某一个专业的行家里手，并要全盘了解各个专业岗位的基本知识，才能够管到"点"上。

其次，在如此多的专业衔接和协调中，要具有灵活协调能力和指挥能力。这就要求饭店管理者在基本掌握一门、两门专业技能的基础上，必须不断自我深造，不断学习，成为比较全面的管理人才。尤其是年轻的、刚刚被提拔到管理岗位的人员，在管理具体事务时，一定会感觉到饭店各方面知识的缺乏，要凭借管理岗位的便利条件，不断向下属学习，不断深入实际学习，尽快了解饭店各方面的专业技能，这是管理者成长过程中必须的修炼。

（3）管理者的管理艺术。尽管一个饭店管理者具备了敬业精神和专业能力，如果没有管理艺术，也会影响到管理质量。我们都知道在饭店行业里员工的流失率是比较高的。人员流失，固然有着各个方面的原因，但是不能不承认有许多人员的流失是出自于管理者的管理不当，这样的事例举不胜举。尤其在督导层和中层管理人员中，他们经常由于管理无方，压抑了员工的工作积极性，甚至伤害了员工的心灵，导致员工不得不离开这个饭店。在高层，管理艺术更是尤为重要。一方面，高层管理人员要全面协调饭店内部的各种关系，指挥各个层面的运营；另一方面，要理顺饭店与行业主管单位之间的各种关系。还有，如果是饭店管理与饭店财产分离的情况，管理方还要处理好与业主之间的关系等。处理这些关系，都需要我们的管理者具备高超的领导艺术和驾驭全局的能力，才能推动饭店的运转，赢得好的社会效益和经济效益，才能推动饭店质量管理向着良性的方向发展。从这个意义上讲，饭店管理人员是需要学习一点管理心理学的。只有了解你所管理的下属人员的心态、他们的需求，才能有的放矢地做好管理工作。特别现在众多80后、90后成为饭店主要劳动大军的情况下，更要细心体察他们的时代特点、心理需求、思维方式、做事风格，在不伤害他们心理的情况下，使之"服管"，在"服管"的情况下，充分发挥他们的聪明才智，充分发挥他们的积极性和创造力，才能提高服务质量。

（4）管理者的廉洁自律精神。谈到廉洁自律，有人认为是社会上掌握实权的高官需要注意的问题。其实，在饭店里，廉洁自律也是非常值得关注的一个问题。饭店管理者会经常与供应商打交道，这其中需要注意按照财务制度和操作程序办事；也有许多情况下会有人求助于饭店管理者，吃个饭、住个房间，认为这是一个饭店总经理手到擒来的便利，如果饭店总经理不按审批权限办事，随便给开免费房、提供免费餐，必然造成不良影响，也是不廉洁自律的表现。在饭店里，管理者的权限虽然非常有限，但是自我要求不严，也是能够滋生腐败的。再有，饭店里的许多物品都是生活用品，有的管理者经常随便拿点用于自己的生活需要，久而久之，积少成多，就是不廉洁。管理者能否运用好手中的权力，能否做到自身廉洁，能否一尘不染，是能否受人尊敬、让员工服气的重要因素，也是能否成为一个具有真正权威的管理者的重要方面。曾经有这样一位总经理，认为使用自己所管理饭店的生活物品是小事，经常招待亲朋好友到饭店吃饭，吃完之后还要免费开房让其休息；他的家里需要什么电器，也随便搬一台回去。当这样的事情积累多了之后，他本人就被业主和他所在的管理公司"炒了鱿鱼"，丢了自己的"饭碗"。所以说，管理质量，实质上就是管理者的工作质量、廉洁自律的行为质量。上梁不正下梁歪，管理者不正，就不可能有好的饭店风气，没有好的风气，就不可能有好的服务质量和管理质量。

那么，管理者的工作质量如何保证呢？一般而言，一是要有自觉敬业的工作态度，做到尽职尽责，在工作中锐意进取，并练就高超的管理艺术；二是管理者的上级要制定一套严格的、科学的考核制度，通过年度考核和各种考核，了解管理者的管理水平，做到奖优罚劣；三是不断调整管理者队伍，淘汰不敬业、不廉洁的管理者，补充年富力强、敬业尽责的年轻力量，以期以优秀管理者的优质管理换得优质的服务和良好的宾客口碑。

2

如何运行和监督饭店质量管理

中外饭店管理在质量监控机构的设置和管理模式上，有相互借鉴的地方，也有独创的一面。在目前我国星级饭店良莠不齐、水平差异很大的情况下，在具体操作中不必强求统一，也不是非一种模式不可，关键是所设立的机构和管理模式是否具有较好的管理效果，是否体现上乘的服务质量。本章介绍的机构设置和管理模式，是国内星级饭店质量管理中较为成功的有效的模式和做法，业内人士也比较认可，很多星级饭店管理人员认为有一定的借鉴和参考价值，我们可以吸收其中精华的管理经验，再与自己的饭店管理模式相结合。

在饭店里，要不要设立独立的质量管理部门？这个问题，仁者见仁，智者见智，目前的做法不一。有的饭店认为质量管理工作既不是运营部门的事，也不是职能部门的事，因此有些饭店不设立独立的质量管理机构，只是在行政办公室或培训部门内设一个兼职或专职人员负责质检工作。也有的饭店专门设立质检部门，由2~3人组成，专职负责饭店的质量管理和监控工作。下面从专职管理和监控质量管理的角度，对饭店如何设立质检机构，该机构有哪些职能、质检机构如何运行等，做一些介绍。

一、如何设置饭店质量管理的机构

一般说来，我国的本土星级饭店或国内的饭店管理公司管理的饭店，都会设立质量管理机构，这个机构通常被称为饭店质量管理委员会或质检部，并且由饭店高层中确定一名高管人员承担质检工作的领导责任或由执行总经理兼任质检工作的领导。

饭店质量管理委员会组织机构的设置及工作职责如下：

1. 饭店质量委员会组织机构

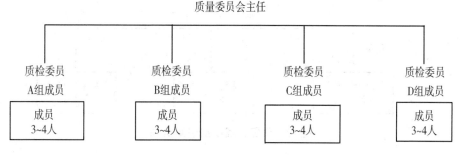

图2-1　饭店质量委员会组织机构图

图2-1的组织机构图表明：该饭店的质量委员会，由一名副总担任质量委员会主任，下设3～4名委员（委员主要由一线部门的正职经理担任，委员中必须有保安部经理），组成质量委员会成员。每一个成员下面由3～4人组成质检小组。质检委员A下设成员3～4人，质检委员B下设成员3～4人，质检委员C下设成员3～4人，质检委员D下设成员3～4人。这样饭店质量委员会的成员基本涵盖了饭店内主要部门的管理人员，组成强大的检查、监控网络。

2. 饭店质量委员会工作职责

（1）负责饭店年度质量工作计划的制订、实施；

（2）负责饭店年度质量工作的具体部署、总结；

（3）负责饭店日常质量工作的检查、巡视；

（4）负责饭店质量检查后部门整改的复查、验收；

（5）负责饭店对质量管理工作的业务培训、指导。

二、部门质量管理小组组织机构的设置

1. 部门质量管理小组组织机构

在部门内部，还应该设立质量管理小组，组长一般由正职经理担任，下设小组机构成员，一般由督导人员组成。组织机构见图2-2。部门的质检小组主要负责管理和监控日常运营当中的质量管理工作。

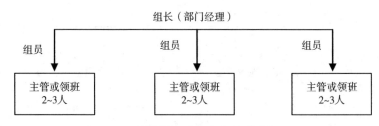

图2-2 质量管理小组组织机构图

2. 部门质量管理小组工作职责

（1）负责部门年度、季度、月度质量工作计划的制订和实施；

（2）负责部门日常质量管理和控制；

（3）接受饭店质量委员会的工作指导和监督；

（4）按照饭店质量委员会检查中提出的问题进行整改和自查；

（5）负责对部门人员质量意识和质量管理的培训和指导。

以上是国内部分高星级饭店的质量管理机构设置的大致情况。有的星级饭店对这个机构的作用非常重视，甚至还会细分为三级管理机构，即店级质量管理委员会、部门级质量管理组织和管区（班组）质量管理小组。每一层级都设有负责人和成员。通过三级组织形成饭店内的质量管理、监控网络。

例如，某个星级饭店中，饭店由一名副总负责质量管理工作，在他的领导

下，组建了饭店质量委员会，由主要的一线部门经理组成质量委员会成员。整个饭店的质量管理工作由这个组织负责，他们制定了一系列管理和监控的组织章程和相关的制度，有检查监控的具体方法和措施，有表彰和处罚手段等。每个年度、季度、月度都有重点检查和监控计划。这个机构虽然不是通常意义的职能部门，但在饭店里享有比较高的权力和地位，每年由饭店拨付一定的活动基金，主要用于奖励服务表现好和受到宾客表扬的员工。这个组织具有按照《员工手册》规定条例，惩处违反工作规定和服务发生重大问题的人员的权力。在这个组织的管理和监控下，该星级饭店的服务质量得到社会各界和同行的认可，认为他们的这套做法扎实有效，既有独创性，又有实操性。

笔者也了解到，在外资饭店通常的做法是质量管理工作主要由管理集团统一管理。由饭店分管副总或执行总经理负责主抓饭店的质量管理工作，他们不一定设置质检机构，但是他们有权力检查和监控饭店的质量工作，而且通常采取突袭检查或巡视检查的方法。他们每年会派专业人员进行"飞行"检查，也叫神秘旅客，运用暗访的形式对所属饭店进行检查监控。暗访人员以普通宾客的身份深入各饭店，用体验的方法进行服务质量检查，有一套非常细致的检查表格。暗访之后，其结果会以报告的形式下发给各饭店。饭店拿到暗访报告后，由饭店管理方和发生问题的部门负责人根据暗访报告中的问题进行整改，并将整改情况反馈给饭店执行总经理。饭店管理集团还会根据暗访报告中的问题，在一定的时候对所属饭店进行复查。如果整改彻底，集团不再追究饭店责任；如果复查结果表明这家饭店没有认真整改或根本没做整改的话，就会追究饭店总经理的责任。这种质量管理的方式，与饭店总经理及其管理班子人员的业绩挂钩，直接关系到饭店各级管理者的年度考核和奖金分配。这样的质量管理方式，重点监控的是饭店各级管理人员的日常管理作用和管理力度，通过各级管理人员日常的监督、控制达到质量管理的目的。

比较中外饭店在质量管理方面的异同，不免发现有一些区别。一般情况下，我国本土饭店，主要采取质量管理委员会或质检部管理控制的做法，即主要由饭店的一个质量管理机构负责日常的质量管理。这样的管理方式，强调的是整个饭店要建立一个组织，由这个组织负责监控质量管理工作，整个质量管理工作是现场的、即时的，具有比较强势的特点。这样的管理理念强调集权和统一，在饭店内部突出质量管理的重要地位。而外资饭店的管理方式主要突出直管人员的作用，强调部门直管人员的管理责任，质的监管更多地依赖部门总监、部门经理和督导人员的日常管理。这样的管理理念强调的是分权和分责。外资饭店在突出部门管理人员的作用之下，也有集团化行为作为辅助手段：一是集团依靠饭店《宾客意见书》和《宾客满意度调查》等手段反馈情况，进行分析和处理，从中找出普遍存在的问题和阶段性发生的问题，并采取统一措施进行干预，使之达到对服务质量的控制；二是每年组织飞行检查（暗访检查），检查的情况与饭店总经理的业绩挂钩。通过这些手段来控制整个服务质量和运行质量。两相对比，本土饭店突出的做法是日常靠管理人员即时检查来监控服务质量，监控的主要对象是服务人员，其力度在于日常的把关；而外资饭店突出的做法是依靠宾客体验的方式监控饭店的服务质量，其力度在于，出了问题直接与管理者责任挂钩、业绩挂钩、薪酬挂钩。相比较而言，外资饭店的监控更具威严性。外资饭店的做法更为成熟，能够具体体现管理责任，体现集团监管作用的优势。而我国饭店业的集团化管理还处于比较初级的阶段，即使是集团化运作的饭店，不管是集团管理公司还是饭店本身的运作，也还没有达到成熟的地步，还要一个成长和成熟的过程。在这个过程当中，适当采取质检机构和人员的管理和控制，也不失为一种有效的手段。

我国由于机制与体制的传统做法及其长期影响，在管理上更强调集权作用，相对弱化了管理人员的责任和义务。在习惯上，好像质量管理要做好，必须更多地依靠饭店自己内部设立的机构来管理才顺理成章。因此在现阶段，设立质量委员会或质检机构是一种符合本土特点的有效管理方法。

我国现在也有一些饭店管理集团或管理公司已经相对比较成熟，或者正在走向成熟，但是相比较而言，我们在饭店集团化管理方面的经验还嫌不足，集团化管理的意识虽然有，也在努力试图做大、做强、做规范，但是发展还十分不平衡，即便是国内比较有名气的饭店管理集团或管理公司，在这方面的运作也还是存在许多不完善的地方。

作为单体饭店或者尚处于探索阶段的管理公司来说，如果认为有必要建立本饭店内部的质量管理机构，强化内部质量管理力度的话，采用"三级管理机构"的组织设置是比较适用的。它赋予不同层级的管理人员质量管理的责任，又能够在集中统一机构的领导和指导下，承担质量管理和监控的义务。只不过问题往往出在形式主义方面，机构是有的，人员设置也是有的，饭店领导对质量管理也是重视的，但久而久之就流于形式，成为摆设，或者用时就起作用，忽略时，就只是机构而已，这种情况是大量存在的。

还有许多饭店把质量管理机构当做花架子，表现为一阵松、一阵紧地抓质量。遇到有行业检查或评比的时候，饭店内的质量检查就频繁进行，要求也比较严格，但是检查过去了，就会出现松懈现象，似乎抓质量管理就是做给检查部门看的。这样的情况的问题在于：尽管饭店内三级机构很健全，人员配备很齐备，可是抓管理、监督的机构或人对制度的执行不规范，忽紧忽松，整个质量管理线条不连贯，其作用也就无法恭维了。

此外，还有一些负责质量管理的人员很怕得罪人，不敢管理或不能大胆、严格管理，这也是管理松散、或者一阵松、一阵紧地抓质量的原因之一。

由此可见，质量管理机构的设置不一定只有一种模式，也不能指定哪种模式最好，关键是这个机构能不能起到应有的作用。如果我们的某些饭店还不具备集团化管理的条件，或者还不具备成熟的、完善的管理体系的时候（即管理的初期阶段），又想抓好服务质量和饭店的质量管理工作，就应该采取设置质量管理机构的做法，从饭店方给予这个机构足够的权威性，给予一定的权限，扶植这个机构树立权威，让这个机构成为质量管理和控制的常设部门。

可喜的是，目前我国饭店行业有越来越多的管理人员已经认识到集团化管理的必要性，饭店管理也正在朝着集团化管理的方向靠近，饭店质量管理也在相应逐步推进和成熟。当然想要做到规范有效，还需要相当长的一个过程，需要有个逐步摸索质量管理经验的过程。在这种情况下，我国（本土饭店）自己人管理的高星级饭店探索出来的质量管理经验和做法就是难能可贵的，也是值得推广和借鉴的。因此，有志于打造一流饭店、品牌饭店的企业家，在饭店管理方面，质量管理机构是一定要设置的，当然可以根据自己饭店的具体情况设立相应的质量管理机构，不一定照搬某一种模式。重要的是要让这个机构有所作为，要通过这个机构，使我们饭店的质量管理有所保障，使我们的饭店管理逐步达到国际化水平。

三、饭店各级员工都负有不可推卸的质量责任

质量管理的范畴是很宽泛的，在饭店里，所有工作都含有一个质量的概念。具体到与饭店服务关系密切的管理，主要是两大部分：一是一线对客服务的质量管埋，二是后台支持性部门和岗位的质量管理。而所有饭店各层级的管理人员又都必然负有质量管理的意识和责任。

1. 管理层分工不同，质量管理责任相同

饭店的管理层级一般分为饭店高层管理者、中层执行者和基层督导人员。高层管理者主要是店级管理人员，负责饭店的全面运营和管理，一般由总经理、驻店经理（或执行经理）组成。内资饭店，尤其是国有性质的饭店，除了总经理以外，还要设若干个副总经理，分管不同的部门。而外资饭店的管理层级相对简单明确：总经理负责全面工作，驻店经理负责日常运营管理，下设的管理层为部门总监，一般设立房务总监、餐饮总监、财务总监、人力资源总监、市场营销总监等，总监下面还可设副总监或总监助理。小部门一般设部门经理、经理助理，部门经理下面设管区主管、班组领班。这些层级和岗位都是根据自己饭店的不同情况而设立，有的为了精简机构，稍微做得扁平化一点，将督导层的领班设置简化或者每个部门不设副职。

管理层的分工一般为：店级管理人员组成的管理团队主要负责饭店的总体运转和经营、管理，负责重大事项的处理，负责年度计划、中长期规划与企业战略决策的制订等。驻店经理主要负责企业每日的运营，更多地是处理事务性的工作、处理各种突发事件、负责来宾的接待和迎送、主要客户关系的维护和接待等。总监和部门经理主要负责部门的日常运营，一线总监更多地要主持部门的相关会议，传达饭店领导的重要工作精神、工作要求及工作部署，要亲自过问每一个重要活动的安排布置和细节处理，指导下属做好每一天的工作。主管和领班属于基层督导人员，他们的责任是管理好本管区、班组的每一个人、每一件事，负责日常接待、服务的协调和督导，负责对人员业务技能的培训、班次的安排等。

在上述职能中，饭店质量管理与每一层级每一部门的人员都紧密相关。不仅高层要具有明确的质量观，并制定一系列质量方针、政策；中层执行者也必须树立严格的质量管理意识，将本部门的工作纳入质量控制之下，保证每一项工作的高质量运行，保证每一次服务的过程令宾客满意；督导层级的人员在工作中不仅要率先垂范，更要协调和组织好员工的现场服务。

有人认为对客服务的岗位重要，后台岗位不直接面对客人，谈不到服务质量问题，后台的工作质量可以要求低一些。这种观点是错误的。饭店的工作是一个整体，每一项工作都是相互连接、相互作用的。后台的支持性工作跟不上，也必然影响待客质量。假如一位客人提出客房的空调有问题，而这样的问题又是服务员不能直接可以解决的，服务员打电话联系工程技术人员，可是工程技术人员认为这件事情不重要，拖延时间或不去修理，必然造成客人投诉。或者宾客提出由于要在几个小时后出席重要会议，需要加急洗涤西服一套，可是如果洗衣服务人员为了正点下班，不愿意承接这项工作，也必然造成宾客的不满意。因此，不仅一线服务部门要有高度的质量意识，二线及所有部门和所有人员都必须具有高度的质量意识，要把质量意识贯穿在饭店工作的每一个岗位和每一名员工心中。

所以说，质量控制是饭店各层级人员共同的职责。虽然分工不同，但是质量责任是一致的。要靠饭店统一设定的质量方针、质量意识和质量目标，来统一意志，共同努力，达到最佳的质量标准。要靠各层级人员的指挥畅通、协调一致、及时沟通、团队合作，才能保证各项工作的高质量运行。

2. 管理层在质量管理中的指挥和协调作用

一个好的企业，质量过硬的企业，必须首先要有统一的意志、统一的指挥系统、畅通的上下渠道、良好的管理秩序，才能达到质量目标。一个好的饭店，必须具有"像军队"的作风，即具有绝对权威的指挥力和迅捷顺畅的执行力，才能做到目标一致，政令畅通。所以，很多饭店都崇尚军事化作风，实行半军事化管理。

在饭店里，指挥畅通、协调一致是做好各项工作的前提，也是优质服务的前提。假如饭店要接待一位重要客人，饭店相关部门首先要提出接待方案，方案要由店级领导审阅讨论并修改通过后，召开中层管理人员会议进行部署。在部署中甚至要细到每一个细小的环节如何配合，如何服务。在客人个性化要求方面，特别要在服务中关注到客人的习惯、兴趣、爱好等个性化的问题。要了解清楚客人喜欢住什么样的房间，向阳的还是背阴的，靠马路一边的还是不靠马路的（靠山的或靠海的），是喜欢住楼层的高区还是低区；客人喜欢睡什么样的枕头，中空棉的还是荞麦皮的，喜欢一个还是两个枕头的高度；喜欢吃什么水果，饮什么茶；在餐饮方面有没有忌口等；在接待预案中都要有所注明，所有接待人员都要清楚。整个的接待方案确定后，要具体传达布置到主管、领班和每一个员工，部门和部门之间的衔接、岗位和岗位之间的衔接都要分工明确，衔接顺畅。在做具体准备和各种操作时，各级管理人员还要现场检查、及时调整做得不到位的地方，甚至不止一次地去现场查看、检查客人将要到达的场所还有没有问题。这样的工作环节要越细越好，越周到越好。在执行接待任务时，甚至相关人员都要吃住在饭店，盯住每一个岗位的服务，一直到接待任务的完成。如果这中间任何一个环节有所忽视，都会造成不可弥补的损失。

所以，饭店的管理与制造业或其他性质的企业的管理是不同的。制造业主要是工艺操作，人与机器或工具打交道，而饭店业主要的特点是服务，是与人打交道，服务的同时就决定了质量的好坏。要想赢得客人的好评，提供完美的服务，就要处处精心，高度负责，关注细节。唯有此，才能达到高质量的服务效果。因此，饭店管理必须要像军队一样，指挥畅通、协调一致。上级下命令，下级必须执行。在执行命令的过程中，不得有半点走样或拖延。一般某个环节发生问题，多是因为这个环节指挥不畅或未能协调一致。这就要求在服务过程中，全员树立"一盘棋"思想，全员听从指挥，以高度的协调一致和团队精神做好每一项服务工作。在很多时候还要根据客人的情况，不断调整服务方案、服务内容，所调整的内容需要饭店各层级人员及时了解、沟通，以便协调一致，不出纰漏。例如，某饭店接待一位重要客人，在其客房内派送了鲜花和多种水果。但是这位客人不喜欢饭店派送的水果，提出只需要草莓一种水果。于是饭店管理人员协调相关部门和人员，迅速买来新鲜的草莓派送进房间，客人非常高兴。第二天早上，客人提出再来一盘草莓，饭店负责接待的管理人员照此办理，满足了客人的需求。当这位客人离店时，又提出把剩下的草莓打包带走，饭店又为客人精心打包。该饭店管理者通过这次接待，了解到这位重要宾客对水果的嗜好后，要求相关部门和岗位的接待人员在客史档案中对此做了记录，当这位重要客人再次光顾时，只要是草莓成熟的季节，饭店都会给他的房间派送最好最鲜美的草莓。

这个案例说明，管理层的指挥和协调在一定情况下，要根据宾客的需求和当时的具体情况进行协调，要及时修正既定的方案，以满足客人的个性化需要。对于各层级人员而言，一旦接待方案做了修改，大家就都要服从并迅速完成新的方案中所要承担的任务。

四、饭店管理者自身的工作质量分析

通常我们看一个企业，是站在潮流前头顺应潮流发展，还是保守落后跟在潮流后面，首先要看它的主要管理者是怎样一种管理理念，是积极创新发展的理念还是保守落后的理念，是要求严格并以身作则的管理者，还是拖沓推诿的管理者，往往管理者的个人作风就决定了这个企业的风气和企业文化特点。因此管理者个人的行为、习惯、文化素养是十分重要的企业背景。

饭店管理者素质如何考量呢？通常首先要看他们的学历、经历、工作业绩、专业知识程度、饭店各专业操作经验、在管理层的时间长短、主持工作的水平等基本情况。而我们目前的饭店管理者多数是基层成长起来的，学历普遍不高，知识面普遍不宽，更多地是靠自己的饭店工作经验和吃苦精神，得到上级领导的赏识，被提拔到领导岗位的，因此摆在我们面前的是管理者首先要提升自身质量的问题。

1. 目前我国饭店管理者基本情况分析

首先，让我们来看看现阶段饭店管理者的基本学历和文化知识状况。做饭店行业的人都知道，饭店管理者是属于经验型管理人员，事实上大多数饭店管理者都出自于基层服务员的岗位。在我国改革开放的30多年里，成就了一大批饭店管理者，他们多数是20世纪80年代走入饭店行业的职业高中毕业生，起初从事客房服务、餐饮服务、前厅服务、康乐服务等，经过多年的基层锻炼，成长为中层管理人员，再经过若干年的中层岗位磨练，成长为高管，现在有一大批这个年龄段的年富力强的高管在饭店做总经理。他们的成长经历，恰恰证明了饭店业的特点，即经验型管理。当然这批成长起来的管理者，也经历了不断自我提升，不断学习和吸收的磨练过程。

其次，在日常工作中，饭店基层服务员工作在一线岗位，直接面对客人，每日具体操作在现场，经过日积月累，他们具备了相关的工作技能和一定的工作经验，可以熟练地应对各种服务场面，解决宾客服务中的各种问题。由于饭店是人员高流动性企业，每年的流动率有的30%，有的50%，有的甚至接近100%。一些服务工作经验丰富的员工流动到一家新开业的饭店，就可以成为领班、主管，甚至中层经理。这是行业内晋升的渠道之一。还有，由于饭店人员的流动大，表现好的员工（在一个饭店工作相对长的员工），由于管理岗位出现空缺，便有机会得到提拔，成为领班、主管、部门经理，继而成为饭店的高层管理者。这是中外饭店普遍存在的规律。尤其我国饭店业在近30年以来得到了突飞猛进的发展，也给饭店业的人才创造了成长的机会。

再次，全国各地为了适应商务、旅游、会议、会展的发展需求，迅速兴建了不同星级的大小宾馆、饭店，其中许多豪华星级饭店由民营企业老板投资，他们有雄厚的资金，可以投资兴建高档豪华饭店，但是民营企业老板没有"专业能力"管理这样的饭店，于是他们聘请具有饭店管理经验的人或管理公司进行管理。也有一些饭店在经营了一些年头之后，为迎合市场的需求，注册一个饭店管理公司，接管一些新建的中小饭店，开始输出管理。凡此种种，使得饭店管理人员队伍迅速扩大，在某一个饭店做部门经理的人，到了一家新的饭店，就成为高管人员，成为副总经理、总经理；一个部门内的主管，到了一家新饭店，就可以成为部门经理；一个有过几年经验的员工，一跳槽，就可以做到主管位置。这种裂变式的迅速扩张，使得饭店管理人员队伍不断壮大起来。

职位的变化有时可以在一夜之间实现，从没有职权到有职有权，从低职位到中高职位，从服从管理的角色到手中有了权力的领导者。但是素质的提升绝不会是一蹴而就的事。管理人员的管理素质提升涉及方方面面，是需要一个成长过程的，管理人员要通过在新的管理岗位这个平台不断锻炼和实践来提升管理能力。

我国目前从事饭店管理的群体中，有这样几种情况：有一部分是半路出家，从别的行业转行做起饭店管理。如做机械行业的管理者，跳槽到饭店业，成为饭店的高管；还有军队转业干部被安排到饭店，做起了饭店管理；有的是国家行政机关或事业单位主管招待所的人员，随着招待所的改造升级成为饭店管理人员；再有就是在职业高中学习旅游管理后，积累了若干年实践经验后，走上管理岗位。在上述这些管理者中，许多人的最初学历水平最多是高中（职业高中）文化。而真正饭店管理专业科班出身的饭店管理人员，目前为止还是不多的。目前的情况是许多大专院校都设有旅游饭店管理专业，正在培养具有专业理论知识的新一代饭店管理人员，但是毕业后真正留在饭店业的也不是很多。也有一些国外就读饭店管理专业的本科生和硕士生陆续学业有成，回到国内在饭店管理岗位工作着、实践着。这些回到国内的饭店管理人员，由于他们接受了国际知名饭店的培训，外语沟通较好，多数都选择了在外资饭店就业。不论是在外资饭店还是国内本土饭店，相信他们的成长会给饭店业带来光明的前景。

我们所说的经验型的管理人员，也是有这样几种情况：一种是饭店内部自己成长起来的管理者。在我国饭店业快速发展的过程中，各企业招聘了一些大专、中专毕业生，他们经过了严格的培训和多年工作经验积累，逐渐成长为饭店的各级管理人员，这些人正处在人到中年的年龄段，是目前我国饭店业内的中坚力量。而近些年，饭店业的竞争力逐渐下降，饭店人员流失严重，大量使用实习生，而这些能够在饭店留得住的员工，只要在饭店坚持工作一年以上，就有被提拔的机会，坚持三年以上，就可能做到部门级岗位了。他们的经验通常就是饭店工作岗位的经验，知识面不宽，但是能够承担饭店的日常管理业务。在这些管理人员中，有的人经过自己的努力，续读了大专或本科，拿到了专科或本科学历，知识面拓宽了，成为饭店管理中的佼佼者，但是这只是较少的一部分人。

由于上述人员管理起点较低的现状，决定了许多企业管理者素质、文化水平起点不高，只是他们在酒店某岗位的工作经验比较丰富，但是总体协调、平衡能力有限。在这样的情况下，饭店管理工作想要规范、有序、系统化，达到国际知名饭店的管理水平，应该说具有一定的难度。

事实上，目前有许多20世纪80年代参加饭店工作的服务员，经过30多年的实践磨炼，再加上本人勤奋、努力实践，目前一般都做到了饭店总经理级的职位。与改革开放前相比，这是我国饭店管理人才成长过程中的黄金阶段，促成了一大批饭店管理人才的成长。在他们当中，只有少数人经过了国外酒店管理学校培训，而多数是经验型的本土管理水平。所以，谈到质量管理工作，在我国多数饭店职业经理人当中，都是自己摸索出来的一些做法，或者借鉴外资酒店的一些做法，在系统上有待规范。

质量管理，既包含经验的总结和积累，又包含经验的总结和提升，带有科学性和理论性。科班出身的人员，一般先学习理论，然后用理论指导实践，再用实践丰富理论。然而我国饭店业许多管理人员并不是先学习了理论再来做管理的，他们是在成长和提升过程中边实践边积累的，有的是借助自己积累的经验和在前辈那里学习、感受到的经验进行饭店质量的管理，有的就是模仿他人的做法，摸索着进行管理，并没有什么理论的指导和理论的依据。

目前，许多饭店和饭店集团最感到头疼的就是管理人才的短缺，尤其成立了饭店集团或饭店集团在扩张时，更是为人才短缺所困。谈饭店管理项目的人员风风火火，与欲寻找管理饭店的合作方不断接触，一年能够谈妥若干个管理项目，但是集团内部负责派出管理队伍的人力资源部门就十分尴尬了，现有的管理人员就那么多，能够派出去当总经理的人员，也并不是随随便便抓一个就奏效的。搞得不好，项目虽好，会被派出的不合格的总经理班子搞"黄"了。尤其是全权委托管理的项目，业主方是花了较大价钱请"正规军"去管理，他们的期望值是很高的，他们往往就是冲着管理公司的品牌而合作的。但是如果经过尝试，管理公司派出的总经理班子素质差，能力低，不能达到业主对项目管理的期望和要求，业主不可能拿一个好端端的饭店项目让管理公司"练兵"，于是不得不"炒"掉管理公司，另请高明。所以许多管理公司正在花较大的费用和精力，通过各种途径培训和提升管理者的素质，即首先要解决的是管理者的自身质量问题。如何解决呢？多数是通过增加培训投入，提升管理者的素质。

谈到通过培训提升管理者素质的问题。这是国内外各个饭店及饭店管理集团或管理公司都十分关注的一项非常重要的工作，他们也认识到管理水平的提升离不开培训。就拿国外著名饭店管理集团来说，他们一般在培训方面的投入是国内管理集团的好几倍。通常一家饭店的年培训资金就要上百万，而且培训预算用不完的星级饭店，还要追究负责培训部门的责任，是考核培训部门及培训总监尽责不尽责的依据。而国内饭店通常认为这样的投入耗资巨大，培训的效果又不能立即见效，感觉这样的投资不值得，不愿意在这方面增加成本，所以通常采取内部培训的方法，有的饭店一年最多花个三万元、五万元的培训费用，就认为用于培训的投资不小了。比较大气一点的星级饭店，可能花费十万元、十几万元。

当然不是花钱越多，培训就越有效果。但是投入和产出一般是成正比的，饭店坚持每年有针对性地、有计划地组织管理者接受素质培训、管理知识和管理理念培训、领导力开发和领导艺术的培训、组织协调能力的培训，等等，必定会逐渐提高在职管理人员的各方面素质。

在对管理者培训的同时，还可以按照接班人提升和培训计划，对准备提升的管理者进行更加有针对性的培训。例如，岗位模拟训练、岗位实践训练、岗位交叉培训，等等，以便通过实战性的培训，尽快提高后备人才的实践能力、领导能力和驾驭一个星级饭店运行的能力。

由于目前社会上专门培训酒店高管人员的专业学校不多，一些专业管理公司自行办学，自行设置管理课程，聘请有管理经验和专业知识的酒店资深人士进行教学，这也不失为一种实用的培训管理者的途径。

2. 目前我国星级饭店管理人员管理能力现状分析

前面谈到了星级饭店管理者由于历史和现状的原因，存在着个人基本素质的某些局限性。他们或者是外行转内行，或者是因急速扩张饭店规模的需要使基层操作者跨越式走上了管理岗位，或者是做饭店服务年头过长熬到了管理岗位上，等等。这些管理者在管理能力、管理质量上存在着参差不齐的管理问题，这也是目前我国饭店业内的一种客观存在。当然，这其中有的人悟性较强，自身提升较快，能够很快掌握饭店运行和管理的规律，成为行家或领军人物，但这样的人毕竟属于少数。有的虽然经验较丰富，能够指导基层的运行和操作，但他不是决策型管理者，而是执行型人才，这样的人属于多数。有的人其性格特点就决定了其是属于服从型的，本人不怕吃苦和受累，只要有人说清楚要干什么，自己加班加点，早来晚走都不怕。这样的服从型的管理者也不在少数。由此，在星级饭店管理者当中存在这样几种管理缺陷：

（1）本人上升空间不大，工作不出色。有的人凭借实干，很早就被提升为中层管理人员了，但是做了多年，仍旧在中层的岗位上，工作平平淡淡，基本属于领导不太满意的管理干部。这样的中层人员提升管理能力的空间非常有限。比如：搞客房管理多年，就凭着多年前的老经验办事，标准不高，管理不深入，遇到新的问题也不敏感，总是等到领导指出问题了，才恍然大悟，可是又不能积极有效地去解决，到头来，领导还是不满意。可是又没有新的人选取代他，或者他非常忠诚于领导，辛辛苦苦干了多年，领导又不愿意伤害他的自尊心。依靠这样的人做管理，虽然不够满意，但也只能凑合。

（2）管理力度较差，管理效果也差。有的管理者管理力度不够，本人不愿意得罪人，管理手段软弱。比如，在检查员工的工作纪律、服务质量时，对于违反劳动纪律和服务不够规范的人员，需要纠正，甚至罚款，但是有的管理人员，不愿得罪人，即使对应该罚款的人，他也不好意思去罚，宁愿他自己代替被罚的员工交了罚款完事。

（3）工作条理性较差，被动挨打式推动工作。有的管理者自身懒散，工作没计划，没条理，办事无头绪，总是被上级催促着干事，每天虽然很辛苦，但效率不高，效果一般。这样的人也为数不少。

（4）不求上进，敷衍工作。也有的是不敬业型的管理者，当一天和尚撞一天钟，不动脑筋，不求进取，凭借经验推着干，不争先进也不求好评。

上述几种管理者的表现，可以看出在本土星级饭店里，一些年纪比较大的管理者已经没有上进心，没有工作的激情，他们的知识水平和管理理念都已经老化，越来越远离了时代的步伐。如果饭店的总经理是一位激情四射积极向上的管理者，他还可以推动饭店各项工作积极进取，不落后于日新月异的星级饭店发展趋势；如果这家饭店的总经理本人也缺乏激情，缺乏上进心的话，这样的星级饭店只能说被动地存活着。因此，我国目前有不少星级饭店生存现状不佳，经营效益较差，连年亏损。其主要原因，一方面是老国企的观念作祟，另一方面就是管理者的个人素质、职业素养问题。

再从员工角度所发生的问题对质量管理进行分析，许多时候员工在服务过程中发生了不该发生的问题，往往现象在员工身上，根子却是由于管理的缺失造成的。例如，员工服务技能不够好，多数是管理者对他的培训不到位；员工服务不规范，多数是基础培训不够，或者督导人员督导不够及时等造成的问题；员工组织纪律性不强，多数是管理者尽责不够，要求和管理不严所致；员工工作热情不够，多是激励机制有问题，或者管理者自身就没有激情；部门或岗位之间的协调发生问题，往往是沟通不够或者部门与部门、岗位与岗位间的衔接不通畅导致。当问题发生在员工身上时，管理者往往也把板子打在员工身上，批评员工不敬业，指责员工违反操作程序，等等，他们不去找其背后的管理质量问题，不从管理的角度查找原因。这种管理者不负连带责任，不找主观根源，不从根本上解决问题的做法，无法使得饭店跨越式发展，只能维持落后局面，与外资饭店差距越来越大。

上述管理能力的欠缺，必然造成工作质量不高，服务质量不达标，或者引起客人不满，甚至投诉。也就是说，管理中存在质量问题，服务工作中必然出现服务质量问题。这些问题体现了管理者的基本素质和工作能力存在缺陷，我们应该在研究服务质量的同时，深入研究这些问题，并找出解决的方案。

3. 目前我国饭店管理者的管理方法与技巧分析

管理除了素质、能力之外，还需要有方法和技巧。多年的管理经验告诉我们，管理一定是与效能相辅相成的。管理人员基本素质高，有丰富的工作经验，有较强的能力，有较好的管理方法与技巧，又有敬业的态度和做事扎实的作风，其管理的综合能力一定是比较强的，他的管理效果一定是卓越的，令人折服的；反之，管理者的个人素质不高，能力又不强，本人再不敬业、不负责任，也不讲究方法和技巧，其管理效能肯定是比较糟糕的，无法令人满意的。

例如，在管理公司旗下的饭店，每一家准备开业的饭店都会有一个筹备期，应该具备一套筹备开业的管理手册，按照比较详细的筹备步骤进行操作。一般来讲，筹备企业的负责人，先组织起筹备班子的高中级人员，然后进入筹备工地，带领员工按照筹备操作手册的步骤开始工作，这是常理。应该说，按照开业手册操作是没有问题的。可是不同的管理者，其管理效果却是截然不同的。

一个能力比较强的管理者，首先吃透操作手册的精神和筹备步骤条款，带领筹备人员有条不紊地推动开业筹备步骤，工作细致周到，开业准备工作充分，按照预定的工期进入试营业阶段。而一个管理素质较低或者能力不强的管理者，同样手里有一份筹备手册，但是其工作效果就不能恭维了。下面两个案例可以充分说明这个道理。

有一家筹备企业，饭店都已举行了开业仪式，其管理制度还处在讨论修改阶段，很不完善：各岗位操作程序十分混乱，有的根本没有建立；员工培训刚刚进入基础培训时期，不能独立操作；工程管理人员还不清楚本岗位的设备情况和操作程序；保卫经理不了解饭店消防设备设施情况，不知道消防设施的具体数量、位置、有无联通、能否启动的状况；电梯机房无人值守，如此重要岗位的房门随意敞开着；厨房一片凌乱，地上污水横流，灶台狼藉散乱，厨房设备找不到使用操作规程，电源接线没有插头，整个厨房找不到一份规章制度，也没有责任到人、到岗的要求，甚至下班没人检查室内安全状况，没人锁门。再看客房内没有逃生图，门锁关闭失灵，没有禁止吸烟的提醒，楼道逃生标志不全，达不到入住的要求。虽然给人的感觉是大堂华丽无比，硬件十分讲究，客房宽敞明亮，床上用品十分舒适，但是知道实情的客人有谁敢入住呢，没有基本的安全感。

上述案例的问题根源发生在高层主要管理者的工作方法和工作技巧方面，他带领的团队工作要求不严，工作步骤不细，领导力和指挥控制力不强。在筹备的后期阶段，没有检查和验收，没有把关和试运行，就认为可以开业了。

另一家饭店的筹备工作是在一位比较强势的领导的主持下进行的。饭店筹备期在冬季，进工地时饭店还是一个空壳，没有门和窗户，隆冬季节，寒风呼啸。在这样的环境下，饭店的筹备工作仍然井然有序地进行着。由于有比较有效的激励方法和措施，员工在困难的条件下，不怕苦、不畏难，大家团结协作，热情高涨，筹备工作质量高、效果好，业主满意。开业后，制度完善，整个饭店进入状态快，在集团公司的筹备质量评比中排名靠前。

这两个案例使我们看到，高层管理者的强势，必然反映在企业管理的严谨性、高效性、高质量中。这就像寓言故事中说的，一只羊带领一群狼去作战，必然打败仗；一只狼带领一群羊去作战，十有八九能够打胜仗。其中工作能力和工作方法是十分重要的。

作为饭店各层级的管理人员，除了自身素质和工作经验之外，十分重要的就是管理方法和工作技巧。以批评员工为例，有的管理者批评了员工，员工还十分舒服，很愿意接受他的批评，并能够认真整改所发生的问题；而有的管理者劈头盖脸、不问青红皂白地批评员工，即使指出的问题是对的，但是方法让人接受不了，不能达到好的效果，也不能有和谐的团队和高效的工作成果。

在质量管理工作中同样如此，管理者纠正问题的工作方法、技巧也十分重要。质检人员进行质检时，多数情况下是指出服务当中存在的问题，纠正服务程序中的偏差等，如果没有方法，或者粗暴指责，或者当庭给人下不来台，员工不能理解，无法从内心接受这种指责，必然造成反抗心理和不服心态。而如果讲究方法、循循善诱，以对事不对人的方式纠正问题，指出偏差，员工便容易接受。但是在实际操作中，有很多管理人员经常是当面指责、批评，不讲究方法和技巧，虽然指出的问题确实如此，但是员工心里不舒服，影响员工的工作情绪，经常是适得其反，造成员工的逆反和违抗，不但没有很好地纠正差错，反而更不利于管理和服务客人。

这样，就凸现了管理者的管理方法和技巧十分需要改善和增加相关培训的话题。因此在饭店培训中，也应该增加对管理层人员的工作方法和技巧的培训。通常我们都很重视员工的工作技能的培训，而忽视对管理人员工作方法和技巧的培训。在饭店里，每年都会提拔一些督导人员和部门级人员，甚至店级管理人员，因此，对他们的管理能力和方法的培训不能忽视，必须列入每年的培训计划当中，设定实用性强的、结合实际的培训课程，提升他们的管理能力和技巧，以便提升日常的管理质量。

五、如何提升管理者自身工作质量

大家知道，饭店的管理层人员多数出身于饭店基层，他们具有某一个方面的专业特长，在某个领域工作经验比较丰富，可以称得上是专家。但是管理与具体业务不同，需要完备的协调能力和协调经验，需要对一个团队的驾驭能力，如果缺乏工作方法和工作技巧，缺乏综合能力和管理艺术，就不是一个合格的管理者。特别是管理的高层人员，是一个饭店的核心，其综合能力如何，有没有管理艺术，关乎饭店的各个方面。

如何提升管理者自身的工作质量呢？当然方方面面都需要提升，但是重要的是三个方面的提升：一是管理理念的提升；二是管理艺术的提升；三是综合能力（即统揽全局的能力）的提升。

1. 管理理念的提升

现代管理理念的核心是"以人为本"。通常我们说，饭店是为客人服务的。这个"客人"具有两层含义：宾客，即外部客人；员工，即内部客人。只有有"满意的员工"，才能有"满意的客人"。

例如，某饭店管理机构的高层，在实践中总结和提炼出了"狠抓严管、深疼厚爱"八个字的管理经验。非常精辟，也非常实用。这八个字中体现出了相辅相成的辩证关系。没有"狠抓严管"，企业管理者树不起威信，带不出严谨高效的队伍；没有"深疼厚爱"，企业管理者不能温暖员工的心，企业没有凝聚力，员工没有归属感。"狠抓严管"和"深疼厚爱"是辩证的，是一个事物的两个方面，二者的有机结合，就是以人为本的管理理念的体现。

举个例子：一名中层管理人员在工作中发生了失误，给饭店造成了一定损失，主管领导为了挽救损失，为了达到教育其本人和别人的效果，采用狠批和罚款的手段处罚了他。一般情况下，这个问题就算处理完了。可是，这位领导不是这样做的。下班了，饭店领导邀请这位被处罚的管理人员一起吃饭，拉家常，关心他的疾苦；谈工作，教给他方法和技巧，使得被处罚的人十分感动。白天还很郁闷、很委屈的心情一扫而光，不仅如此，还十分内疚，感到对不起领导对自己的关爱和培养，暗下决心，一定做好工作，不能再出闪失。一顿很平常的餐，一席很交心的话，不但化解了这位管理人员的心中郁闷，还使他心情舒畅地接受了处罚，并且会更加努力地工作。

再举一例：一位主管平时工作很出色，由于工作失误比较严重，按照惯例可以与其解除劳动合同了。但是饭店领导考虑到他本人已经成家，并且有了孩子，家里指望着他这份工作和收入，在严厉处罚的同时，给予他悔过自新的机会，让他下岗到洗衣厂劳动锻炼，没有让他失业。经过一段时间的内省，这位主管认识了自己的问题，并认识到企业领导的良苦用心和对他的"深疼厚爱"，他内心十分珍惜领导给予自己改过的机会。再次回到岗位上后，工作非常敬业，用自己的实际行动感谢饭店领导对自己的关爱。

再举一个反面的案例：一家饭店在工作检查中，同时查出了两个部门的问题，但是领导囿于个人感情等方面的原因，处罚不公，导致有的不服，有的不领情，弄得本人很狼狈，也摆不平关系，既没有"狠抓严管"的效果，也没有"深疼厚爱"的举动，影响团队的团结，也影响了自己的权威性。

做管理、带队伍，没有严格的作风是不行的，没有以人为本、关爱下属的方法也是不行的。两者需要有机结合，管理者应该认真学习现代管理理念，运用以人为本的方法进行管理，才能提升自己的管理水平。

2. 管理艺术的提升

管理艺术即管理方法和技巧的综合运用。如何能够做到管理技巧和管理方法灵活、运用自如呢？首先是管理者要在紧张的工作之余，注意学习管理艺术方面的知识；其次要注意在实践中总结和提炼，从实践经验中提炼出具有艺术般的管理方法，再用于指导自己的实践；最后是要具有创新精神，努力创造既轻松又和谐的管理氛围，既严谨又具人性化的人际关系，让下属欣赏自己，同时又服从自己，让团队既团结合作又轻松相处，而自己在管理中游刃有余，使管理环境和氛围达到完美统一的效果。

一位饭店的总经理看好一名来自饭店管理专业的大学生，为了培养这位大学生，总经理将他放在最艰苦岗位做服务生，并且不断变换他的工作岗位，而所变换的岗位基本都是饭店最苦最累的。在他坚持了一两年之后，总经理认为这位新的大学生经受住了考验，在同期来的大学生纷纷离开饭店的时候，这位大学生得到了提拔，被安排在一线管理岗位上。经过一段时间，又被调到客房、保安等部门做管理，他得以全面熟悉饭店的运作和各个部门的岗位情况。这位大学生很快成为饭店中层管理中的骨干力量。我们看到这个案例中总经理培养人才时采取的方法和技巧，首先是磨练他的意志力，其次是在适当的时候及时提拔，最后是在管理的岗位多部门锻炼，使其全面发展。这里不仅看出总经理的良苦用心，更是体现总经理的管理艺术。

3. 综合能力的提升

综合能力是培养饭店总经理人选的重要考量因素。我们知道，不少做了多年饭店工作的中层管理者，往往是一个专业的专家，或者客房，或者餐饮，或者前厅，或者其他某个专业。他们虽然具有丰富的专业知识、部门管理经验，但是统揽全局的经历不足，处理复杂事务的经历较少。如果想培养这样的人选上台阶，就需要提高他的综合能力。

综合能力，即全面驾驭一家饭店的能力，包括财务管理能力、市场营销管理能力、工程管理能力、人力资源管理能力、与业主协调交往能力、与社会各方面的协调能力，等等。如何提高综合能力呢？这需要饭店总经理给予这些具有多年中层管理经验的人员机会，使其熟悉各个部位的情况，了解饭店运作的方方面面，同时锻炼其处理各种事务的能力，在锻炼中提高，在提高中成长。

饭店管理人员的素质，决定管理质量。没有高素质的管理人员，就不会有高质量的饭店管理和服务。在谈饭店质量管理的话题中，不能不涉及管理人员的素质和管理者的工作质量问题。

六、如何对星级饭店日常服务质量和工作质量进行监督

1. 什么是饭店质量监督

质量监督是为确保满足规定要求，对实体的状况进行连续的监视和验证并对记录进行分析。而饭店质量监督是指依据已建立的程序和规范对饭店产品进行连续的监视和验证，目的在于过程控制。在饭店质量监督中，质量监督的对象包括饭店产品（客房、餐饮、康乐等）、活动（每一项服务）、过程（每一个服务的过程）、组织体系（饭店的各级组织）、人（服务人员的行为和服务过程）以及这些要素的任意组合等。质量监督的目的是确保达到饭店的工作标准和工作规范、符合操作程序、符合规章制度等，工作标准还包括工作人员自身形象、仪容仪表、着装佩饰、礼节礼貌、语音语调、微笑问候等。质量监督的手段，在饭店可以是部门管理人员的检查、控制，也可以是饭店质量监督机构的巡视、监控、记录等。操作方式可以是突击检查、不定期的巡视检查、暗访人员以客人的身份进行体验式检查等。这些检查方式可以是定期的、不定期的、具有一定频次的。这些质量监督都是饭店自行设定的、经常使用的监控方法。

还有一种质量监督是顾客的反馈。在饭店中，质量监督的另一监督者就是入住饭店的消费者，包括住房、用餐、娱乐、召开会议、举办展览、举行活动的客人，等等。他们在饭店的感受就是最客观的监督，在服务质量方面他们最有发言权，他们的满意程度就是对饭店管理和服务的真实评价。对于顾客的反馈，通常饭店方会利用宾客意见书和宾客满意度调查等手段收集宾客的意见和建议。现在，网络评价也是对饭店质量监督的一种方式。还有一

种方式就是宾客代表，饭店质量监督机构的人员以宾客的身份深入饭店各个部位，站在宾客的角度，对饭店的服务和操作进行体察和了解，从专业的角度指出饭店服务中存在的不尽如人意的问题，上交饭店质量管理部门，由饭店质量管理部门组织饭店各级人员进行整改。这种方式也是饭店经常采用的监督方法之一。

2. 饭店质量监督的职责是什么

在饭店质量监督机构中，应当明确工作职责。主要内容应包括：

（1）制订计划。根据饭店年度工作计划中关于质量工作的要求，制订具体的质量监督和控制工作计划。如果是管理公司下辖的饭店，还要按照上级管理公司的质量管理工作要求制定本饭店的质量管理工作计划。质量管理监督工作至少包括两种计划。质量管理监督工作计划必须要有年度的检查、监控计划和月度的检查监控计划（有的也设定月度检查监控计划）。不管哪种计划，在计划中都要包括详细的检查内容、检查频次、实施步骤、整改方法等。

（2）具体的质量监督措施一般分为明查、暗访、日常巡视检查、专项检查、专业检查、突击检查等。在质量检查中发现的问题，要当场进行纠正，纠正的做法一定要落实。一般是指出存在的问题，并按照问题的严重程度填写相关的单据，如口头警告、罚款记录单、违纪过失单、整改通知单等。部门或者管区接到相关的质量问题通知后，必须严肃认真对待，不得拖延，不得糊弄。

（3）检查情况要及时汇总上报。质量监督机构要定期将检查情况进行汇总，并拟写文字报告，上报饭店行政办公室，请主管领导审阅和批示，并根据主管领导和饭店总经理的指示，进行新一轮的检查监督工作。

（4）接受行业检查和指导。质量监督机构负责组织饭店接受上级管理公司、行业管理单位的检查和评比工作，接受旅游系统的星级评定、复核、访查等检查。

七、饭店质量监督的作用有哪些

饭店业是劳动密集型行业，主要靠人的配合操作完成工作要求和服务程序并达到规定标准。因此强化质量管理要求、加强质量监督工作，是十分必要的。其作用有如下几个方面：

1. 保证饭店每日工作的正常运行

饭店工作是一个系统工程，一环扣一环。饭店一线（即面对客人）的服务岗位要靠二线（即支撑服务的后台）的配合，才能保证饭店正常运转。在一线和二线的结合上需要有机配合，在一线的各个岗位之间更需要密切配合，各个部门之间也要相互配合。质量监督不仅是服务岗位的监督，也包括对这些部门与部门之间、岗位与岗位之间、人与人之间配合的监督和管理。这样才能保证每日各项工作的正常运行。

2. 保证饭店各项服务和工作的质量达到标准

饭店操作和服务程序，也与加工产品的过程相似，重要的是控制过程质量，以便保证饭店产品的整体质量。质量监督机构，如同工业加工的质量检验科室；质量监督人员如同工业产品加工过程中的检验员。质量监督保证的机构和人员，其作用在于确保服务客人的过程达到质量标准。

3. 保证饭店工作达到行业服务标准

现代饭店已经初步具备了比较规范的行业标准，这是毋庸置疑的。但是以人对人的服务为主要特点的饭店服务业，如果没有管理机构的监督和检查，服务人员往往不能够认真按照标准去操作，或者距离行业标准有一定的差距。饭店的质量监督就是保证本饭店的工作和服务质量达到行业的标准和要求。

4. 促进饭店服务和质量管理水平的提高

改革开放以来，由于外资饭店的引进和带动，我国饭店管理水平有了大幅度的提高。但是本土星级饭店的管理距国际水平还是有一定差距的。饭店的质量管理机构在自身管理的同时，还要不断学习和借鉴国外先进的管理方法和理念，不断提高自己人管理饭店的管理和监督水平，这样才有利于我国饭店管理和服务质量的提升。从这个意义来看，质量监督还具有帮助饭店进一步建立和健全规章制度、培训质量监督人员的操作技能、提高服务人员服务水平等功能。

八、如何进行饭店的日常质量监控

饭店质量管理委员会是饭店的监控组织，一般由其组织成员按照质量监控的工作范围和工作职责履行日常的监控工作。

（一）饭店质量监控工作内容

饭店质量管理的内容主要以对客服务的岗位和工作内容为主，包括对客服务的各个岗位的操作标准、服务态度、服务技能、服务效果等。同时，还包括对员工行为规范的检查和控制、二线保证部门和岗位的工作质量等。综合起来可概括为宾客服务、运营质量和员工行为规范三部分内容。

1. 对宾客服务的监控

宾客服务质量是指直接为宾客服务的岗位和人员的服务态度、服务技能、服务技巧和服务的规范性、主动性、超前性、灵活性、预知性等总体服务水平。

2. 对运营质量的监控

运营质量是指饭店各个运营岗位和人员的工作状态、工作规范、工作要求、工作标准的质量，以及与运营有关的各个后勤部位的工作状态、工作规范、工作要求、工作标准的总体状况。在运营方面，各个岗位的操作标准和操作程序，就是对运营质量检查的依据。

3. 对员工岗上行为规范的监控

员工岗上行为规范是员工在工作岗位上必须要遵守的饭店规定。质量监控部门也要对其进行监督和管理，以便在工作范围内保证员工行为规范的质量。

（二）如何对饭店质量管理工作进行全面监控

1. 如何对宾客服务进行监控

宾客服务，是饭店服务中最为重要的部分。宾客服务从某种意义上讲，代表了饭店的形象、饭店的品牌、饭店的信誉、饭店的竞争力。有好的宾客服务的口碑，饭店就有一定量的回头客，就有一定量的忠实客人。宾客服务不够好的饭店，没有好的口碑，就不具有竞争力。为了做好宾客服务工作，为饭店创立品牌，赢得好的效益，许多饭店都十分重视宾客服务工作，也十分注重自身对宾客服务的监控。在自身监控的同时，饭店还给客人评价质量的工具，采取由饭店制定的宾客意见书、宾客满意度调查等方法进行监控，让客人来监控饭店的对客服务质量。客人对饭店的服务做出的客观评价，正是饭店所需要的第一手资料。除此之外，还可以暗访的形式进行监控，即由饭店业内人士，以客人的身份入住饭店。在暗访后，汇总归纳暗访检查情况，写出暗访报告，交给饭店。这三种监控宾客服务的手段，通常交叉使用。

从饭店想了解员工服务真实情况的角度而言，"宾客意见书"和"宾客满意度调查"这两种做法是对饭店进行实时监控的最好手段。宾客可以根据自己的体验直接反馈各个岗位服务的真实情况。因此，饭店应当高度重视对宾客意见书和宾客满意度调查的收集和利用，把它们当成顾客意见反馈的有效途径。饭店可以每日由专人进行收集和分析，分析的情况要及时反馈给饭店各级管理者，以便管理者能够最快、最直接地了解饭店各服务部位运行情况，并从中了解客人的需求情况。（宾客意见书和满意度调查的具体操作方法请见第7章、第8章。）

暗访也是一种宾客体验并反馈情况的做法。暗访是在一定时间范围内，以暗访人员在饭店的活动体验为主（一般是一个间/晚，即24小时的住宿和体验过程）。但是暗访所得到的情况具有一定的偶然性。当暗访人员碰到服务较好的服务员时，他的服务体验是饭店的服务是规范的、纯熟的、有水平的；可是当暗访人员碰到实习生、新员工的服务时，往往会发现很多问题，因为他们技能不够熟练、服务经验少；再有当暗访人员碰到情绪不好的服务员时，也会有比较糟糕的过程，他的暗访评价肯定是比较差的。因此，在暗访中，有的岗位评价非常好，打分比较高，有的岗位评价比较差，打分比较低，就是这个道理。尽管有着这样的局限性，暗访毕竟不失为一种有效的质量监控手段，其监控作用是不可否认的。

2. 如何对运营质量进行监控

运营质量包括一线运营和二线运营，主要由饭店质量委员会成员进行日常管理和监控。通常采取走动监控、闭路电视监控、突击检查和专项检查等手段。

走动监控是指每日由质量委员会成员对饭店一线岗位和二线岗位进行检查，检查中遇到服务操作不规范、程序不规范、仪表仪容不规范和违反劳动纪律等问题时，要现场及时纠正。走动检查要有记录。在检查中遇到表现突出的服务人员也可以当场进行奖励，遇有违纪现象要及时采取纠正措施。走动检查的作用是促使各个岗位的工作规范化，随时了解各个岗位的动态情况。

闭路电视监控是指饭店公共区域的闭路电视监控，主要目的是及时发现安全隐患、及时发现案件苗头、记录案件发生的时间、地点等。饭店也可以利用闭路电视的功能，监控员工在岗位工作中的状况，真实了解其服务状态、劳动纪律状态等情况。因此，在必要时，可以调出某一时段、某一岗位的员工操作情况、精神状态、劳动纪律等记录情况观看，以便真实反馈员工在岗位上的工作状态，这也可以作为质量监控的手段之一，配合其他手段使用。

突击检查是指在事先完全不通知的情况下，饭店质量检查人员对某个部位进行检查。例如，某天，质量管理人员突然提出要检查酒水库房的管理状况，该库房库管员就要打开酒水库房的门，请质检人员按照库房管理相关规定进行检查，并写出检查报告。这样，可以了解日常酒水库房的管理情况，也可以发现管理当中的问题。

专项检查是指饭店列出检查的部位和题目，由质量检查人员进行专项检查。例如，饭店认为近期需要对前台管理工作进行检查，质检人员就要列出检查内容，并进行专项检查，写出检查报告。专项检查可以就某个部位或某个问题进行深入、专业的检查，同时给予专业的指导和帮助，以便提高各个部门、岗位的业务能力和业务水平。

3. 如何对员工行为规范进行监控

员工行为规范主要是指员工在岗位上是否精神饱满、着装仪表是否规范、行为是否得体等。这些内容主要是靠质检人员在走动检查中进行检查和纠正；也可以通过闭路电视进行抽查；还可以在某个时段作为专项检查的内容进行检查。

员工行为规范如何，体现饭店的形象和管理力度，是宾客对饭店印象的一个重要窗口。饭店员工仪表得体、气质优雅，讲话斯文，举止大方，是对宾客的尊重，也是对宾客的礼貌。因此，饭店员工要始终保持良好的精神状态、整洁的仪表、优雅的服务，给宾客美的感受、舒适的体验。

饭店行业，特别是星级饭店，对员工服务的技能要求是一方面，对员工的仪表气质要求也如同技能要求一样重要。在饭店，尤其是高星级饭店，其服务对象多是社会上具有一定地位或身份较高的人员，为了体现其身份的尊贵，需要有仪表气质相匹配的服务人员给予优质的服务，而优质服务，首先需服务者提升自身气质。喜达屋集团首推的"贴身管家"就是明显的例证。他们选拔身材、气质、服务特质好的人员，再经过专门的培训后，作为贴身管家为高档客人服务。现在一些高档公寓也推行"英式"贴身管家式服务，并已成为流行趋势。里兹卡尔顿饭店管理公司的创始人恺撒·里兹被称为世界豪华饭店之父。他于1898年6月创立了巴黎里兹饭店，从此开创了豪华饭店经营之先河，其豪华的设施、精致而正宗的法餐，以及优雅的上流社会服务方式，将整个欧洲带入到一个新的饭店发展时期。里兹的成就概括为：最完美的服务、最奢华的设施、最精美的饮食、最高档的价格。他们的格言是"我们是为绅士服务的绅士，为淑女服务的淑女"。这是饭店业开创高档豪华饭店之经典案例。"为绅士服务的绅士，为淑女服务的淑女"道出了饭店服务的真谛：除了硬件设施的豪华之外，同等重要的还有员工的行为规范和仪表气质。我国有的高星级饭店总结出20个字的待客准则——仪表、微笑、问候、让路、起立、优雅、关注、尽责、致歉、保洁。这20个字也是强调了员工行为规范的重要性。

日常我们强调员工行为规范的方法，一般是要求员工在上岗之前先要自行检查个人的仪表和着装，每日的班前会上督导人员还要检查员工的着装仪表。质检人员在走动中也要注意检查员工的着装仪表和行为规范，并且在处罚条例中也要设定着装仪表和行为规范不符合要求的罚款条例。在检查监控的基础上，我们的管理者也要关注员工服装的式样和整洁程度。有的饭店为了节省资金，应该一年或两年就更换的工服，他们坚持穿三年或四年，很多员工的工服虽然洗得很干净，但是毛边、破洞、开线等现象比比皆是，也是不整洁的表现。

在员工行为方面，除了传统的遵守纪律、不打闹、不嬉笑之外，现在还应关注员工在岗位上低头看手机、玩微信等影响服务质量和工作质量的行为发生。

九、饭店管理公司如何进行质量监控

目前我国的饭店管理公司一般都设有质量管理监控部门。规模小的管理公司可能只设1名质检人员对全公司所属饭店进行管理和监控；规模大一些的管理公司，设立1个部门，由2~3人进行运作。其监控职能、内容、操作方法等基本模式如下。

（一）设立质检部门

质检部门一般由1~3人组成，小的管理公司或运作时间较短的管理公司，一般设1人，职位名称为质检部经理或质检部主管。大一些的管理公司或运作比较成熟的管理公司，一般设立质量管理部门（或质量委员会），并设立主任、副主任、委员等职务。有的管理公司的质检主任、副主任是公司机关的高管人员，委员由下属饭店的分管质量的副总经理组成。其工作职责如下：

（1）负责公司层面的质量管理年度计划的制订和组织实施；

（2）负责公司层面对所属饭店质量管理工作标准的制订、修改和组织实施；

（3）负责对所管理饭店质量情况的检查和指导；

（4）负责对所管饭店年度质量管理情况的考核评比；

（5）负责组织所属饭店质检人员对质量工作的研讨、考察、交流、检查等工作。

管理公司质量管理部门负责领导、指导、监控所属饭店的质量管理工作，有组织明查、暗访的职能，有组织突击检查、专项检查的权限；有组织交流检查、评比的职能和权限；有做出年度检查评比评价的权力。但是，管理公司的质量部门绝对不能取代饭店层面的质量管理部门。日常的饭店质量管理和监控还需要饭店自身的质检部门和人员的尽职尽责。

（二）饭店管理公司进行质量检查监控的几种做法

1. 充分利用好"两书"，即"宾客意见书"和"宾客满意度调查"

对宾客服务状况的检查和监控，管理公司首先应该运用好宾客意见书、宾客满意度调查这两个手段。管理公司要统一宾客意见书和宾客满意度调查的问卷样式和内容，定期收集各饭店客人填写的宾客意见书和宾客满意度调查问卷，然后由专人进行分项目的计算、分析和汇总，从各项指数的高低变化当中分析所属饭店服务质量状况、客人认可程度、客人需求倾向、客人不满意的主要方面，等等，目的是找出所属饭店当前存在的共性问题和需要尽快解决的主要问题，再由管理公司质量监控部门与饭店沟通，并给予及时的指导和帮助。这是质量监控手段之一。

2. 组织好暗访检查

对客服务质量的监控，管理公司每年还要组织暗访检查。暗访工作要由管理公司直接操控。管理公司聘请饭店行业的专家，以客人的身份入住所属饭店，进行全面的体验和检查。之后，写出暗访报告交给管理公司，由管理公司进行分析和汇总后，公布暗访结果，同时提出对暗访发现问题的整改要求。暗访之后，管理公司的主要监控力度在于继续监察饭店整改速度和整改质量，公司要根据暗访报告中提出的问题，限时要求各饭店将整改情况上报。有的饭店管理公司根据暗访打分情况对所属饭店进行排名，排名靠后的饭店，管理公司首先将其总经理召至公司总部进行训诫，对整改不力的饭店，还要特派专人进驻饭店进行帮促，饭店存在问题极为严重的，必要时对其饭店的总经理或分管副总做出降职处理。这是管理公司质量监控手段之二。

3. 组织好明查工作

管理公司每年度要组织明查工作。此项工作是为了促使各饭店质量管理工作能够保持在一个较高水平的统一的平台上。其做法是：提前公布明查的时间和内容，各饭店可以在一定时期内进行相关准备，然后接受公司组织的明查。

明查的做法：管理公司负责组织明查人员团队，因为管理公司质量委员会的成员包括各饭店分管副总经理，在明查时，各饭店副总经理就是明查团队的成员，由公司质量监控主要领导带队，分别深入每一家饭店进行体验式检查。该团队成员入住客房，检查客房设备设施功能的完好情况；到各餐厅用餐，检查其餐饮出品质量和卫生状况等；还要深入饭店的各个内里部位，检查各项工作流程，各个部位的卫生状况、服务流程、检查各保证部位的工作状况，包括工程操作机房、员工服务设施等，还要专门对饭店消防系统进行认真仔细的检查，以保证饭店的消防安全设施的完好和功能性。明查是管理公司质量监控的第三个手段，也是对饭店的全面体检。

明查的作用：

（1）促使各饭店把精神状态和工作状态调整到最佳。一般情况下，各饭店的管理人员和员工在明查的准备阶段，全面重温各个操作岗位的工作程序和操作标准，并通过演练使员工掌握到最好状态。而且明查的准备阶段，也是各饭店从方方面面进行自我体检的阶段，饭店会对各个角落的卫生状况进行全面的检查和清理，达到不留死角，还要对二线各个岗位进行全面的检查和规范。总之，饭店要通过明查，调整各个部位的功能，达到最佳状况，显示最好水平，特别是对管理人员和员工的精神面貌也是一次调整。在这种状况下，由公司进行检查和指导。

（2）促使饭店对质量管理工作高度重视。饭店管理公司每年组织一次全面的质量检查和评比，可以振奋饭店上下人员的精神，引起对质量工作的高度重视，不仅在员工的心目中提升了质量意识，更重要的是提升了饭店各项服务工作和管理工作的质量观。

（3）通过检查评比达到标准的一致性。管理公司所属各饭店的工作程序和标准，日常会有一些不同之处。通过明查，可以促使各饭店的操作标准统一到规范的模式上来。特别是工作标准低、日常管理差的饭店，可以通过这个过程提升标准和管理水平。这样经过连年不断的检查和评比，各个饭店的管理水平会逐渐趋于一致，达到管理公司的要求。

（4）通过检查评比可以弘扬企业文化，深化管理。每家管理公司都有自己的企业文化渗透在管理中。质量管理中的明查措施，还具有有效渗透企业文化的有效作用。在明查中，通过检查二线各部门的宣传阵地，有助于企业文化宣传口径达到一致性。同时，不同的饭店又因其特色不同而呈现出一定的差异性。管理公司在明查中可以纠正影响企业文化统一的差异性，保留各饭店自身的个性化中不影响管理公司企业文化的差异性，使饭店自身企业文化和管理公司企业文化完美结合。不仅体现管理公司的风格、特点，也能体现饭店自身的风格和特点，振奋企业员工的精神，体现企业的向心力和凝聚力。

饭店管理公司如果运用好上述"两书"、暗访和明查这三个质量管理和监控的手段，并充分体现其力度的话，其质量管理的水平绝对是一流的。

（三）管理公司对质量管理要具有权威性

作为一家饭店管理公司对下属企业质量的管理，最重要的应该是他的管理力度和权威性。如同前面所讲，管理公司负责领导、指导、监控饭店的质量管理工作，但不能取代下属饭店的质量管理。那么，如何领导、指导、监控？其力度如何体现呢？对于管理公司而言，一般的号召和管理，可能会如同没有管理，不可能树立起绝对的权威；但是近乎取代企业自身的管理，就会使企业减弱自我质量控制的能力，也不能取得好的效果。如何做到既有力度，又不越位，管理公司可以从以下几个方面把握：

（1）检查监控中的权威性。在日常管理中，管理公司可以运用明查、暗访、突击检查、专项检查等手段进行质量监控，但是绝不能让检查成为走形式的做法。如何做到不走形式，有如下一些方法可以运用。

树立检查的权威性。每一次检查，都必须由最具权威的人员组成检查小组，按照检查项目认真操作。例如，检查饭店的客房清洁卫生，必须配备多年从事客房专职工作的人员，由他们深入到饭店的任意一个"OK房"，进行检查。他们会从进门开始，对客房的卫生间、床上用品、各种棉织品、房间的墙壁、地面、家具、灯具、灯光、电视频道、小酒吧、保险箱、宣传品，甚至是床底下都要按照规范的清洁标准进行检查、打分。

这样的检查结果是令人信服的，是具权威性的。如果派前厅专业或餐饮专业的人去检查，当然就不可能那么权威了。同理，检查餐饮，也必须是对应由餐饮专业的人组成团队，进行相关项目的检查。尤其餐饮又分中餐、西餐、日餐、韩餐、印度餐等，也不是一个中餐人员的技能能全部概括的。餐饮还分服务环节、厨房环节，甚至原材料的采购环节等，都必须由专业人员进行检查，才能够检查到位，体现专业性、权威性。

（2）检查的结果要公开、透明。管理公司对每一次检查的结果都要公开、透明地进行公布，不能因为怕得罪某个饭店，或怕某个饭店没有面子，或者怕个别饭店不服气而不敢公开。结果的公布，必须是真实的，不加任何水分的，不作任何修饰的。如果管理公司本身出于某种考虑，对检查结果进行处理后再公布，一次可以，两次也行，多次这样，就不能取信于饭店，以后的结果再怎么真实，也没有说服力，就会大大降低管理公司的权威性。

（3）检查的结果要排名次。检查结果出来后，要严格按照检查结果的打分情况进行排名。一家管理公司下属若干家饭店，即便就有两家、三家，也应该按照分数进行排名。排名的作用一是分出好、中、差；二是便于奖优罚劣；三是促进企业之间的竞争；四是通过不断的检查、排名和竞争，总体提高各饭店的质量管理水平。

但是也不排除有的管理公司不太敢于使用这样的手段进行管理。因为检查得分排名的做法，毕竟是有的在前、有的在后，排在后面的似乎打击了该饭店的管理者，让其失去了面子。可是，从竞争机制的角度而言，没有排名，怎么刺激竞争？从权威性的角度而言，总是怕得罪某个饭店或者得罪某饭店的总经理，怎么能够树立管理公司的权威性呢？没有权威性的管理公司，其质量管理的水平又怎么能达到一流呢？

排名的作用是促进饭店的质量管理努力去做得最好。实践证明，如果管理公司在质量检查后只是一般性笼统地公布存在哪些问题，而不明确指出是哪家饭店的问题，其力度是不够的；必须明确地将检查的真实情况给予公开反馈，才具有力度。检查后只是反馈情况也还不够，必须要求饭店进行认真的整改，并接受管理公司的复核检查，这才有力度和权威性。因此，管理公司质量检查后，要量化检查的内容，给出总的评价和分数。通过打分排列名次，是一种有效的管理手段，有追求质量第一的管理公司或者能够具有权威性管理氛围的管理公司，不妨可以尝试这种方法进行质量管理。

对排名靠后的饭店要给予帮助。检查和排名不是管理公司的目的，奖罚也只是手段，而最主要的目的是通过检查和排名，统一管理公司质量管理的标准，提高各饭店质量管理的认识水平和质量水平。因此，对排名靠后的饭店要给予帮助。帮助的方法可以根据不同情况采取不同措施，只要能够使其提高就达到了目的。有的管理公司，采取排名末位进行训诫的方式，将总经理请到公司进行训诫，这种训诫并不是单纯的批评，而是帮助其找到之所以排名落后的原因，分析其管理当中存在的问题，帮助其找出如何进行整改的措施。然后限期进行整改，公司对其整改后的情况进行验收，如果还是不合格，公司会派人提供进一步的帮助，直至取得明显效果。也就是说，管理公司的检查和监控是帮助每一家饭店达到质量管理的标准，而不是打击排挤质量不好的饭店。

对饭店质量管理帮促的措施有：

（1）深入饭店了解情况，分析管理中存在的问题，从问题的焦点入手制定整改措施。

（2）对管理不善、管理方法缺乏的饭店，派专人教授质量管理的方法，促其掌握质量管理的方法和措施，学会运用相关表格。比如：每天的日常检查怎么做，检查当中发现问题如何处理，如何奖励，如何处罚，如何促使管理者和员工树立质量管理意识，等等。

（3）让质量管理做得好的饭店传授经验，帮助落后的饭店尽快提高。采取的方法既可以是落后饭店到先进饭店学习，也可以是先进饭店到落后饭店传经送宝，派人去帮助提高。这正是在管理公司平台上资源共享、经验共享的优势。

（四）质量管理成绩应该列入总经理年度业绩考核成绩

凡是管理公司管理的饭店，每年都有年度绩效考核，并根据绩效考核成绩对总经理做出客观评价，有的管理公司还根据对总经理的评价给予年度奖励。在对各饭店总经理的业绩考核评定中，会设置许多考核项目，从大的框架上，一般分为工作态度（即敬业精神）、工作业绩（主要是经营指标的完成情况）、管理能力和领导艺术、廉洁自律情况和组织纪律性。从这5个维度上再设定细致的考核具体内容。其中在第二大项"工作业绩"中质量管理考核分值占有一定的比例，是总经理业绩考核中的一个重要部分。一般"质量管理"考核占总分值的10%。这10%如何考核呢？见下面的操作方法：

质量管理分为三项来考核：

1. 服务质量

服务质量考核的主要内容是：饭店全年度收集到的"宾客意见书"所反馈的饭店服务状态，"宾客满意度调查"所反馈的饭店服务满意度情况，这两项宾客反馈表格，在日常已经收集和统计，在年度考核时要将全年的统计数据折合成分值，作为对客服务业绩的量化成绩数据列入总体考核成绩中。再有就是管理公司组织的暗访，暗访对每一家饭店的评价和分值也要换算成为年度质量管理分值，作为对客服务业绩考核的一部分。

2. 运营质量

运营质量是指饭店日常运营情况，主要依据是管理公司制定的运营质量检查内容表格和管理公司每年组织的各项检查，包括明查、突击检查、专项检查等。这些日常检查监控各饭店运营情况的数据，都要折合成年度业绩考核中质量管理的分值，以作为总体考核的依据。

3. 员工行为规范

员工行为规范即员工在工作中的总体状况。其主要是指员工日常在工作岗位上的仪表仪容、服务规范用语、遵守饭店纪律状况等。这项检查和评价，主要依据"宾客意见书""宾客满意度调查"和暗访中相关检查内容的情况及客人的评价，还有在明查中管理公司质量委员会成员检查打分的情况。这方面的分值在上述明查、暗访和"宾客意见书""宾客满意度调查"中分别都有体现。可以不再单独列出分值。

上述三个方面的检查内容，都以分值的形式列入业绩考核中的"质量管理"栏目中，并将日常上述三个方面的得分进行指数化处理，变成业绩考核总表中的10%比例的分值。要知道质量管理年度总成绩占业绩考核的10%左右，与经营指标完成情况的分值相当。可见管理公司对质量管理的重视程度与经营业绩是平起平坐的。这样做的目的就是质量管理和总经理班子成员的业绩直接挂钩，以此促进总经理班子成员高度重视质量工作，并促进总经理及其班子成员在日常的管理中毫不放松质量管理工作。这就是质量第一，质量决定饭店生命的理念和做法。

（五）年度奖励机制

管理公司每年根据对各饭店的日常考核情况和年度考核情况进行奖励。年度奖励，一般由经营业绩完成情况、经营利润完成情况、经营成本管理状况、企业安全管理状况、人工成本状况、质量管理状况等构成。质量管理工作的分值，会在一定程度上影响到企业总经理班子奖励的指数。具体如何制定奖励标准和如何划分每一项业绩的奖励比例，各管理公司都会有不同做法。重视质量工作的管理公司，会在业绩考核中突出质量工作的比重，强调饭店中质量检查的分值，并根据质量管理情况，酌情给予总经理年度奖励或处罚。为什么要将质量管理的分值看得如此重要？这是因为星级饭店的服务和管理关系到宾客的满意程度，如果想得到宾客的满意度，就需要下最大的工夫对饭店各方面的质量进行管理和控制，不断提高饭店的服务质量。

（六）质量管理分值列入对店级管理人员考核、使用、升降的参考系数

管理公司掌握各饭店质量管理的考核分值，其作用还在于能够影响到考核高层管理者的使用问题。如果一个饭店的质量管理分值一直走低，或者断续走低，管理公司就要考虑其总经理或者分管副总经理的管理能力、管理力度问题。在必要的时候，就要考虑调整管理班子成员，以加强该饭店的质量管理力度。

如果一个饭店的质量管理出现不稳定，或者较大幅度的滑坡，管理公司也要采取干涉措施，要求该饭店从高层管理的角度去查找原因，调整状态。例如，在暗访中发现一家饭店发生了大面积的员工情绪不高，对客人态度生硬、

不耐烦等状况，其暗访分数达到了历年最低点。管理公司经过分析认定根源一定不在员工身上，不能拿处理员工、或者升降部分中层管理人员的职位来解决问题。于是明确要求该饭店的总经理要从自身管理方法、管理理念上查找问题，从员工满意度的角度查找问题。经过总经理认真地反思，他自己认识到在质量管理方面有失职和失误，没有重视日常的服务质量检查和监控工作，甚至不作为，虽然有质量管理机构和人员，但是总经理本人没有要求他们，任其不作为。在对待员工日常生活方面，忽略了员工的满意度要求，饭店后勤工作一塌糊涂，员工餐质量差，员工宿舍没人管理，员工遇到各种困难和问题也没有人过问，导致饭店员工总体情绪低落，没有质量意识。当总经理认识到这些问题后，先后带领各级管理人员到质量管理搞得好的兄弟饭店参观学习，回到饭店从自身做起，以关心员工伙食为突破口，改善了员工餐厅的总体面貌，在员工餐厅墙壁上大面积地张贴了企业文化内容，增设了员工生活园地，并且改善了员工伙食质量，增加了品种花样，并改善了员工宿舍、更衣室、理发室的硬件设施，增加了员工文化活动室等。在全体员工大会上，总经理带头检讨了自己不重视质量管理和不够重视员工满意度的过失，并带领全体管理人员制定质量管理具体规定并亲自走动检查。该饭店从精神状态到服务质量到员工满意度都大有改观。待公司再次复查时，对他们的整改彻底和全员提振给予了表扬并发通报在全公司系统进行表彰。这个案例充分说明了店级管理人员质量观的重要性。

如果某家饭店的质量管理是因为负责质量管理的店级人员玩忽职守，不尽责任，导致饭店质量发生问题。管理公司在多次帮助教育下，其还是不能改善质量状况，管理公司有权力调整该高管的岗位，以保证该饭店的质量管理工作不掉队。

对于管理公司而言，各饭店质量管理的考核分值，也可以在年度干部调配的大盘子中，作为参考因素。比如，某饭店总经理和分管质量的副总都是强手，那么，在必要时，也可以考虑将其调动到质量管理薄弱的饭店，以使各饭店的管理人员的搭配更加合理，使具有不同优势的人员得到能够发挥其优势的机会，也便于保证管理公司旗下饭店质量的均衡和在较高的平台上发展。

3

如何把握星级饭店对客服务岗位的运行质量和控制点

　　饭店的对客服务岗位，也称一线岗位，即直接面对客人服务的岗位。目前在国际上的星级饭店中，这些岗位已经具有了一套比较成熟的服务标准和规范程序，它既是饭店操作人员遵循的工作标准，也是管理人员管理、控制的依据与检查、监控的内容。这些岗位的程序和操作规范中都有一些必须把控的"关键点"，即员工必须遵循的、操作中必须突出的"重点"。根据笔者多年饭店质量管理控制的经验，在本章中，除了列出每个一线岗位的工作标准，还将指出其中的关键点，以便各星级饭店在质量管理监控中参考使用。

　　饭店是昼夜运行的单位，饭店的质量管理和监控也必须是全方位的。饭店的运行主要是靠工作程序和各级管理来控制质量。饭店运行质量具体包括哪些内容，又如何判别运行质量呢？下面介绍的是饭店运行质量的主要程序和控制点。其中指出的"关键点"，是每一个岗位和每一次对客服务中不可缺少的操作流程，也是检查人员检查工作时必须把握的要点。

一、前厅各岗位服务质量的运行标准和控制点

直接面客的岗位一般应该包括门卫、行李员、前台接待、大堂经理、商务中心、商场、客房服务、餐厅服务、健身娱乐服务场所等部位。各个直接面客部位的运行控制点（标准操作程序）如下：

1. 门卫行李岗位

（1）有门卫或行李员在饭店门口热情友好地迎候客人；

（2）门卫或行李员见到客人乘坐的车子停下，主动上前问候客人并主动为客人拉车门；

（3）帮助客人搬运行李等物件；

（4）主动为客人开门或指引客人进入饭店大堂；

（5）行李员要主动询问客人，是否需要帮助将行李送往客人所入住的房间；如果客人需要，按程序将行李送至客人的房间。如果是同客人一起乘电梯上楼，应主动介绍饭店情况、经营场所等（避免双方在电梯内尴尬地站立或者对视）。待到达房间时，应主动介绍房间内的使用功能或比较隐蔽的使用功能等（不要泛泛地介绍，因为一般的使用功能客人都是知道的，而客人需要知晓的是客房内比较特殊的使用功能，或比较隐蔽、不太容易一眼看到的功能，或者比较智能化、需要讲解一下如何使用的功能）。

（6）介绍完毕，询问客人还有什么需求。客人不再有服务需求后，要礼貌地预祝客人下榻愉快。后退两步后，转身离去。

关键点1：门卫的站姿挺拔，动作利落，主动拉门服务并对客人有微笑和问候，给客人美好的第一印象。行李员要主动上前服务，使客人不感觉尴尬。

关键点2：行李员要主动介绍房间内的特殊功能和隐蔽设施的功能，使客人能够马上了解不易察觉到的设施功能或客人没有见到过、从未使用过的比较智能化的功能。行李员在服务完毕时，不要忘记对客人讲"祝您下榻愉快"的祝福语。

2.行李员在客人离店时的服务

（1）客人要求提供离店服务的电话打到行李部，行李员接听电话时应在3声之内接起，并问候客人、报出自己的岗位和姓名；

（2）行李员应宾客要求及时到达房间；

（3）行李员按门铃或轻轻敲房门；

（4）客人开门后，行李员首先问候客人；

（5）帮助客人将行李放入行李车中并与客人确认行李件数；

（6）主动询问客人是否需要饭店为其安排交通工具；

（7）将客人送至饭店门口，为客人拉车门；

（8）感谢客人入住并祝愿客人旅途愉快。

关键点：电话铃响3声之内接听，以最快的速度到达房间；见到客人首先有问候声；送客人上车后有告别语和祝福声。

3.礼宾服务

（1）电话铃响，3声内接听，问候客人并报出所在岗位；

（2）如果客人走到前台，在30秒内要与客人目光相视并热情招呼客人（能称呼客人姓氏时要称呼客人姓氏）；

（3）询问客人的需求并提供帮助；

（4）礼宾服务台上应备有及时更新的饭店宣传册；

（5）提供地图并能够指出附近景点与主要建筑物的准确位置；

（6）所有宾客留言、传真或宾客要求转送的物品，都能够应宾客的要求及时准确送达；

（7）所有宾客留言都必须记录清楚，要记在饭店专用纸上；

（8）礼宾员要熟悉饭店各项产品，包括餐饮、娱乐、客房类型等信息；

（9）礼宾员要熟悉饭店周边环境，包括当地的特色商品、旅游景点、购物中心、大型超市、文化设施、餐饮特色等信息；

（10）礼宾员能够出色地完成客人委托代办业务，如购买生活用品、旅游用品等，并做到效率高、准确无差错。

关键点：见到客人，能在30秒内目光相视并热情招呼，熟悉当地相关信息并能准确地告知宾客、热情地服务。

4. 前台接待

（1）宾客向前台走来时，服务员能够在10秒内意识到客人并热情招呼客人；

（2）询问客人有无预订，对房间有无特殊要求；

（3）办理登记入住手续高效、准确、无差错；

（4）确认客人姓名，在对话中至少称呼客人姓氏2~3次；

（5）告诉客人房间号时用低声；

（6）与客人确认房价时用低声；

（7）在与客人交谈中有微笑；

（8）结束时有"祝您下榻愉快"的欢送语；

（9）办理入住过程总时长应在3分钟之内。若需处理特殊情况，不应超过5分钟。

关键点：在10秒之内意识到客人并有热情招呼，告诉客人房号和房价时声音要低，办理过程不要超过5分钟，办理入住登记手续结束时有欢送语。

5. 前台结账

（1）在10秒之内意识到客人并有热情招呼；

（2）在与客人交谈中有微笑；

（3）在结账过程中称呼客人姓名；

（4）在交给客人账单前询问客人是否下榻愉快；

（5）账单放在一个干净的信封内；

（6）真诚欢迎客人再次下榻；

（7）办理结账总时长应在3分钟之内；如有特殊处理情况，不应超过5分钟；

（8）客人离开饭店时应祝客人旅途愉快。

关键点：10秒内意识到客人，有微笑，结账时长在3~5分钟，账单放在干净的信封内，真诚欢迎客人再次下榻和祝客人旅途愉快。

6. 商务中心

（1）有宾客走来，员工起立热情友好地问候宾客；

（2）耐心回答宾客问题并解释各项服务收费标准；

（3）有可供客人使用的电脑；

（4）提供打字、传真、复印、国际长途等服务；

（5）提供多制式充电器服务；

（6）提供翻译服务；

（7）提供出租或代客服务项目；有阅览室（架），读物数量比较充足，保护完好，有主要媒体的当日报纸；

（8）室内清洁，各种设备设施清洁，保养完好。

关键点：见到客人起立、微笑、问候；态度热情，服务主动；各项服务收费标准清楚地告知客人。

二、客房各岗位服务质量的标准操作程序和关键点

客房服务分为：客房硬件设施维护、客房小酒吧及小冰箱、整理客房卫生、开夜床服务、洗衣服务等内容。

1. 硬件设施部分

（1）客房内外没有明显噪声；

（2）客房温度适宜；

（3）客房内没有异味；

（4）客房门及配件完好、有效、无灰尘、无污迹；

（5）客房地毯保养良好、平整、无破损、无卷边、无变形、无污迹；

（6）床单、被子、毛毯、枕头等床上用品清洁、舒适，符合星级标准要求；

（7）所有家具清洁、稳固、完好、无灰尘、无污迹、无变形、无破损；

（8）电视节目单与实际频道相符；

（9）窗户、窗台清洁，无灰尘、无污迹；

（10）窗帘清洁平整、无破损、无脱落、遮光效果良好；

（11）空调出风口与回风口清洁无尘、无破损、无脱落；

（12）墙面与天花板平整、无破损、无开裂、无污迹、无灰尘、无蜘蛛网；

（13）灯具及各种电器清洁无尘、工作正常；

（14）室内各区域照明适度，符合各个不同功能区域不同照明目的的需求；

（15）有请勿打扰牌或信号灯；

（16）吸烟房里有清洁的烟灰缸和火柴；

（17）客房内的所有镜子洁净、无污迹；

（18）客房电话机旁有便签和铅笔；

（19）卫生间门（锁）安全有效、无破损、无灰尘、无污迹；

（20）卫生间地面平坦、无破损、无灰尘、无污迹、排水畅通；

（21）卫生间天花板和墙壁平整、无破损、无脱落、无灰尘、无污迹；

（22）洗脸盆、浴缸、淋浴区洁净、无污迹、无毛发；

（23）所有的龙头擦拭光亮、无滴漏；

（24）浴帘或淋浴房门洁净；

（25）卫生间台面洁净、干爽、无毛发；

（26）恭桶洁净、无黄迹、无异味；

（27）下水管道畅通、无明显噪声；

（28）卫生间排风系统无明显噪声；

（29）卫生纸盒方便取用、无灰尘、无污迹；

（30）浴袍洁净、穿着舒适；

（31）水杯洁净，并放在杯垫上，所有的毛巾洁净、舒适柔软；

（32）客房电话机最好采取一键式服务；

（33）有至少两个方便使用的不间断电源插座；

（34）客房内设置环保提示牌，应宾客要求更换一次性客用品，否则坚持一客一换；

（35）房内配有宽带上网接口；

（36）床头有房间灯光总控制开关；

（37）卫生间设置紧急呼救按钮；

（38）卫生间干湿分区；

（39）提供熨斗及烫衣板；

（40）提供西装衣撑；

（41）有条件的饭店设置行政楼层；

（42）行政楼层服务台可办理入住、离店手续，提供问讯、留言服务；

（43）行政楼层设置小型会议室或洽谈室；

（44）行政楼层设置酒廊。

关键点：所有的硬件及用品清洁完好、无破损、无污迹、无毛发、无明显噪音、分区清楚、棉织品必须是纯棉并舒适。床头灯和台灯应为60~100W，以方便客人阅读。

2. 客房小酒吧

（1）每天检查客房小酒吧；

（2）及时补充小酒吧内被耗用的酒水等物品；

（3）更换客人使用过的杯子；

（4）小酒吧内干净整洁；

（5）小冰箱安装稳固、使用方便；

（6）小冰箱清洁无异味；

（7）小冰箱运行良好，无明显噪音；

（8）小酒吧内备有足够品种的饮料和速食品；

（9）提供价目表；

（10）价目表上的食品、酒水与实际提供的相一致；

（11）小冰箱里的物品摆放整齐，标签朝外；

（12）所有食品与酒水都没有超过有效使用期；

（13）各种玻璃器皿清洁、没有缺口、搭配合理；

（14）配备搅拌棒与杯垫；

（15）配备冰桶与冰夹；

（16）配备餐巾（纸制或布制）；

（17）配备软木螺丝刀与开瓶器；

（18）适时给冰桶补充冰块。

关键点：物品清洁，配备齐全，食品在保质期内。

3. 整理客房服务

（1）正常情况下，每天14：00前清扫客房完毕；

（2）员工见挂有"请勿打扰"牌时，按程序处理；

（3）客房内所有用具放回原处；

（4）文具用品已补足；

（5）用过的洗衣袋/单已补足；

（6）宾客的衣服已折叠整齐或已悬挂好；

（7）所有的鞋子已成双整齐码放；

（8）留在房间的零钱或首饰未被移动位置；

（9）报纸或杂志已整齐码放；

（10）用过的杯子或送餐用具已从房内撤出；

（11）门把手上放的标志牌已放回原处；

（12）应客人要求更新用过的毛巾；

（13）浴袍已重新挂起；

（14）已应要求补足浴室用具；

（15）已清洁更换水杯；

（16）已将卫生纸、面巾纸补足；

（17）已将客人个人的浴室用品摆放整齐。

关键点：按照操作程序整理客房，注意环保和按客人特殊要求去做。

4. 洗衣服务

（1）洗衣单上标明洗衣时间、洗衣服务电话、洗衣价格等服务内容；

（2）备有专门的洗衣袋；

（3）按宾客要求，及时上门收取洗衣；

（4）员工进门按照程序敲门，有礼貌地问候客人并礼貌地致谢；

（5）在规定的时间内送回衣服；

（6）如果因故拖延了承诺时间，应向客人道歉并说明原因；

（7）所洗衣物应整齐折叠并放置在盛器中；

（8）洗衣账单清楚，标明总价；

（9）如衣物上的污渍不能清洗干净，应向客人书面告知；

（10）所有悬挂的衣物都应悬挂在高质量的衣架上并附外套送还；

（11）如有脱落或松动的衣扣，应在送还时已缝好；

（12）送洗的衣物中如有钱币或其他物品，应在送还衣物时同时送还客人并说明情况；

（13）送还衣物时如遇"请勿打扰"牌，应在客房门下留好洗衣部联系电话。

关键点：按洗衣程序取衣送还，填单清楚，价目明晰，有脱落衣扣应缝好，衣兜内如有客人物品应如数送还。

5. 开夜床服务

（1）每天17:00~21:00提供客房的开夜床服务；

（2）如遇"请勿打扰"牌，在门下或门把手上放置开床卡片；

（3）床边垫巾和拖鞋放置到位；

（4）窗帘平整地全部拉拢；

（5）床头灯在打开状态；

（6）房内用早餐卡及环保卡放置在醒目位置；

（7）废纸篓被清空；

（8）所有用具归于原处；

（9）客人散乱的衣物（非贵重物品）折叠整齐、码放有序；

（10）所有鞋子成双整齐码放；

（11）补足文具用品；

（12）更换已用过的餐具或饮具；

（13）报纸、杂志码放整齐；

（14）电视机柜已打开，遥控器放置床头柜方便取用的位置；

（15）电视节目单齐全有效；

（16）应宾客要求更换用过的毛巾；

（17）清洁和更换卫生间的水杯；

（18）补足浴室内的用具；

（19）将宾客的个人浴室用品摆放整齐；

（20）清洁卫生间的各项设施，无毛发、无污迹；

（21）提供冰桶并配冰夹。

关键点：按程序做好开夜床的各项工作，无遗漏项目。

三、餐饮各岗位服务质量的运行标准和关键点

餐饮服务包括自助早餐服务、正餐服务、酒吧/茶室/大堂吧服务、房间送餐服务等。餐饮服务是相对比较复杂的一套程序和服务过程，包括用餐地点、用餐环境、用餐过程中的服务意识、服务程序、餐品质量等内容。用餐又分零点、宴会和套餐等不同形式。在这里，主要介绍几种标准的用餐形式和内容。

1. 自助早餐服务标准

早餐服务标准：

（1）在宾客抵达餐厅时，服务员热情问候，及时接待，引领到座位；

（2）主动询问宾客房间号（或要求出示房卡）；

（3）服务员在宾客入座后及时提供咖啡或茶服务；

（4）所有自助餐食品及时补充、温度适宜；

（5）宾客暂时离开座位，服务员要为其叠好餐巾并放在餐椅扶手上；

（6）适时收拾餐具；

（7）咖啡或茶应宾客要求及时添加；

（8）宾客离开餐厅时，服务员向宾客致谢。

关键点：及时引领客人，及时添加咖啡或茶，及时补充食品，及时收拾餐具。

用餐环境标准：

（1）自助餐台摆设美观、整洁，有艺术感；

（2）食品和饮品有中英文对照说明且标记牌整洁、美观、统一；

（3）提供加热的盘子取用热食；

（4）有厨师提供即时加工服务；

（5）餐桌摆台与餐厅风格协调一致；

（6）桌布、桌垫洁净，熨烫平整，没有污迹；

（7）餐具与提供的食品正确搭配且清洁卫生良好；

（8）各种器皿清洁、无缺口；

（9）口布清洁、熨烫平整、无污迹；

（10）盐瓶与胡椒瓶洁净并装有适量的盐与胡椒；

（11）至少提供白糖、红糖；

（12）餐厅地面平整、无破损、无卷边、无变形、无污迹、无异味；

（13）餐厅照明良好，光线充足，灯光设计符合餐厅需要；

（14）餐厅的天花板、墙面平整、无破损、无裂痕、无灰尘污迹、无蜘蛛网；

（15）家具稳固、完好、无破损、无划伤、无烫痕、无灰尘、无污迹、搭配合理；

（16）空调回风口及通风设备清洁、有效、无破损、无脱落、无灰尘、无污迹；

（17）艺术品、装饰品与整体氛围协调一致、有品位，无灰尘、无污迹；

（18）餐厅空气清新，无异味；

（19）餐厅中的绿色植物新鲜、无枯枝败叶；

（20）封闭式厨房与餐厅之间有良好的隔音、隔味装置；

（21）开放式厨房有良好的排烟措施；

（22）餐厅设有吸烟区和非吸烟区。

关键点：硬件设施清洁、有效、无破损、无污迹，艺术品、装饰品与餐厅协调一致。

2. 正餐服务标准

预订服务：

（1）及时接听预订电话，有问候语，热情提供服务；

（2）询问就餐人数、时间、宾客房号或电话；

（3）重复并确认所有预订细节；

（4）向宾客致谢。

关键点：接听电话及时、有礼貌、热情服务、预订细节记录清楚。

引领服务：

（1）宾客抵达餐厅门口时，领位员主动上前热情招呼客人；

（2）引领客人到餐厅，并引至适当的座位；

（3）宾客就座的餐桌已经布置完毕；

（4）协助客人就座；

（5）提供菜单、酒水单。

关键点：在客人距餐厅门口几步远的距离时，领位员要主动招呼、引领客人至合适的座位。

餐间服务:

(1) 宾客入座后,适时提供餐前饮料;

(2) 征询客人是否可以开始点菜;

(3) 在点菜过程中,服务员熟悉菜单内容;

(4) 点菜时,服务员与客人有目光交流;

(5) 主动推荐特色菜肴,并介绍其特色;

(6) 点菜完毕,服务员与客人确认点单内容,并向客人致谢;

(7) 点菜完成后,及时上酒水及冷盘;

(8) 根据需要及时上热菜;

(9) 上菜时主动报菜名;

(10) 菜式和订单相符;

(11) 西餐时,服务员主动提供面包、黄油;

(12) 服务员根据不同菜式要求及时更换、调整餐具;

(13) 西餐时,提醒宾客小心餐盘烫手;

(14) 服务员确认宾客所需各种调料(辣椒酱、番茄酱等);

(15) 宾客用餐完毕,及时收拾餐具;

(16) 及时提供甜品,宾客有特殊要求除外;

(17) 主动询问客人是否需要咖啡或茶;

(18) 主动询问宾客对服务是否满意;

(19) 宾客离开餐厅时,服务员表示致谢并道别。

关键点:服务员对菜单要熟悉、适时做推销、点菜需技巧、上菜按顺序、要关注客人并做到适时适度、用餐完毕时主动征询客人满意程度。

酒水服务:

(1) 服务员向宾客展示酒瓶;

(2) 服务员在宾客面前打开酒瓶;

(3) 西餐时,服务员倒少量酒让客人鉴酒;

（4）红葡萄酒应是室温，白葡萄酒应加冰块；

（5）服务员握玻璃杯子时，应总是握杯颈或杯底；

（6）当首瓶酒水用完后，服务员主动询问客人是否用第二瓶。

关键点：掌握好服务酒水的程序：展示、打开、鉴酒，温度适宜。

结账服务：

（1）宾客要求结账时，及时提供账单；

（2）账单和饭店专用笔一起夹在洁净的账单夹内；

（3）账单条目清楚、消费账目记录准确；

（4）结账手续高效、准确无差错；

（5）结账后，对客人表示谢意。

关键点：及时提供账单，账单准确无误。

餐厅环境：

餐厅环境与自助早餐环境的要求相同。

3. 酒吧/茶室/大堂吧服务标准

服务标准：

（1）宾客到达酒吧/茶室/大堂吧时，服务员及时、热情友好地问候并引领客人到座位；

（2）宾客落座后，及时提供酒水单；

（3）在点单时，服务员与宾客保持目光交流；

（4）点单后，及时上齐酒水；

（5）如有制作较慢的咖啡或酒水时，要向客人说明制作时间；

（6）使用托盘上酒水；

（7）如果葡萄酒散杯零卖，服务员要向宾客展示酒瓶，并当面倒入杯中请宾客先品尝；

（8）操作玻璃器皿时，总是握杯颈或杯底；

（9）使用杯垫；

（10）提供的酒水与点单一致；

（11）玻璃器皿与饮料合理搭配；

（12）各种酒具光亮、洁净，没有裂痕；

（13）饮品温度适宜；

（14）主动提供佐酒小吃；

（15）当酒水将要用完时，服务员及时主动添加酒水；

（16）宾客离开酒吧/茶室/大堂吧时，服务员主动向其致谢。

关键点：服务主动，服务酒水程序正确，关注客人需求并及时提供服务。

结账服务：

结账服务同正餐服务结账标准。

酒吧/茶室/大堂吧环境标准：

环境标准除与自助早餐环境一致性的要求外，还要格外注意以下两点：

（1）所有品牌酒都布置在醒目处，所有酒牌都朝向宾客一方；

（2）背景音乐要与酒吧/茶室/大堂吧氛围相符。

4. 房间送餐服务标准

接受订餐：

（1）电话铃响后，3声内接听；

（2）订餐员接听电话时，正确问候宾客，同时报出所在岗位；

（3）订餐员熟悉房服内容，能用英语交流；

（4）订餐员语言清晰，态度亲切；

（5）订餐员重复和确认订餐的所有细节；

（6）订餐员主动告知预计送餐时间（早餐20分钟之内，午晚餐30~40分钟之内）；

（7）通话完毕，向宾客致谢。

关键点：熟悉菜单，能用英语交流、承诺点餐后的送达时间。

送餐服务：

（1）送餐的标准时间：事先填写好的早餐卡，不超过预订时间5分钟；临时订早餐25分钟内；小吃25分钟内；中餐/晚餐30～40分钟内；

（2）送餐时按门铃或轻轻敲门（未经宾客允许，不得进入房间）；

（3）礼貌友好地问候宾客；

（4）征询宾客送餐托盘或手推车放于何处；

（5）为宾客摆台、倒酒水；

（6）为宾客解释各种调料；

（7）主动提醒宾客盘热烫手；

（8）送来的食品与点单内容完全一致；

（9）告知送餐托盘与推车回收程序；

（10）送餐完毕，向宾客致谢，祝宾客用餐愉快；

（11）结账账单条目清楚，结账准确、及时。

关键点：客人点餐完毕，告知多长时间送达，送餐不超过所承诺的时限，送餐食品与点单内容完全一致，摆台美观，配料齐全。

菜单与送餐车：

（1）房内用餐的菜单菜式、饮料、甜品等符合星级标准要求；

（2）房内用餐菜单中含有两种素食者的选择内容；

（3）菜单外观清洁、制作精良；

（4）送餐车保持清洁、保养良好；

（5）推车上桌布清洁、熨烫平整、无破损、无污迹；

（6）送餐推车上摆放鲜花瓶（或其他精美装饰）；

（7）餐具与提供的食品正确搭配且清洁卫生；

（8）饮料、食品均盖有防护器具；

（9）口布清洁、熨烫平整、无污迹；

（10）盐瓶、胡椒瓶及其他调味品盛器洁净、装满。

关键点：送餐的各种用具都是清洁卫生的，餐具与食品搭配正确。

四、健身娱乐各岗位服务标准和关键点

1. 健身房

（1）健身房门口有专人接待；

（2）接待人员微笑，主动热情招呼客人；

（3）必要时，向客人介绍并讲解器械使用和操作指南或作示范；

（4）适时提供毛巾服务；

（5）提供更衣柜钥匙；

（6）有安全提示，提醒宾客保管好贵重物品；

（7）健身房内温度适合，客人感觉舒适，房内无异味；

（8）健身房布局合理，配有多种健身器械；

（9）健身器械保养良好，易于操作，并有注意事项；

（10）健身房内干净、整齐，接待台整洁；

（11）备有饮水机、水杯；

（12）所有的镜子洁净无污迹；

（13）地面洁净，保养良好；

（14）墙面及天花板洁净、无划痕、无污迹；

（15）所有照明设施良好，工作正常；

（16）电视机在打开状态。

关键点：员工能够熟练操作健身器械，并能够讲解器械的使用方法，介绍健身器械对人体不同部位的健身作用。

2. 游泳池

（1）水温舒适，在27～29℃之间；

（2）水深标记清楚、醒目；

（3）配有救生员及相应救生设备；

（4）池壁清洁，池水洁净，无浑浊，无杂物；

（5）游泳池周边清洁卫生；

（6）池边提供数量充足的躺椅，且位置摆放合理；

（7）躺椅保持清洁卫生，状态良好；

（8）室外游泳池提供数量充足的遮阳伞，且保养良好；

（9）提供毛巾服务。

关键点：游泳池水温合适、池壁洁净、有救生员、相应的设备设施齐备。

3. 网球场/壁球场及其他球场

（1）球场保持清洁；

（2）场地精心维护保养，各种标线清晰；

（3）球场有充足的照明；

（4）各种设施状态良好。

关键点：场地状态良好、清洁卫生、照明充足、设施保养良好。

4. 桑拿房/蒸汽浴室

（1）安全提示位置醒目；

（2）温度合理；

（3）设备设施状态及保养良好；

（4）清洁卫生及消毒做得到位；

（5）提供温度计与计时器；

（6）有紧急呼救按钮。

关键点：清洁卫生到位，设施保养良好。

5. 更衣室

（1）墙壁与地面状态良好，无破损、无脱落、无开裂；

（2）清洁卫生状态良好，无异味；

（3）通风良好，照明合理；

（4）提供洁净的毛巾、浴巾、浴袍；

（5）洗涤筐始终保持在未满状态；

（6）更衣柜保持洁净，保养良好；

（7）提供吹风机，方便取用；

（8）淋浴间洁净、布局合理，方便使用；

（9）浴帘、门、屏风等清洁，保养良好；

（10）淋浴间提供给皂机（提供洗发水、沐浴露）；

（11）所有的镜子保持洁净，没有污迹；

（12）所有的台面保持洁净、干爽；

（13）在更衣间备有护肤霜等用品；

（14）厕位保持洁净、卫生。

关键点：所有的用品确保清洁卫生，客用品配备齐全。

五、公共区域标准与控制点

（1）饭店外围车道畅通、停车场秩序良好；

（2）饭店周边花木新鲜，修剪整齐、美观；

（3）所有的饭店标志保养良好、无破损、无污迹；

（4）有中心艺术品，营造良好的文化氛围；

（5）各区域指示标志实用、美观、导向清晰、效果好；

（6）公共区域均无移动电话屏蔽现象；

（7）有公用电话机；

（8）贵重物品保险箱位置隐蔽、安全，能保护宾客隐私；

（9）员工进出饭店通道与客人通道分开；

（10）有团队专用通道和行李通道；

（11）各类功能设施分隔合理，方便客人使用；

（12）走廊空间宽敞；

（13）地面无破损、无污迹、无变色、无变形；

（14）天花板无破损、无裂痕、无脱落、无灰尘、无水迹、无蛛网；

（15）墙面平整、无破损、无开裂、无脱落、无污迹、无蛛网；

（16）墙纸、木板、装饰画等保养良好、无灰尘、无破损，画框悬挂端正；

（17）公共区域中的所有家具洁净、保养良好、无灰尘、无污迹、无破损；

（18）窗帘与门窗洁净、保养良好，无破损、无污迹；

（19）紧急出口与消防通道标志清楚；

（20）楼梯与楼梯间清洁、无障碍物；

（21）公共卫生间照明充足；

（22）公共卫生间墙纸、瓷砖、装饰画清洁，无污迹；

（23）恭桶、小便池、水槽清洁，保养良好；

（24）每个厕位提供完好的挂衣钩；

（25）提供洗手液、高质量的卫生纸、烘手器；

（26）卫生间内地面干爽、不湿滑。

关键点：公共区域的清洁卫生及设备设施保养良好，具有感官舒适、特点鲜明的艺术氛围。

六、安全设施及特殊服务项目标准与控制点

（1）主要公共区域有闭路电视监控系统；

（2）楼层可以较为容易地找到逃生口；

（3）客房门有自动闭合功能；

（4）电子卡门锁安全有效；

（5）客房配有应急照明手电；

（6）客房内有烟感报警设施和喷淋设施且敏感度良好；

（7）安全出口标志明确、应急灯功能正常；

（8）逃生通道清洁，无障碍物；

（9）有紧急救助室；

（10）提供儿童看管服务；

（11）提供儿童床；

（12）有残疾人客房；

（13）门厅及主要公共区域有残疾人出入坡道；

（14）配备轮椅，且保养良好、功能正常；

（15）有残疾人专用卫生间或残疾人厕位；

（16）电梯内有方便残疾人使用的按键。

关键点：所有的安全设备设施都必须状态良好。

七、对直接面客员工的要求

（1）员工的服装整洁、有特色、熨烫平整、皮鞋光亮、鞋袜搭配符合要求；

（2）所有员工佩戴自己的名牌，名牌端正、无磨损，佩戴位置统一；

（3）员工仪容仪表得体，女员工化淡妆；

（4）员工面对客人时，始终保持微笑，态度热情友好；

（5）言语得体，用职业语言交流；

（6）员工能够关注客人需求，并能够主动提供服务；

（7）员工保持优雅仪态、良好气质；

（8）员工有严密的组织纪律性，富有团队协作精神；

（9）员工与员工或岗位与岗位之间有良好的协调与沟通，处理宾客服务事项顺畅；

（10）员工与宾客对话时，应始终保持目光交流；

（11）一线员工熟练掌握岗位英语和专业用语；

（12）员工和其他同事交流时，关注到宾客的存在；

（13）员工随时准备响应宾客的合理需求。

关键点：员工的服装整洁、气质优雅、有主动服务意识、有团队合作精神，始终关注宾客的需求并主动提供服务。

本章是一线直接面对客人服务的基本操作流程，其中每一项流程后面所指出的关键点，都是笔者在若干年的实践中总结提炼出的精华部分，其作用在于"检查监控一线服务质量的人员，可以直接把握这些关键点，迅速而快捷地找到每个操作流程的关键要点"。找到这些关键要点的作用还在于：这些关键点都做到了，做好了，就是宾客所需要的服务要点。

4
如何控制后台保障部门运行质量

饭店的后台，也称二线，是后勤保障的部门和岗位，其作用也是非常重要的。这些部位虽然在二线，在后区，但是如果某个程序出了问题，也都直接影响到一线服务宾客的质量，所以，重视服务质量的管理者，也肯定重视二线的工作质量。同时后台区域的秩序如何、管理如何，还能够反映一家饭店的管理水平和对待内部客人（员工）的后勤保障工作做得如何。

饭店抓质量管理，不仅要重视一线建设，也要注重二线建设，并要善于建立一套同一线一样严谨的规章制度和管理程序，以便保证一线运营的质量。本章重点介绍二线管理的内容和所需控制的关键点，供饭店管理者参考。

后台，是饭店不直接面客的部位。诸如各部门的办公室、工程设备机房、厨房、库房、员工餐厅及员工生活区域，等等。这些地方虽然不直接面客，但是，后台各个部位的管理状态如何，能够从深层次真实反映一家饭店的管理水平。

经过多年的摸索和管理实践，笔者总结了后台管理的一些要点，并在实践中将其纳入到管理规范、管理标准之中，成为质量管理的检查点，或称作运行质量检查标准。在每年的质量管理检查和监控工作中，这些要点也列入必查项目。这些操作程序，规范了二线各个岗位的操作流程，统一了二线各个岗位的工作标准，对于饭店质量管理起到了标准化、规范化的作用。主要内容如下：

一、安全消防工作的检查点和工作标准

1. 组织机构

星级饭店应该按照行业管理部门的规定：

（1）成立消防委员会；

（2）成立安全委员会；

（3）成立国家安全领导小组；

（4）成立义务消防队。

关键点：建立并健全上述组织，保证其发挥应有的作用。

2. 工作制度

饭店要按照安全和消防的需要建立相应的规章制度，编写安全消防人员各岗位工作职责和工作流程。安全消防工作的主要制度有：

（1）安全奖惩制度；

（2）交接班制度；

（3）钥匙管理制度；

（4）值班及记录制度；

（5）进入机房重地登记制度；

（6）施工现场安全管理制度；

（7）长包房及出租场所安全管理制度；

（8）重点要害部位人员政审制度；

（9）建立防火档案；

（10）建立各类案件档案；

（11）建立饭店员工档案；

（12）做好饭店消防平面图；

（13）建立消防安全岗位责任制；

（14）签订消防安全责任书；

（15）重点工种人员做到持证上岗。

关键点：建立健全上述15项制度，制度文件装订并妥善存放于保安部办公室。相关人员要经常重温这些制度内容，管理部门要定期不定期地做培训、实地检查各项制度落实情况，做到提前预防，排除不安全的隐患。

3. 工作预案

饭店要认真制订各种应急预案，以防万一。常用的预案有：

（1）饭店火警应急疏散预案；

（2）诈骗犯罪的防范及处理预案；

（3）对打架斗殴、流氓滋扰闹事的防范及处理预案；

（4）对抢劫、凶杀等暴力事件的防范预案；

（5）对爆炸及可疑爆炸物品的处理预案；

（6）对精神病、出丑闹事人员的防范及处理预案；

（7）对住店宾客丢失财物的处理预案；

（8）对正常死亡及非正常死亡的防范预案；

（9）对食物中毒的处理预案；

（10）对从事色情活动的防范预案；

（11）对非法侵害的防范预案；

（12）对接待大型活动、重要客人的警卫预案；

（13）看管犯罪嫌疑人的预案。

关键点：上述预案必须齐全，相关人员要熟知并能够应急操作，要有日常培训和定期不定期的模拟演习。

4. 安全技防设施

（1）重点部位安装防抢报警器；

（2）安装巡逻系统（建立巡逻记录）；

（3）客房配备客用贵重物品保险箱；

（4）前台备有客用贵重物品保险箱；

（5）保安监控覆盖率达到80%以上；

（6）监控录像及回放质量清晰；

（7）录像资料保存时间不少于10～15天；

（8）计算机房、煤气房区域安装气体灭火系统；

（9）厨房灶台安装自动灭火系统；

（10）各区域安装火灾自动报警系统；

（11）各区域安装火灾自动喷淋装置；

（12）灭火器完好有效（在规定有效期内）；

（13）客房内设有"请勿吸烟"标志、《宾客安全须知》提示和《消防应急疏散图》；

（14）公共、客房区域疏散指示灯及安全出口标志完好有效；

（15）消防电梯控制系统运行正常；

（16）消防广播配备3种语言；

（17）消防排烟系统完好有效；

（18）厨房区域安装煤气自动报警装置；

（19）消防控制室设置专用报警电话及内部火警电话；

（20）有消防系统维修保养记录；

（21）有每日消防检查记录；

（22）有消防设备设施及巡查记录。

关键点：技防设备设施齐全有效，坚持做好工作记录。

5. 接报火警程序

（1）接报火警后，保安人员、客房服务员、工程人员、大堂经理3分钟之内到达现场；

（2）消防应急包内有强光手电、防毒面具、便携式消防斧、消防绳及钩、轻便灭火器、人员撤离标志；

（3）工程部人员携带破拆工具；

（4）客房服务人员就近拿取灭火器；

（5）携带应急钥匙（磁卡）；

（6）携带对讲机及插孔电话。

关键点：接报火警后，保安、客房、工程、大堂经理4个部位人员要在3分钟内到达火警现场并携带上述工具。

6. 发生火警情况下进客房程序

先敲门自报身份，应在客人同意后进入。但是要掌握紧急情况下的特殊处理程序：

（1）无应答时，两遍敲门后，直接进入；

（2）房间免打扰情况下，先打电话向客人说明；电话无人接听时，直接进入；

（3）烟感报警器应在检查确认可以恢复的情况下，离开房间后复位。

关键点：紧急情况下，以最快的速度进入火警现场，以便尽快控制火势。

7. 安全教育培训

饭店保安部门要经常进行安全、消防等基本常识和操作规程的培训。主要培训范围是：

（1）接报火警用语规范的培训；

（2）职工定期安全教育培训；

（3）新员工安全教育培训；

（4）进行消防安全宣传和演练；

（5）建立各类安全教育档案。

关键点：消防意识和消防知识的培训必须到位，坚持定期模拟演练；日常消防措施必须到位，火警报警后的处理程序必须熟练掌握；相关的消防设备设施在有效期内必须保证完好。

二、二线办公室的工作标准

各饭店的后台区域是各个办公室集中的地方。各个办公室的卫生环境如何、办公秩序如何、执行规章制度是否严格等，往往是容易被忽视的，似乎这些地方不像前台直接面客岗位那么重要，因此要求也相对没有那么严格。但是一个注重全面质量管理的饭店，对二线和一线的管理应该是同样重视，并摆在同等重要的位置。如果相互脱节，差距拉大，就会对整个饭店的管理和一线服务造成一定的负面影响，也是管理质量不到位的体现。因此，应该对二线各个办公室有统一的要求：

1. 人员自身要求

（1）认真执行饭店的各项规章制度和纪律要求；

（2）上班时间保持办公室内安静、有序的工作氛围；

（3）工作时间内无串岗、聊天、喧哗、吃零食以及看与工作无关书刊的现象；

（4）工作时间内无上网聊天、玩电脑游戏、炒股等现象；

（5）除特殊情况外，不接打私人电话；

（6）注重环保意识，注意节约办公耗材，注意节水节电，做到人走灯灭；

（7）办公室内及办公环境区域内禁止吸烟。

关键点：二线人员应维护良好的工作秩序，养成严格的自我约束习惯，并有监督和检查机制。

2. 服务意识、服务态度、服务效率

二线工作人员有对一线工作和整个饭店各个部门和岗位的服务职责：

（1）办公期间，办公室不得反锁门；

（2）有客人或员工来访时应主动迎接，热情协助办理相关事宜；

（3）服务时不能有"门难进、脸难看、话难听、事难办"及无故推诿的现象；

（4）服务时，接听电话要及时，用语要规范；

（5）服务时，要本着先外后内的原则，减少前来办事人员的等候时间；

（6）服务中遇到不能办理的事情要耐心解释说明，不可态度生硬、冷漠。

关键点：饭店要用要求一线人员待客的标准要求二线人员，使其树立殷勤待客（对待内部员工）的服务态度和尽责的意识。

3. 办公环境的要求

（1）办公室内应整洁、无异味；

（2）纸篓要经常清理，垃圾不得超过纸篓的1/2，不使用塑料垃圾袋（环保角度的要求）；

（3）各类办公设备、家具要保持完好，无损坏、无污迹；

（4）各类办公用品合理摆放，整齐有序；

（5）办公室内不得有与工作无关的私人物品；

（6）个人饮水杯具应在指定位置放置整齐；

（7）保持办公室内空气清新，禁止吸烟。

关键点：保持良好的办公环境和良好的办公秩序，高度注重环保和节能，并从自身做起，从点滴做起。严格做到办公室内禁烟。

4. 办公制度的建立和张贴

建立各办公室相应的办公制度，必要的制度一定要张贴上墙，营造良好的办公文化氛围。

（1）张贴上墙的规章制度，所用镜框颜色、尺寸、底色的标准要统一；

（2）镜框悬挂高度要统一，镜框底边距地面应在1.6～1.7米（为了与人的眼睛高度齐平）；

（3）规章制度上墙的印刷标准要统一，标题要醒目、字号要适当；

（4）上墙宣传品的纸张大小、页边距、纸型、张贴方向等要美观；

（5）所有上墙的规章制度落款处，都要加盖公章。盖章位置要统一在右下方（如果是几份规章制度，盖章要统一在一条线上），所盖印章要端正、清晰。

关键点：做到张贴制度标准化，各个办公室统一做法。这是饭店严谨作风在二线的表现，也是办公环境外在质量的重要标志。

5. 办公室的安全与消防设施

（1）办公室人员要熟练掌握安全消防知识，会使用所配备的消防器材；

（2）办公室内严禁存放易燃易爆及带腐蚀性的危险物品；

（3）下班时认真检查门窗是否关严锁好，切断相关办公设备的电源。

关键点：二线办公室的安全时刻不能忽视，并要责任到人。

三、工程设备、机房运营要点

饭店的工程设备主要有：供配电系统、给排水系统、空调系统、电梯系统、锅炉房、弱电系统等。其日常运行状态与管理状况如何，也反映星级饭店的管理质量状况。经过多年的摸索和实践，笔者总结出各个系统日常运转应具备的要点，这些也是质检人员检查和控制的要点。

1. 设施设备公共部分检查点

（1）工程部办公室要备有企业的相关规章制度、工程设备方面的紧急预案、安全制度等；

（2）消防设施消防器材齐备，工作人员会使用；

（3）工程图纸保管良好，设备资料齐全，档案目录清晰，便于查阅；

（4）固定资产账目齐全；

（5）低值易耗品保管有序，定期盘点；

（6）重视节能工作，有能源消耗记录，有具体有效的节能措施，有分析检查报告和能源、水电方面的节约数据、对比资料等；

（7）设备清洁状态良好、运行正常，日常维护到位；

（8）各种水、蒸汽、燃气、燃油管路、阀门无跑、冒、滴、漏现象；

（9）管路有流向指示，阀门水泵挂牌；

（10）压力表、温度计完好，指示正确；

（11）需保温的管路和设备保温良好；

（12）运行记录清晰、准确、填写及时，工作记录内容完整清楚，交接班项目齐全，各种记录均有日期、班次、签名；

（13）部门办公室、各值班室、机房内卫生状况良好；

（14）相关工作制度、规定、规范和必要的工作证照张贴在墙上（相关制度、规定指与本岗位有关的制度规定，必要的工作证照指电工、水暖工、电梯工等上岗操作证，均应在工作场所明示）；

（15）照明良好；

（16）室内无鼠迹、无蟑螂、无蚊蝇等。

关键点：各项制度齐全，每日检查各个部位参数、每班做好工作记录。

2. 供配电系统

（1）高低压配电室内整洁明亮，通风良好，温湿度适宜；

（2）室内应急照明保养良好；

（3）认真执行门禁制度（机房重地，闲人不得进入；因工作需要必须进入者，应在专用的登记簿册上作登记）；

（4）门口设置防鼠板；

（5）值班人员精神饱满，均持证上岗，证件合格有效并随时备查；

（6）高压配电室高压操作工具、安全用品齐全有效，有年检合格证；

（7）建筑避雷设施完好有效，有年检合格证；

（8）应急发电机组及附属设施保养良好，可随时启动，有定期试机记录和维修记录，燃油管理严格；

（9）配电柜标注内容正确清晰，各种测量表记录完好，指示准确；

（10）配电柜、配电箱清洁，无安全隐患。

关键点：所有操作人员必须持有效证件上岗，机房内干净整洁，不得存放任何杂物。

3. 给排水系统

（1）二次供水、蓄水设备定期进行清洗消毒；

（2）二次供水卫生许可证、水质化验合格证齐全；

（3）操作人员健康合格证齐全有效；

（4）蓄水池、水箱等处均应加锁，钥匙有保管制度；

（5）蓄水池、水箱周围清洁、无二次污染隐患；

（6）排水系统通畅，有雨季防汛措施及器材；

（7）污水排放水质合格不超标，化粪池定期清掏；

（8）中水设备运行正常；

（9）中水水质清洁无异味；

（10）游泳池水质达标，水温符合标准；

（11）游泳池水循环过滤系统运转正常；

（12）设专（兼）职水化验人员；

（13）电气焊人员证件合格有效并随时备查。

关键点：切实保证各种用水的水质符合标准。

4. 空调系统

（1）为营业区域和内部工作区域提供适宜的温湿度调节和空气洁净度处理，达到国家规范要求；

（2）中央空调系统的循环水应进行水质处理，定期化验，水质达标；

（3）冷却塔运行良好，噪音不超标，布水合理不溢水，定期进行排污；

（4）窗式及分体式空调安装位置合理，排列有序，冷凝水排放符合要求；

（5）厨房排烟机有油烟净化装置；

（6）厨房排烟道、排烟罩、排烟机和洗衣厂排风道定期清洗并有验收记录；

(7) 组合风机、风机盘管保持清洁，定期清扫滤网。

关键点：保证空气调节的正常，要防止军团菌的发生。

5. 电梯系统

(1) 机房整洁明亮，通风良好；

(2) 供电可靠，有应急照明；

(3) 认真执行门禁制度；

(4) 电梯安全救援用品齐备完好；

(5) 所有人员持证上岗，证件合格有效并随时备查；

(6) 电梯、扶梯安全检测合格证齐全有效；

(7) 电梯、扶梯运行平稳，无抖动、无异响，平层准确；

(8) 有详尽维修保养计划，维护保养记录完整、清晰。

关键点：工作人员持证上岗，保证电梯的正常运行和定期检修。

6. 锅炉房

(1) 锅炉房整洁明亮、通风良好；

(2) 燃油燃气管理严格；

(3) 认真执行门禁制度；

(4) 锅炉安全检测合格证齐全有效，定时进行水质化验；

(5) 压力容器、安全阀检测合格，安全可靠；

(6) 司炉工、水质化验员持证上岗，证件合格有效并随时备查。

关键点：工作人员持证上岗，保证各项参数的正常运行，锅炉房内不得存放杂物。

7. 弱电（电脑、电话、音像）

(1) 各机房设备整洁干净，状态良好；

(2) 认真执行门禁制度；

(3) 班组使用的图纸资料、设备说明等有专人管理，保存完好；

（4）电脑人员定期检查外围（网络、POS、前台、库房）设备，并做好检查记录；定期进行数据备份，保证数据安全；

（5）电脑人员定期对 UPS 电源进行试验，并做好检测记录；

（6）电话维修人员定期对设备进行检测，重要操作要做好记录；

（7）电话维修人员定期对蓄电池容量进行检测，并做好检测记录；

（8）音像播放设备及有线、卫星电视行政审批手续齐全，播放质量良好，人员持证上岗；

（9）各机房消防器材齐备，布放位置得当，且在有效期内，各机房人员会使用。

关键点：弱电系统定期做好各种检测，保证饭店相关部位的正常运行。

四、厨房管理要点

厨房是后台的一个重要工作部位，虽然属于二线，但是其管理质量直接影响到一线的服务质量，直接影响到餐饮的质量。饭店管理方一定要高度重视厨房管理工作。一般情况下，对厨房管理的要求包括如下一些内容：

1. 厨房基本状况

（1）厨房应有相关内容的规章制度；

（2）厨师着装干净整洁，应佩戴胸卡、厨师帽、汗巾、围裙；

（3）厨师要持健康证上岗；

（4）有健全的卫生管理制度并张贴上墙；

（5）炉灶、冰箱、烤箱、蒸箱、机器等设备完好无损；

（6）餐厨用具完好无损；

（7）工作环境照明度良好；

（8）厨房无闲杂人员入内；

（9）菜单制作标准化，中、西厨房应制作符合本饭店标准的菜肴装盘照片并上墙，具有统一的菜肴制作标准；

（10）菜肴成本卡齐全，一菜一卡；

（11）转账手续齐全，其他岗位从本岗位转移食品时按规定要求填写转账单；

（12）转入转出食品、物品时，岗位负责人、经办人按规定在转账单上签字；

（13）严格执行验货程序，复秤、验收、签字手续齐全；

（14）度量衡准确，符合技监局标准。

关键点：厨房卫生到位，防火设施到位，有餐饮成本控制手段和措施，厨师身体健康，定期体检。

2.食品及卫生管理

（1）个人卫生符合行业要求，工服洁净、发型规范、不留长指甲、每日刮胡须等；

（2）腹泻、手外伤、烫伤、发热等症状的厨师应离岗；

（3）厨房整体环境干净整洁；

（4）墙砖干净，无脱落损坏；

（5）天花板清洁无灰尘，吊顶无遗漏；

（6）厨房地面无积水；

（7）水池、地面、地沟清洁无污渍；

（8）厨房通风良好，排风正常，排风罩每日清洁，排风烟道内无沉积油渍；

（9）工作环境温度适宜，保持在22～25℃之间；

（10）垃圾桶不暴露，垃圾不积压、不外溢，保持清洁；

（11）炉灶、烤箱、蒸箱、机器等设备无灰尘、无污渍油渍，做到随时清理；

（12）厨具用具洁净、无污渍、无油污；

（13）备用餐瓷器符合使用要求，做到光、洁、涩、干、无破损；

（14）烹调调料罐加盖；

（15）食品保管符合卫生要求，无过期食品，无三无产品，粮食使用专用容器保存，无胀听、锈蚀罐头；

（16）海鲜最佳保存温度：−1～1℃；

（17）肉及肉制品最佳保存温度：1～2℃；

（18）蛋及乳制品最佳保存温度：0℃；

（19）蔬菜水果最佳保存温度：0～2℃；

（20）冷藏冰箱温度：2～5℃；

（21）冷冻冰箱温度：−18℃；

（22）蒸箱温度：80℃；

（23）烤箱温度：100℃以上；

（24）冰箱外观清洁（冷库货架无锈蚀、地面干净）；

（25）冰箱内食品摆放整齐（冷库食物上架），加工原料、半成品、成品不能混放；

（26）冰箱内食品盛具清洁；

（27）冰箱内食品用保鲜纸包装；

（28）冰箱内食物生、熟分开，并有明显标志；

（29）冰箱内食品应拆箱存放；

（30）冰箱内无腐烂变质食品；

（31）冰箱内开听罐头应倒罐存放；

（32）砧板不用时立放，无霉迹；

（33）厨房设有独立的粗加工间，分设肉类原料、果蔬原料、洗涤设施，并有明显标注；

（34）冷菜间、裱花间有二次更衣及消毒设施，有洗手池并配有洗手液，衣服干净；

（35）冷菜间、裱花间采用非手动式水龙头；

（36）冷菜间、裱花间应具有清洗池、消毒池、冲洗池，并有标志；

（37）冷菜间、裱花间设有能够开合的食品输送窗口；

（38）冷菜间、裱花间冰箱门把手配有湿消毒毛巾并保持清洁；

（39）冷菜间、裱花间消毒液按比例调配；

（40）冷菜间、裱花间工作环境温度适宜，温度低于25℃；

（41）冷菜间、裱花间使用工具及原材料有消毒措施；

（42）进入冷菜间的食品原材料必须经洗净处理；

（43）消毒灯安放位置合理，一般在工作台上方1.5米；

（44）有虫害防治措施，厨房入口应配有灭蝇灯；

（45）厨房无蟑螂、老鼠及蚊蝇，并有灭害虫和老鼠措施。

关键点：所有设备设施安全有效、卫生到位；严格按照冰箱储存、冷菜间、裱花间等各种制度要求管理。

3. 安全管理

（1）消防设施完备，灭火器、灭火毯、温感报警器、水喷淋、煤气泄漏报警器、灶具灭火等装置齐全有效；

（2）下班前关闭水、电、煤气阀门，并有记录；

（3）厨房人员掌握防火知识，知道如何防止火灾，如何报警、如何处理火灾事故；

（4）厨房常备急救药物（包括纱布、酒精棉、创可贴、烫伤膏、止血药等）。

关键点：厨师一定要掌握消防知识和日常防范措施要领，日常安全管理有专人专责。

五、库房管理要点

库房管理也是饭店二线管理的一个不可忽视的重要环节。食品、物品等各类货品的存放都需有一定的规范。库房管理带有严格的专业管理特点，下面这些管理要点是多年总结出来的行之有效的管理措施和管理方法。

1. 库房管理的总体要求

（1）要有库房管理的相关规章制度；

（2）在库物品码放整齐，标志齐全完好；

（3）环境整洁卫生，相关制度上墙；

（4）禁烟标志明显，安装防爆灯，有防火、防盗装置；

（5）防虫、防鼠设施齐全；

（6）货品分区分类码放，符合五距要求（五距：墙距、垛距、顶距、灯距、地距）；

（7）各类货品库存量适宜，周转期合理，做到"推陈储新"（即在领用货物时，将早入库的物品推出交给领货人员，将新来的货物储备进库房），防止货物过期。做到账、卡、物相符；

（8）库存物品都要制定最高库存量和最低库存量；

（9）出入库手续齐全，无关人员不得随意进入库房。

关键点：掌握库房管理制度要求和操作要领。

2. 粮油食品调料库

（1）验收使用标准度量衡器，严格执行食品验收标准；

（2）无过期食品和用品；

（3）库房温度在 18～23℃，湿度在 45%～55% 之间；

（4）即将过期物品有警示牌，粉状食品（奶粉等）不板结；

（5）罐头食品外形完整无破损，无凹凸现象；

（6）有相关货品变动提示。

关键点：保证库房温湿度在正常范围内，并配备调节设施或制定相应措施。

3. 酒水饮料库

（1）库房温度在 18～25℃，湿度在 45%～60% 之间；

（2）葡萄酒储存时倒放或平放，无过期酒水；

（3）瓶盖封口完好，商标完整清洁，无锈盖、无胀听冒漏；

（4）贵重酒水登记出厂编码。

关键点：保证温湿度的适宜和正确掌握葡萄酒的存放方法。

4. 烟茶库

（1）库房温度在 18～25℃，湿度在 45%～60% 之间；

（2）包装完好无损，不裸露存放，不潮湿，无霉变；

（3）贵重香烟登记出厂编码。

关键点：单独设立存放库房，温湿度适宜，贵重香烟要登记。

5. 冷库

（1）保鲜库温度控制在 2～5℃，冷藏库温度–18～13℃；室内空气清新，地面无结冰；

（2）包装干净整齐，无破损，无污迹；

（3）生熟食品分开存放，无过期食品；

（4）温湿度每天有记录。

关键点：了解和保证保鲜、冷藏的适宜温度，生熟食品分开存放，无过期食品。

6. 物品库

（1）严格执行物品验收标准；

（2）温度在 18～26℃，湿度在 45%～60% 之间；

（3）计划和使用物品如有改动，使用部门与库房要及时协调；

（4）危险品存放应有安全措施。

关键点：严格验收，按计划采购和管理。

7. 办公用品库

（1）严格执行物品验收标准；

（2）温度在 18～28℃，湿度在 45%～60% 之间；

（3）电脑耗材、电池领用时以旧换新。

关键点：严控温湿度，按计划采购和管理。

8. 印刷品库

（1）严格执行物品验收标准；

（2）温度在 18～26℃，湿度在 45%～60% 之间；

（3）物品存放不裸露；

（4）计划和使用物品如有改动，使用部门与库房要及时协调。

关键点：严控温湿度，按计划采购，和使用部门及时协调。

9. 工程材料库

（1）严格执行物品验收标准；

（2）各种配件按使用管区分类存放，无破损、无生锈；

（3）油漆、化工类物品单独存放，并有安全措施。

关键点：物品存放整齐有序，易燃易爆物品单独存放，并有安全措施。

10. 库房安全管理要求

（1）消防设施完备；

（2）下班前关闭水、电等阀门并有记录；

（3）库管人员掌握防火知识，知道如何防止火灾、如何报警、如何处理火灾事故。

关键点：不同种类的物品必须分类存放；要保持适宜的温湿度；库房内要保证通风；保持合理的物品存放周期和周转期；账卡物要相符；安全保障措施必须到位。

六、停车场管理要点

饭店停车场有的是自己管理，有的是承包单位管理；有的有地下停车场，有的没有地下停车场。各种情况不一。停车管理也有专业性要求，停车场的管理水平也是饭店的管理水平之一。因此，不能忽视饭店停车场的管理，即便是承包单位来管理饭店的停车场，也必须要求其管理符合规范。

1. 基本要求

（1）员工遵守饭店规范和规章制度要求；

（2）泊车引导规范，指挥车辆停放在车位内；车辆停放有序、整齐，通道畅通；

（3）车辆监控以固定岗值守和不定时巡逻检查相结合，对停车场进行24小时监控；

（4）发现车辆被损、被盗时立即上报，保护现场，如实记录，由主管或公安部门处理。

关键点：员工礼貌，用语规范，引导及时，保证车场秩序。

2. 停车场设施

（1）导向标志明显清晰；

（2）车位线明确清晰；

（3）进出车道无占用、堵塞，车辆停放符合管理要求；

（4）车场内及主车道无占用、堵塞，车辆停放符合管理要求；

（5）车场洁净、无杂物、无货物堆放；

（6）隔离杆清洁、无损坏，放置到位，有利通行；

（7）隔离墩清洁、无损坏，放置到位，有利通行；

（8）固定车位标志清晰；

（9）减速墩清洁、无损坏，放置到位，有利通行；

（10）停车场管理规定在醒目位置上墙；

（11）设有提示标志；

（12）出入口设置"慢行""注意会车""注意行人"等标志；

（13）车场内设置限速、弯道、导向、禁行、禁逆行、防火、防盗及提示车主注意的标志；

（14）车辆交会处设置明显提醒标志；

（15）人车交会处设置明显提醒标志；

（16）宣传标牌和装饰物设置合理、美观大方；

（17）地下车库进出口起落工作状态正常；

（18）地下车库限高标杆悬挂牢固，标志清晰。

关键点：设施完好，标志清晰醒目，进出车道无占用和堵塞。

3. 收费规定

（1）收费标牌位置明显、清洁，计费、收缴符合物价部门的核定收费标准，明示收费项目及标准；

（2）收费车卡验收无误、及时准确，计费按收费标准，使用税务统一发票，发票面值与费用相符，无不给或少给发票现象发生，收费全部过程2分钟之内完成。

关键点：按规定执行，收费合理，操作规范。

4. 处理投诉

（1）在醒目位置明示投诉电话号码，方便客人投诉；

（2）处理投诉时车场负责人要在10分钟之内赶到现场处理，现场人员应在5分钟之内接待投诉者。

关键点：处理投诉的电话号码要在醒目位置明示，遇有投诉要及时处理。

5. 消防设施

（1）消防器材布局合理，放置于明显位置，处于完好状态；

（2）消防通道通畅；

（3）停车场（库）电源、插头、导线等易引发火灾的电器件要处于完好状态。

关键点：严格执行消防措施要求。

七、洗衣厂管理要点

洗衣厂通常是饭店的配套岗位，现在由于环保和减少污染的需要，有的饭店将洗衣厂承包出去，由统一的社会上的洗衣服务单位承包。这样做的好处是减少了饭店的配套岗位，缺陷是对于客人来说不够方便，洗衣质量也很难保证。

如果饭店还设有洗衣厂，应该做到如下一些基本要求：

1. 人员要求

（1）遵守和执行饭店相关规章制度；

（2）新员工须经本岗位培训后上岗；

（3）技术岗位员工须具有相应的岗位技术水平；

（4）机器设备操作者须经技术培训合格后方可独立操作。

关键点：人员必须经本岗位技术技能培训或具有相关工作经验。

2. 工作环境要求

（1）洗衣厂内各岗位区域分布合理；

（2）相关规章制度按要求悬挂端正、整齐；

（3）操作位置照明良好，灯具清洁；

（4）洗衣厂内整洁卫生，通风良好，温度适宜；

（5）所有物品码放整齐；

（6）化学药剂、易燃易爆物品设专用柜存放，专人管理；

（7）干洗车间封闭操作；

（8）洗涤设备排放有序，保持良好性能。

关键点：制度明示，卫生符合要求，化学药剂专人管理，干洗设备封闭管理。

3. 设备管理

（1）机器设备保持良好的清洁卫生；

（2）机器设备运转正常；

（3）定期维修保养机器设备并有维保记录；

（4）干洗机每日清理棉绒捕集器；

（5）干洗机烘干温度不得低于65℃，蒸馏温度不得低于121℃；

（6）水洗机每日清理进料口、机舱；

（7）水洗机用水水质符合标准；

（8）水洗机热水温度不得低于85℃；

（9）洗涤排放污水由工程部处理后排放；

（10）大烫机每日清理毛尘，检查传送带是否完好；

（11）大烫机使用温度不得低于160℃。

关键点：严格按照操作要求操作，注意水洗、干洗各种参数和温度，注意环保和节能问题。

4. 安全消防要求

（1）员工熟知消防知识，会使用所配备的消防设备，熟知报警程序；

（2）棉织品码放保持安全距离；

（3）消防器材完好、齐备；

（4）有消防应急预案；

（5）消防岗位责任制度齐全有效。

关键点：易燃易爆物品、化学药剂设专柜存放并保证安全；干洗车间封闭操作；有消防措施和应急预案。

八、垃圾分拣站管理要点

垃圾分拣站是饭店最不起眼的地方，在管理环节上往往被忽视。实际上垃圾分拣站是非常需要加强管理的地方。饭店每天产生大量的生活垃圾，搞得不好，造成污染，会破坏环境。注重质量管理的星级饭店，必须对垃圾分拣站进行规范管理。

1. 人员要求

（1）认真执行饭店各项规章制度和垃圾分拣相关制度；

（2）持有效健康证件上岗；

（3）及时上交混入垃圾中的饭店可继续使用的物品；

（4）不得私留或传播淫秽刊物；

（5）工作中不喧哗，进入楼层收集垃圾动作要轻缓；

（6）熟知消防电话号码，掌握报警程序；

（7）会使用消防器材，消防设备保持清洁有效；

（8）发现易燃物品及危险物品及时上交并处理；

（9）不得在工作时吸烟；

（10）严禁无关人员入内；

（11）下班锁好门窗，关闭照明灯等电器开关。

关键点：垃圾分拣人员要及时上交混入垃圾中的可用物品，不得私自存留违禁物品。

2. 工作场地要求

（1）玻璃门窗干净明亮；

（2）操作间无异味；

（3）地面、墙面无污迹、无油迹；

（4）所辖区域清洁无杂物；

（5）运输车清洁无异味；

（6）垃圾桶外观无破损，整齐排放并加盖，使用84消毒液消毒；

（7）泔水桶外观清洁无破损，整齐排放并加盖，使用84消毒液消毒；

（8）分拣箱外观清洁；

（9）湿垃圾在夏季必须低温或冷冻保存；

（10）操作间安装灭蝇灯；

（11）操作间通风良好，有排风设备；

（12）场地无老鼠，无蚊蝇、蟑螂等害虫。

关键点：保证工作场地的卫生清洁程度，尤其是夏季高温时，场地必须符合卫生要求。

3. 工作程序

（1）企业与承包商签订的垃圾处理合同有效；

（2）垃圾运输不得影响饭店日常经营；

（3）包装纸箱折叠捆放；

（4）碎纸屑单一入袋；

（5）玻璃、瓷制品单独入袋；

（6）铁、铝制品单独入袋；

（7）报刊画册单独捆放；

（8）纸张、宣传册单独入袋；

（9）木制餐具单独入袋；

（10）木制牌、衣架单独入袋；

（11）塑料制品单独入袋；

（12）棉织品单独入袋；

（13）泔水入泔水桶；

（14）各类签字笔入垃圾桶；

（15）烟蒂、牙签等入垃圾桶；

（16）杂草、枯叶等入垃圾桶。

关键点：重视垃圾分拣站的卫生工作。

九、员工生活区管理要点

员工生活区一般包括：饭店员工生活区走廊、员工餐厅、员工更衣室、员工宿舍、员工理发室、员工活动室等。员工生活区应该是集中体现内部企业文化的地方，企业管理者应该高度重视这个区域对员工的心理影响。因此，应该投入一定的资金和精力，进行精心的布置和管理，使其突显良好的企业文化氛围。现介绍一些相关的做法。

1. 内部信息沟通的渠道

（1）在饭店的员工后台区域，应设有饭店与员工沟通的宣传栏目，如：企业文化宣传栏目、企业员工培训信息、员工生活图片、员工培训园地、员工生日会（生日树）、先进员工事迹、优秀员工的照片、嘉奖和晋升通报等；

（2）政策信息栏，包括企业内部招聘信息、饭店内部岗位调整和人才需求信息、国家和行业针对员工方面的岗位、工资、薪酬、福利调整等信息；

（3）饭店党团生活信息；

（4）设立员工意见箱，放置在员工方便使用的地方。

关键点：充分利用好饭店内部信息宣传设施，使之成为宣传企业文化、传达内部信息及与员工沟通的良好渠道。

2. 员工餐厅

（1）员工餐厅卫生状况良好，为员工提供餐前洗手设备（备洗手液或肥皂）；

（2）菜肴质量良好，做到保温、保洁，伙食花样经常翻新，配备调味品和各种小吃；

（3）餐厅温度在 22～26℃，且通风良好；

（4）设有严禁吸烟标识；

（5）餐厅厨房符合卫生标准并有严格的管理和操作制度、程序；

（6）餐厅和厨房配有防鼠、防蟑螂、灭蚊蝇措施；

（7）配有消防设施和设备；

（8）提供清真餐；

（9）为患病员工提供病号饭；

（10）员工餐厅开餐时能够播放电视节目或内部宣传节目等。

关键点：保证员工餐厅食品卫生，提供营养均衡的员工餐。

3. 员工更衣室

（1）员工浴室由专人或指定人员负责，制度健全并向员工明示，服务时间明确并方便员工；

（2）员工更衣柜专人使用，安全措施落实；

（3）员工浴室卫生良好，无异味，设备完好；

（4）浴室温度22～26℃，通风良好；

（5）更衣柜有防潮措施；

（6）有防蚊蝇、防鼠等措施；

（7）设有严禁吸烟标识；

（8）员工贵重物品有临时存放保管箱；

（9）为员工提供擦鞋用品（擦巾、鞋油、鞋刷等）。

关键点：员工更衣柜设有安全措施，浴室温度适宜、卫生条件符合要求。

4. 员工宿舍

（1）员工宿舍有专人或指定人员负责，宿舍管理制度健全；

（2）有防盗措施；

（3）员工宿舍卫生状况良好，地面、墙壁、卫生间、洗漱池、床单、被褥、窗帘等有专人清洁；

（4）员工宿舍温度、湿度适宜，通风良好；

（5）有良好的照明条件；

（6）为员工提供饮水条件；

（7）为员工提供天气预报服务；

（8）设置严禁吸烟标识；

（9）为员工提供叫早服务；

（10）有条件的（或创造条件）为员工提供电视、洗衣机等设备设施。

关键点：为员工提供通风良好、温暖舒适的就寝条件，保证员工的休息和睡眠。

5. 员工理发室

（1）员工理发设备完好、清洁、有消毒设施；

（2）员工理发明码标价；

（3）设有员工等待理发的休息座椅、书报杂志等；

（4）员工理发室温度适宜，在22～26℃左右，且通风良好；

（5）员工理发用品一客一换，洗涤及时，理发器具一客一消毒。

关键点：做到设备完好，消毒及时，低价和优质服务。

6. 医务室

（1）设有如下设备设施：听诊器、血压计、体温表、手电筒、外科换药器械、药品柜、诊断床、急救担架、急救箱、氧气瓶、冰箱、紫外线消毒灯、高压灭菌锅等，且状况良好；

（2）门诊制度健全，服务时间明示，服务热情、周到；

（3）医务室卫生状况良好；

（4）医务室温度在22～26℃左右；

（5）门诊登记、消毒登记、员工健康证登记健全完整；

（6）医师具备从业资格（医师资格证、医师执业证）；

（7）药品无过期，药品质量可靠。

关键点：具备基本的就医诊断条件，能够提供一般的药品服务和疾病初期的诊断。

7. 员工文化娱乐活动室

（1）设有员工文化娱乐活动室，有专人负责或有兼职负责人，有管理制度；

（2）活动室内温度、湿度适宜，通风良好；

（3）卫生状况良好；

（4）配备电视机；

（5）设有严禁吸烟标识；

（6）提供饮水条件；

（7）提供书刊、报纸；

（8）提供象棋、跳棋、扑克等简单休闲娱乐用品；

（9）有条件的提供电脑及上网服务；

（10）有条件的提供乒乓球桌、台球桌、健身运动器械等大型活动设施。

关键点：本着"以人为本"的理念，辟出场地，设立员工文化娱乐活动室，让员工有娱乐和休息的地方，使员工有"家"的感觉。

饭店的二线工作流程和标准操作程序，是笔者所在的管理公司在质量管理实践活动中摸索和总结出来的国内人自己管理高星级饭店的一套做法，其中吸纳了一些国际知名饭店人性化理念并编入了日常的二线管理工作流程，具有创新性和实操性。

5

如何做好星级饭店的明查工作

一、什么是明查

明查，即指质量管理检查部门采取对检查单位明确告知、明白检查的方法。它是质量检查的一种明示做法。

明查，是笔者所在管理公司的一项重要管控做法，也是这家管理公司的一项创新做法。现在国内一些饭店管理公司也多借鉴和采用这种做法进行质量管理和监控工作。

明查就是明确地告知被检查的饭店，将在何时到达饭店进行检查，所检查的项目和内容是什么，让被检查的饭店有一定的准备时间，做好接受检查的充分准备，是与暗访相对而言的一种质量管理做法。

质量管理明查，是饭店质量管理中的一种运作方式。它可以与饭店质量检查的其他方式结合使用，起到相互交叉、相互弥补、相互促进的作用。它与日常的检查、偶然的暗访构成错位管理和互补效应。

这里所说的质量管理部门，可以是饭店自身的质量管理部门，也可以是饭店管理集团或管理公司的质量管理部门，还可以是饭店行业管理的部门。

明确告知，是针对暗访而言的。暗访是以"神秘"客人的身份，尽量做到检查人员的身份不被饭店发现，更多地从客人的角度去考量饭店的设备设施、服务管理、操作规程、企业氛围、人员精神面貌等硬软件情况。而明查是事先明确告诉被检查的饭店或被检查的部门，检查人员将于何时、采用何种方法对哪些部门进行质量检查，还要明确告知检查人员的组成结构、身份、检查内容等。

明白检查，是指检查人员可以在被检查单位有专人陪同的情况下，按照双方都知晓的检查内容、检查标准、检查部位等进行质量检查。

这种做法可以提升饭店质量管理意识，规范服务质量标准和操作程序，尤其是可以提供一个平台，各饭店之间可以相互学习和借鉴。

在饭店质量管理方法中，有人认为明查的意义不大，是一种"形式主义"的做法。有人认为：既然明确地告诉了饭店要检查哪些内容，饭店也做好了被检查的充分准备，那么，这种检查的真实性又在哪里呢？这种检查还有什么意义呢？

我们认为：从表面上来看，明查是在各饭店都做了被检查项目的充分准备之后，检查人员前去饭店在当事人的面前进行检查，似乎是走形式。但是，实践表明，在每一次明查中，还是能够检查出来很多问题，特别是在程序、步骤、操作标准等方面，专业的检查人员是能够发现很多不规范的问题的。不仅如此，在检查的过程中，明查人员的指点是被检查人员和岗位学习专业知识最捷径的方法。有的饭店管理公司，他们运用明查的方式，配合平日的质量管理和监控，并配合暗访等监控方式，取得了非常好的效果。

明查这种方式在管理公司中运用是对下属饭店进行质量管理和监控的最有效的方式之一。明查，可以运用在某个单体饭店，但是操作起来可能效果不是很明显；也可以运用在某个地区的行业管理和质量保证体系中，以丰富质量管理的手段和方法；而最为有效的是运用在饭店管理公司中，这个使用范围最能够体现明查的特点和效果。从质量管理的意义来看，如果想把质量管理搞得更好，使质量能够平稳上升，并保持一定的水准，其关键问题不在于使用了哪种方法，而在于如何运用方法和手段，达到管理有序、管理有效的目的。管理的手段和方法可以是灵活的、多样的，不必拘泥于一种或两种形式，而在于它在本系统的适用性，在于管理者如何去运用它，如何使之成为管理的有效工具，是否帮助饭店提升了管理质量。

二、明查的十大作用是什么

1. 明查可给予被检查的饭店以直接的指导帮助

从前面的概念来看，明查是一种质量管理控制的方法，具有明确告知、明白检查的特点，也具有公开、透明的特点。所谓"公开"，是指对于质量检查而言，采取的是公开进行的方式。所谓"透明"，是指检查的内容、方式，甚至检查的时间、检查部位、检查人员都是明示的。明查也是针对暗访而言的检查方式。暗访采取的是不公开告知，不明示检查时间、内容、检查人员的一种方式。暗访是为了了解饭店日常经营和服务的真实情况；而明查主要是检查饭店对操作标准的贯彻情况。由于是明查，检查人员可以在检查的同时，当即对不合格、不规范的部位和做法进行当场纠正和指导帮助，起到了直接帮助和指导的作用，比起间接的不直面的指导和帮助，更及时、准确、有效。

2. 明查可以统一各饭店各岗位规范化操作内容

一家饭店的运行，是否达到了规范操作的水准，通常是饭店本身自己来管理和控制，他们运用各种方式进行检查和衡量。而明查的主体是管理公司选派的专家队伍组成的检查团，他们可以以各个专业标准进行检查，如同医生诊断病人一样，可以从专业的角度、以专家的眼光审视一家饭店的方方面面，就像工厂的质量检验科要对各个车间、各个零部件运用检验工具进行验收是一样的道理。通常明查时，检查人员都是业内行家里手，对饭店各个部位的运营非常熟悉，对各个岗位的操作标准非常清楚。他们在检查时，也会运用一些场景模拟等手段，了解饭店各个岗位的操作情况是否规范，是否符合标准。

例如，检查送餐服务，检查人员会在客房里，通过电话联系餐饮部送餐岗位，按照饭店提供的菜单点所需食品。在检查时，可能用英语与服务员对话，以便了解服务员的外语应答水平。点餐之后，检查人员计时等候送餐。在送餐人员到达房间时，可以检查送餐员的敲门是否符合规范，进房是否符合规范，送餐摆台是否符合规范，所送食品质量是否达到要求，餐车的清洁程度如何，保温措施是否得当，等等。整个送餐过程，从接听电话到签单完毕，到收餐结束，检查人员按照标准操作程序进行评判，给出是否符合标准的评价，甚至可以用分数评判送餐是否达标。

这样的明查，对于饭店各个操作部位执行操作标准、规范操作程序，起到了促进作用和指导作用。在检查过程中，检查人员会在评判的同时，指出操作中的问题，指导操作人员改进操作方法，使之在接受检查的同时，进一步熟悉标准操作程序。

饭店管理公司这种一个专业一个专业地检查，在过程当中不仅可以规范一家饭店的标准操作程序，而且可以统一所属饭店的标准操作程序和做法，达到高度的一致性。否则，各饭店在操作中，虽然有标准，但是执行起来还是有差异，难以统一。

3. 明查可以确立和保持操作标准

明查对于新投入运营的饭店而言更是非常必要的。因为新饭店经过了筹备期，员工得到了初步的培训，对于操作标准仅仅是有所了解，还没有实践操作和充分的磨合。而且新饭店的各项管理制度和规章还在初步的磨合当中，员工的技能也处在初步的上手阶段，距离熟练操作还相差较远；有些饭店甚至在开业阶段，许多制度和操作程序还不够健全。

此时的饭店，像一个新上路的驾驶员，非常需要有具有经验的老司机进行路况的指导和驾驶技术的指导。明查正好就像是经验丰富的老司机，可以对饭店的整个磨合情况进行及时的指导和帮助，从这个意义上讲，饭店通过明查，请具有各方面专业经验的检查人员做具体的、专业的指导，使之尽快确立规范的操作标准，是非常必要的。

明查对于经营了一段时间的饭店而言，也是非常需要的。因为人都具有惰性，长时间做一项工作，日子久了就会产生厌倦感。在饭店的各项运行中，许多员工日复一日地操作着熟练的、重复的程序，也会在其中偷工减料、减少程序、降低标准。如果要接受明查，就会产生一种动力，一种努力把工作做得最好的动力，一种在明查中展示自己技能的动力，无形中会提醒员工不能降低标准，要始终保持操作程序的规范性。例如，红酒的存放要求，是在 16～18℃，而且要使酒瓶平放或者倒放。可是许多时候，饭店的库管人员为了方便取用，忽视了这个标准，随意放在常温的库房中，温度高于18℃，甚至忽略了平放或倒放的要求。如果是在明查中被检查人员发现的话，检查人员会提醒库管人员按照标准纠正过来，并要求日常一定要这样做。如果经常有明查人员的检查和纠正，恐怕库管人员就不敢马虎或者违反操作标准了。所以，明查的好处可以促使饭店各个岗位的人员逐步形成良好的工作习惯，建立并保持按照操作标准操作的好作风。

4. 明查促进信息共享

明查，在一家管理公司中，往往是采取各个饭店负责质量管理的人员共同组成检查小组的做法，深入被检查饭店进行检查。在整个检查过程中，被检查饭店的人员可以跟随或带领检查人员前行。这样的组合方式，具有几个好处：一是检查人员来自各个饭店，并且是饭店管理的专业人员，对饭店的情况非常熟悉，对专业操作非常了解，对许多操作细节也很清楚，能够很专业地指出问题；二是由于是相互检查，相互走访，检查人员有机会进行沟通和交流，并且能够了解到兄弟饭店的各个岗位的操作流程，可以从中捕捉到很多对本饭店有价值的信息，以便兼收并蓄；三是在明查过程中，各个饭店可以做到对占有信息的共享，开阔了检查人员的视野，从而使得许多创新的做法得到传播，各饭店可以在不费任何成本的情况下，学习和借鉴到对本饭店有益的质量管理经验，并用于本饭店的质量管理工作之中；四是通过明查，通过不断地总结和借鉴，还可以充实和补充对各个岗位操作标准的内容，进一步统一操作标准，吸收更科学更合理的岗位操作技能，提高所属饭店的工作质量。

5. 明查促进交流、取长补短

在管理公司内部进行明查，其特点是检查组成员可以深入内里，了解到被检查饭店内各个部位的情况和做法，对于一些好的做法，正是其他饭店学习借鉴的机会，这对于饭店管理者来说，不啻是一个很好的交流、学习的平台。他们可以在检查的同时进行交流，相互之间还可以针对一些问题进行探讨和研究，甚至共同修改和统一相关的操作程序，从而能够相互取长补短、共同促进，提高质量管理水平。

6. 明查有助于提升检查人员质量管理水平

一个饭店管理者如果长期置身于自己的饭店中，常年埋身于本饭店或者本专业的管理事务当中，对外界了解不多的话，久而久之，就会处于封闭的状态。比如，当饭店的生意非常好的时候，管理者更多地是忙于日常事务管理，没有时间顾及学习和取经，补充所需要的知识和信息，只是应付繁忙的接待和服务。有的饭店总经理说："不用说半年，就是几个月，当你再走到另一家饭店时都会感到'陌生'，都会觉得又有新的变化了。"现代社会，变化节奏极快，就是紧跟，都会感到落后。饭店的管理的确如此，每年都有新的变化，每年都有新的需要学习和补充的知识，包括质量管理也是如此。因此，在质量管理的明查中，借到兄弟饭店检查之机，正好也是自身学习的极好机会。

再从宾客的角度来看，宾客对于饭店质量的要求也在不断变化中，这就要求我们做质量管理的人，也要不断学习，不断了解质量管理的要求和变化。那么，组织质量明查，就是一个在检查过程中相互学习、共同提高的过程。实践证明，对于检查人员而言，这是不可多得的学习机会。兄弟饭店敞开大门，让检查人员深入各个部位进行检查，同时可以深入学习到很多管理技巧、管理方法。

再从检查人员的角度说，由于检查人员的组成存在跨专业的特点，有的是客房比较专业，有的是餐饮比较专业，有的是前厅比较专业，或者是其他方面比较专业，具体到每一个人不可能都非常全面。而在检查过程中，检查人员有机会对各个部位的专业知识通过眼看、手摸、用心感受，并向其他成员学习，得以提升本身的质量检查水准。这样的检查过程也成为培养和造就质量管理专家的机会。

7. 明查可以促进管理者注重质量标准，提升质量意识

日常的运行中，饭店管理者更多地是关注饭店的效益，眼睛每一天都在盯着收益报表，而质量标准、质量要求等，经常会被忽视。在刚一开始实施明查时，对于各个被检查的单位而言，很多管理者比较抵触，认为经营任务很繁忙，还得准备接受明查，感觉对饭店经营有影响，明查也是走形式，他们不理解，也不愿意接受。当明查硬性推行了多年以后，饭店管理者尝到了甜头，每年一度的质量明查活动，迫使管理者在经营的同时，必须腾出一部分精力抓质量，抓操作程序的标准化，细化每一个岗位的运行标准，强调员工的服务意识和服务标准。多年坚持下来，管理者的质量意识不断提高，员工的质量意识不断提高，饭店运行越来越规范、越来越走入正轨，他们便开始欢迎明查，也愿意通过明查促进饭店各项工作的推进。他们每年把明查当做一个契机，促进饭店全方位改进和提高的契机。

质量明查的再一个好处是，被检查的饭店确实提升了质量管理水平。在明查过程中，检查人员从专业的角度提出不足和问题时，受到被检查饭店的重视，他们借这个机会组织管理者和员工针对问题进行整改。经过多次接受这样的检查，多次进行整改，在这个循环的过程中，不知不觉地饭店的操作标准趋于规范，质量水平不断提高。我们来看下面的几个实例：

一家饭店管理公司，每年组织一到两次质量明查活动。开始时，有许多饭店不愿意接受，甚至抵触。有的饭店的业主方也不甚理解，认为是走过场，影响经营，等等。可是经过了若干次检查后，他们尝到了甜头，感觉这个检查不是在走形式，它确实帮助企业提高了标准，规范了操作，确实帮助企业增加了经营收入。

再从微观角度举例，仅就"制度上墙"来说，要求各个饭店把规章制度张贴在二线办公室的墙壁上，营造规范化管理的氛围。但是最初检查各个饭店时，张贴制度的高度不同，用纸不同，有的加了镜框，有的白纸上墙，有的在落款处加盖了公章，有的没有加盖公章，总之，五花八门，极不统一。在明查中，看到有的饭店张贴制度非常统一，从纸张的颜色、字体到张贴的高度等都是一致的，管理公司认为这种统一性值得推广，于是提出了张贴制度的标准：字体字号要统一，字的颜色要统一，张贴的高度必须在1.6~1.7米左右的高度，与人的视线平行；必须用A3纸打印后，装入镜框内再上墙；必须加盖公章，而且多个制度平行张贴时，公章的加盖必须保持在同一条线上。以后再明查时，所有饭店的制度上墙都统一在一个标准上了。这个例子表明，管理公司从检查中总结和摸索出了统一的标准，使各饭店具有了遵照的依据。

再从明查对经营的影响来分析，表面看，检查和增加经营收入没有什么关系，甚至有人还会心存疑惑：明查是否影响了经营收入？这个问题要从大的影响面来认识。一个集团或管理公司，通过不断地进行质量管理，不断地在明查过程中统一标准、统一要求，他们所辖的饭店从规章制度到操作标准，从员工的仪表气质到企业文化的一致性，共同组合的效应，就是管理提升的过程。管理规范了，标准统一了，集团化效应的影响扩大了，社会认知度就提高了，宾客都认可这个品牌的饭店，难道他们的效益不会提高吗？有例为证：

一家管理公司所属饭店的房价，在近几年来，与同地区、同星级饭店的房价相差无几。因为他们多年来重视质量管理，不断提升质量和服务品质，越来越多的宾客和同行认可了他们的管理和服务。在时机允许的情况下，管理公司适时大胆地调整房价水平，甚至在一年内几次拉升房价，入住率还是持续上升。而且通过调整房价，同时调整了客源结构，使得高档次的商务宾客客源越来越多，经济收益大幅度提升。这家管理公司所属饭店做到了在同地区、同星级饭店中排名靠前，五星级饭店与同地区的外资五星级饭店在经营效益方面平起平坐，地处各省市的饭店在当地都是一流饭店，或者是当地的头把交椅，成为其他饭店追赶和学习的榜样。这应该是狠抓质量管理在效益方面的体现。

8. 明查可以提升企业凝聚力和振奋企业员工精神

对于明查的作用，还可以从精神层面来看。如果运用好这个工具，不但可以提高饭店的质量管理水平和质量管理标准，而且还可以促进企业员工的凝聚力，并振奋企业员工的精神。

为什么这样说？从心理学的角度看，人如果长年埋头做一件事，总是在自己的岗位上循环着周而复始的程序，本人会有厌倦感，会迟钝，会提不起精神来。假如他们再遇到工作环境不理想，人际关系不和谐，那么员工之间的凝聚力就会衰减，甚至发生一定的危机，相互之间产生更多的矛盾。如果饭店组织一些适宜的活动，可以起到一定的缓解和调和作用；实践中，笔者体会到，适当地安排一些质量检查或培训等活动，也可以同样起到缓解疲劳、化解矛盾的作用。明查更像是一副清醒剂，管理公司在进行质量检查前，会提前通知所属饭店做准备，所属饭店就会动员大家迎检，从上到下的动员、从一线到二线的准备工作可以使员工的精神为之一振，员工会感到兴奋，会为了企业的荣誉努力去做。这样就起到凝聚员工、调动积极性的作用。当他们的辛勤劳动在检查中取得好的成果时，更可以增强企业的向心力，并且可以促进企业其他工作的顺利开展。

9. 明查是促进员工更加优秀的催化剂

实践中发现，明查时不光是提问题、挑毛病，还是发现服务明星、优秀员工的极好机会，是促进员工成长的极好机会，很多员工在明查中快速成长和成熟起来。在明查时，检查人员接触到很多服务优秀的员工，他们的技能纯熟，善于体察宾客的需求并提前满足宾客的需求，在服务中揉进人性化的关心和体贴，使宾客感到惊喜，得到身心的感动。检查人员在总结一家饭店的检查情况时，往往会情不自禁地表扬那些服务优秀的员工，饭店在明查总结时也会根据检查人员的提名，表彰和奖励这些服务优秀的员工，使得他们倍受鼓舞。逐渐地，管理公司提出了在年终表彰"服务明星""服务能手""服务优胜者"的做法，得到表扬和奖励的员工，他们会更加出色。这就是明查的积极作用和正能量。

10. 明查可以作为各项工作的抓手，推动基础管理不断上台阶

有一家酒店管理公司，他们把明查作为一项质量管理的重要抓手，从公司内部到饭店各级人员，都从中感受到了明查的积极作用。他们总结出"利用明查，享受明查"的经典标语。他们的具体做法是：将每年一次的明查，当作质量管理催化剂，并且能够利用得淋漓尽致，从而不断提高酒店的基础管理工作。这些做法非常有效，下面让我们来了解一下他们的做法：

比如：一家酒店在春节过后，总经理便在店务会上开始提出当年明查工作的重要性和开始做出迎接明查的要求。他要求各部门都要提前做好迎接明查的具体工作计划，并且提出非常具体的工作内容：

第一，要求各部门做出详细的工作计划。例如，餐饮部做出各项服务程序的培训计划，包括厨房管理的调整计划等；客房部做出客房各项设施设备的检查维修计划；前厅部做出前台服务流程的强化培训计划；工程部做出对酒店各项设施的检查维修计划；二线各部门做出具体的规范程序，规范各部室工作标准的计划；公卫科做出对酒店各个部位的卫生清理计划。这些计划包括日常的工作程序标准，包括各个部位卫生清洁内容，包括日常对客服务的标准流程的训练，包括员工生活区的各项设施的检查和维护，等等。要求利用明查这个契机，将整个饭店的日常卫生彻底清扫，将设备设施进行检查和维护，全员重温规范操作程序并在工作中强化。

第二，饭店质量委员会根据各部门的工作计划，有步骤地进行工作进度的检查和督促。他们几乎每周都要进行一次全店范围内的检查。这种检查是全方位的，从一线服务程序到二线各个角落的卫生，都要检查仔细，并且每一次检查都会提出整改的要求，不断促进各部门各岗位认真落实迎接明查的准备工作。

第三，饭店还会在明查前，对一些设施陈旧的部位进行调整或者更换。为了明查取得好的成绩，他们提出设备设施的更新改造计划，例如，更换地毯，把餐厅、客房、公共区域等使用多年的旧地毯，进行大面积的更换；再如：更换厨房老旧设备，有的饭店经营了十多年，一些老旧的冰箱用电量大，不够环保，甚至冰箱内的隔板生锈、腐蚀严重，他们也会利用这个机会，提出更新计划。工程机房利用这个机会，对各个部位的机器设备进行维修和保养，该刷漆的地方刷漆，该保养的地方进行保养。库房利用这个机会，进行大面积的整理，物品清查和盘点、调整货架、分类码放、检查账卡物是否相符等。

第四，酒店利用明查前的机会，对所有员工进行服务程序的演练。他们按照SOP标准操作程序，一一进行演练，经常反复演练，甚至要求每一位员工都要集中训练"问好"的方式，对员工的仪表、头型、发饰、着装等都进行不断的检查和纠正，使酒店的服务氛围达到空前的规范和标准。

第五，如何享受明查呢？饭店的总经理们把明查的动员作为推动企业上台阶的抓手，动员之后，各部门都行动起来了，大家在紧张的工作之余，不再想别的、干别的，而是齐心协力做明查的准备工作，此时饭店的氛围十分活跃，大家的积极性也十分高涨。在明查时，员工愿意在明查中表现自己的服务技能，他们会尽自己的所能把服务工作做得更好。这样一个过程，充分调动了管理者和员工的工作积极性，各项程序更加规范，操作标准得到提高，对于一个潜心做好经营管理的职业经理人而言，看到这样的推动效果，难道这不是享受吗？

第六，新建饭店会在明查中很快成长。新饭店一般处在磨合期，各项操作还不是很熟练，相互之间的配合也没有达到纯熟，如果利用明查的契机，进行练兵，那是再好不过的了。有这样一个新饭店，总经理抓住了明查契机，做了充分的动员工作，之后自己亲历亲为，带头规范程序，带头检查各部位的工作，员工在感召之下，都发动了起来，积极投入明查准备中，大家的积极性非常高涨，甚至饭店的业主方（资产所有方）也受到感染，一起跟着忙碌起来。经过这样一个过程，酒店得到很大提高，大家十分欣慰，他们感受到从明查准备中学习，在明查准备中成长的快乐。

一位经历过十多年明查的总经理感慨地说到："我们从春节后就开始准备明查，到六月份明查小组进来检查，再到明查之后的整改和相互学习，我们体会到在大半年的时间，可以有步骤有计划地检索酒店存在的各种隐性问题，例如工程维修问题，日常只是报修后才去维修，这是被动的做法，而借助明查进行主动的检查和维修，就是一种事前发现问题解决问题的主动方式。例如垃圾分拣站，日常忙于经营，我们不会去关注它，而在明查前，就会要求有关部门主动进行清理，建立垃圾分类标识，将可回收、不可回收垃圾分类存放和处理，不但达到了环保的要求，而且美化了环境，清除了异味，将干湿垃圾按照标准进行管理，也使员工养成了良好的环保习惯。所以，迎接明查是契机，享受明查是过程。饭店提早发动各项明查准备工作，并不是为了明查那一天，而是一个过程，这个过程十分重要；这个过程也不是简单的重复，而是将质量管理工作螺旋式上升。"

三、如何进行服务质量和管理质量的明查工作

质量明查，包括服务质量明查和管理质量明查。既然是一项促进饭店质量管理的有效操作方法，那么如何操作呢？主要有如下几个步骤：

（一）首先建立和完善《质量管理标准操作手册》

质量检查，如同工业管理当中的质量检验。工业管理的质量检验，会有相关的检验标准、检验工具、检验方法、检验流程、检验记录等。那么饭店的质量检验，如果想做得规范、持久，也必须制定操作标准、操作程序等规范的东

西。这个规范，体现在文本中就是《质量管理标准操作手册》（以下简称《质量手册》）。

不论是哪家饭店管理公司或者哪家饭店，如果想搞好质量工作，《质量手册》的制定就是一项打基础的工作。如何制定这个标准操作手册？最基本的原则就是《质量手册》要贴近企业的真实情况，制定适用的手册内容和条款。手册的内容要简洁、易懂，便于员工操作即可。如果感觉制定的第一稿《质量手册》不太完善，也没关系，可以在运用的过程中，进行阶段性修改，可以根据质量检查的情况，对应该做的检查内容、操作的程序等进行不断总结、提炼，再适时进行修改补充和完善。这种不断补充完善的工作也是不断提高对质量管理的认识和提高的过程。

（二）饭店按照《质量手册》中的标准和要求进行自查

一般情况下，饭店管理集团或管理公司在对下属饭店做质量明查之前，会发出公告，将明查的内容、要求、方法等做出明示。受检查的饭店可以按照《质量手册》的标准和要求提前进行准备。通常会提前一个月发出明查的通知，给下属饭店充分准备的时间。

饭店得到明查的指示后，立即在全体管理者大会上进行动员，把上级公司制订的检查标准、要求等传达下去，然后根据本饭店的具体情况，再细化检查标准和要求。各部门再召开部门全体人员会议，部署明查工作，要求各个部位按照《质量手册》中规定的标准对自己的岗位进行自查、整顿。事实上，这个自查整顿的过程，就是组织员工学习《质量手册》的过程，是深化岗位职责和规范岗位操作流程的过程。对于员工而言，通过这样的过程，可以提高对工作要求的认识，提高对质量标准的认识，提高对管理公司质量观的认识，也是全员质量观的自我认识。

在明查前进行动员和做明查前的准备工作，对于饭店管理方而言，也是非常好的一个管理契机，运用得好，恰恰可以借力推动饭店的标准化进程。饭店管理方，在动员之后，不断促进各个部门、各个岗位按照标准自我检查、自我提高。在明查即将到来之前，饭店方再具体组织人员做几次模拟明查，按照管理公司的标准和要求进行自查。在自查中，严格按照要求不断纠正存在的问题，饭店内部从一线到二线这样一次一次全面模拟检查，这个过程本身就是提高质量管理的过程，也是饭店提高管理和服务标准的过程。例如明查前的自查对饭店卫生状况的改善是一次促进和提高，发动大家对整个饭店大扫除一下，让各个部位都清洁、明亮起来，不留任何灰尘，甚至把多年不动的死角都打扫干净。同时，对于饭店各个岗位的操作也是一次大练兵，员工熟悉技能，强化技能，各项技能得到提高。如，安全保卫工作，可以借助明查，组织相关人员进行各种预案的演习。再如，库房管理，可以通过明查前的自我检查，重新整顿，提高库房物品管理水平，做到账卡物相符。

（三）明查的具体步骤

1. 一线服务岗位的检查内容

从检查人员抵达饭店开始，检查的主要内容包括：

门前区域：饭店门前停车部位的环境、卫生、车辆疏导、门卫的跑步拉门动作、门卫的微笑、问候等。

饭店门前及周边绿植的修剪状况：有无枯枝干叶，有无杂草杂物。

饭店广场的旗杆及升旗情况：旗杆的卫生状况、国旗、店旗、集团旗或其他需要的旗帜是否按照标准升起，各种旗帜的干净程度如何。

饭店大堂：大堂的总体气氛、行李服务、前台接待服务程序、办理入住登记程序等。

客房区域：进入客房检查客房设施设备及卫生状况，服务程序，包括开夜床、洗衣服务、维修设备设施服务等，检查客房舒适度，各种必需品的配备是否与星级标准相符，棉织品的质量以及方便宾客的程度等；卫生间的设备设施及卫生状况等。

餐厅区域：餐厅卫生状况、环境氛围及硬件情况、服务氛围、服务程序等。

餐饮服务：检查人员通过零点的方式，检查菜单情况、服务员的点餐服务和推销意识、上菜速度、上菜顺序、酒水服务程序、菜品质量、餐后结账服务等。餐饮检查，包括早餐、正餐、零点或者宴会，这些检查需要体验式检查，要通过用餐过程来检查整个服务流程和出品质量。

厨房整体状况：厨房卫生、厨房管理。明查人员要深入到厨房，打开冰箱检查食品的存放是否符合要求，生熟是否分开、开罐的食品是否进行倒灌存放；检查冷菜间的管理和卫生是否符合要求，等等。

康乐区域：康乐场所的卫生状况、设备设施状况、相关人员的证照是否齐全等；游泳池的水质是否符合标准、各种用品是否符合卫生标准、救生设施是否齐全，是否有持证上岗的救生员、更衣室的卫生和设施情况等；健身房的设备设施及卫生状况；棋牌室的卫生和通风情况，等等。

安全消防：饭店各个部位的消防设施设备配备情况、完好情况，日常工作记录情况，各种消防预案及演练记录等。

公共区域：主要是环境卫生及各个岗位在服务当中的衔接状况等。

检查对客服务质量，有两项内容是要求检查人员通过电话来进行的：

一是检查饭店"一站式"服务操作情况。例如将电话打到商务中心，要求派送一个接线板，此时可以了解他们如何回答宾客：是让宾客自己再次拨打电话，找客房管家部联系派送接线板，还是回答："好的，我们马上联系解决。"现代饭店，尤其是高星级饭店，都要求做到"一站式"服务，宾客不管是找到哪个部门或者哪个岗位，接听电话的服务员，都必须接受这个请求，并通过饭店内部的信息传递，尽快解决宾客的问题，满足宾客的需求。

二是检查送餐服务。检查人员通过电话要求提供送餐服务，根据饭店提供的送餐菜单，点相关的餐品和饮品，并记录时间；待送餐服务到达房间时，要看他们的进门服务程序、餐车的摆放和餐品的摆放是否规范，与宾客的对话是否规范等。

2. 二线的各个岗位和检查内容

二线各岗位的明查内容就是管理质量的检查范围。检查内容主要包括：二线卫生状况、办公秩序、员工区域的文化氛围、员工生活区的设施设备情况、库房管理、地下停车场的管理、工程设备设施管理，等等。

上述这些检查内容，一般需要一个检查团组，根据分工，深入饭店，按照预先制定的检查表格，进行检查和记录。检查人员在面上的检查，要在饭店相关人员的陪同下，一个项目一个项目地进行走动检查。例如，走动检查各个部位的清洁卫生状况，各办公室的办公环境和工作秩序，物品库房、酒水库房，员工生活区域的生活设施、文化氛围，等等。而有些项目是需要体验式检查的。如消防应急的检查，可以通过设定场景引发报警的方式，来检查饭店消防应急方案的应急操作情况。

（四）给出检查结论

（1）评价打分。各项检查结束后，检查人员要各自根据打分表格的内容，实事求是地、公平地给出评价和打分。所有检查成员的打分要进行汇总，并计算出每家饭店的总评得分。

（2）文字表述。仅仅给出得分是不够的，还要根据检查的情况，用文字叙述。叙述的方式，一般应该先给予总体评价，而后肯定成绩，指出问题。

（3）肯定成绩。饭店做得比较好的、值得肯定和赞扬的点，要给予肯定。比如饭店的某些硬件设施非常舒适、饭店的某些服务细节具人性化特点等，要给予肯定和赞扬，使得饭店能够继续在这些方面保持和发扬。

（4）指出问题。在给予总体评价和褒奖的同时，还要本着积极帮助饭店提高水平的态度，提出饭店存在的不足和问题。对于问题，要用具体的事例来说明，切记不要以概括的话语、空洞的道理、批评的方式下结论。例如说某家饭店的硬件不好，一定要具体说明如何不好，是舒适度不够，还是色彩搭配不协调；再如说某家饭店的服务不好，就要具体说明是服务态度生硬，还是服务技能不够好，要有具体的事例。这样才有说服力，才能让饭店感到事实具体，问题清楚，从而才能够有的放矢地去纠正问题，改进工作。

（五）明查后的跟进措施

对于饭店而言，质量明查后，不能仅仅拿到给出的结论就算完事。质量检查的目的是为了更好地改进质量管理工作，因此，饭店管理者要高度重视明查报告。具体做法：

（1）分析报告内容。首先，饭店质量管理部门要认真阅读明查报告，并认真分析明查报告的所有内容。可以采用量化的手段，将报告中的所有"点"进行数字化对比，将数据做成图表，一目了然地看到饭店的强势和弱视、优点和问题。

（2）给予员工表扬和奖励。根据报告内容，对于被肯定的"点"和员工，要大力表扬，以便激励员工，使得员工更加具有热情和责任感。可以给予公开的表扬或奖励。

（3）分析问题，进行整改。对于指出的问题，要认真分析，找出原因，并根据问题"点"，制定整改措施，并立即整改。饭店一定要养成"政令畅通、有令必行"的工作作风，对于明查中指出的问题，要立即责成责任部门、责任人进行整改，不得拖延，不得找理由推辞。

（4）对于不能马上进行整改的问题，要制订整改计划。在质量明查中，检查人员会指出饭店一些设备设施方面的问题，如硬件已经陈旧、老化、功能不够先进、客用品档次不高等问题，这些问题有的不能马上解决，要等到饭店装修改造时才能解决，或者客用品刚刚订做完毕，不可能弃之不用。对于这样的问题，作为饭店方，不能因为各种理由不接受检查人员提出的问题，而是要针对这些问题，列入年度整改计划中，或者装修改造计划中，在饭店硬件改造时或条件具备时一并考虑解决。

（5）对于员工中存在的突出问题或共性问题，要从培训角度进行解决。在质量明查时，有时检查人员也会指出软件方面的问题。例如，员工的操作技能不够熟练，服务不够灵活；员工的微笑不自然，问候生硬等。诸如此类问题，应该从饭店的培训不够到位，或者培训不够及时等方面找原因。饭店方要将这些问题分类，属于新员工熟练程度不够的，要加大培训力度，以便在短时间内提高新员工的操作技能和熟练程度；对于员工待客方面的共性问题，应该组织员工加大培训力度，尤其是员工见到客人时的表现不佳，一定要制定非常具体的、面对宾客的待客行为准则，让每一位员工都知道见到客人如何微笑、如何问候、如何与客人交谈、如何细心体察客人的需求并及时满足客人的需求。

（6）饭店对于明查中的问题，在整改之后，认真做出整改报告并上报饭店管理公司。饭店重视明查工作并认真对待明查问题的一个重要标志，就是根据明查中指出的问题进行认真的整改，并能够在整改之后，汇总情况，写出整改报告并回馈上级公司，而不是将明查报告束之高阁、置之不理。整改报告要针对指出的问题，写明整改措施、整改效果和今后的预防措施等，然后以正式的文字报告上报上级单位。

有没有以上6个方面的跟进措施，每一项跟进措施是否到位，饭店是否真正认认真真分析明查报告，是否认认真真进行整改，这是明查真的起作用还是走形式的分水岭。如果饭店愿意接受明查，但是只是接受检查而已，并不把检查中存在的问题当回事，并不在饭店内部一丝不苟地查找原因，进行整改，那么，即便是一年进行多次明查也没有效果。而那些非常认真地对待这些问题、积极整改的饭店，其质量就会得到极大地提高，饭店的信誉度、知名度也会大大提高。

6

如何做好对星级饭店的暗访工作

暗访是一种对饭店整体情况进行真实检查的方法。一般是聘请具有饭店管理丰富经验的专业人士，请他们以客人的身份，通过入住、消费等过程，以专业和挑剔的眼光，对饭店的硬件、软件，尤其是服务，做出评价打分。这种做法，想要达到真实的目的，就要在饭店全然不知的情况下，暗访人员进住检查。在外资饭店，他们将这种暗访检查称作"飞行检查"。

这种对饭店的检查和评价，可以真实地反映饭店基本的经营状态和服务状态，可以帮助管理者了解本饭店一些平时捕捉不到、或者体会不到的待客状况，以帮助饭店改善工作，提高服务质量。本章归纳总结了饭店在实践当中如何进行暗访的有效做法，谈谈如何组织与实施暗访工作。

饭店，尤其是高星级饭店，要真实了解自己饭店的服务质量如何，客人的感受如何，除了通过宾客意见书和宾客满意度调查的方法来收集宾客的感受之外，还有一条常用的途径，就是采取暗访的做法。暗访如何具体操作？饭店如何利用暗访报告改善服务工作呢？下面做一些相关的介绍。

一、为什么要采取暗访的方式进行检查

在饭店内部，对于服务质量的检查手段是多种多样的，那么，为什么还要再加上暗访来进行检查呢？因为在日常工作中，饭店的检查人员都是各部门的管理者，他们之间的工作既有联系也有交叉，他们在日常的相处中会磨掉一些棱角，时间长了不太可能发现存在的问题或者碍于情面，不能尖锐地提出问题，这就需要借助外力，请外面的专业人员，从不同的角度查找问题。他们没有情感的纠结，可以真实地提出存在的问题，提供给饭店管理方作为改进工作的依据。在多年的暗访工作中，笔者发现暗访可以从这样3个独特的角度来审视饭店的情况：

（1）可以了解真实的一面。尽管饭店内部的各项质量检查是质量保证的主体，但是由于对员工而言，饭店内部的管理者都是熟面孔，尤其质量检查人员更是员工熟悉的面孔。员工一看到检查员的身影马上就能约束自己，这样检查人员就不能看到服务时的真实全貌，也无法发现员工工作时的一些问题。从饭店自己进行检查的规律来说，一般自己检查时，不真实的"水分"约占25%。所以要了解真实情况，暗访是一种有效方式。

（2）冷眼更能发现见怪不怪的问题。饭店内部人员在一个单位共事时间长了，由于潜移默化的影响，对一些问题往往见怪不怪，习以为常。检查人员会缺乏敏锐的嗅觉和洞察力，或者检查人员碍于熟人的面子，不愿意明确指出问题。暗访就可以避免这些不足，真实地反映实际情况。

（3）可以帮助饭店发现"亮点"。暗访也可以帮助饭店发现在服务过程当中表现优秀、服务得体的员工，即发现饭店服务当中的"亮点"。便于饭店了解各个岗位服务优秀的员工，便于饭店及时鼓励和表彰这些平日里默默无闻的普通员工，使之服务更加优秀；并且还可以通过对他（她）优质服务的认可，以他（她）的服务案例为榜样，在饭店里提倡预知服务、超前服务、优质服务等做法，达到不断提高饭店服务质量、打造一支让客人满意的服务员工队伍的目的。

二、暗访的作用有哪些

1. 暗访可以反应饭店服务的真实场景

如果没有镜子的折射，通常我们自己很难客观地了解自己的长相。一个饭店也同样如此，自己感觉自己饭店是什么样子，和别人眼中你的饭店是什么样子，很多时候会有感觉上的差异性。一个处于正常运转状态中的饭店，即便管理者有时不亲自督导和管理，员工也会依据饭店的制度、章程、操作程序照常服务、照常运作。但是，员工的服务是否到位，是否令客人十分满意，我们的管理者不可能360度地了解情况。员工在管理的薄弱环节（管理人员下班后）、薄弱时间段（节假日或者周末）是否也尽心尽力、一丝不苟地做着服务工作？这些往往是管理者不太容易得到真实反馈的。事实上管理者在现场和不在现场，员工的表现是不太一样的。我们做饭店管理的，往往会有这样的感受：当你（酒店的总经理或者部门经理）步入一个餐厅，由于你是管理者，服务员会马上殷勤地上前，为你拉椅子，询问你的需求，如果你用餐，他们会十分认真地、殷勤地服务好，你是挑不出什么问题的。但是员工对普通的客人却不一定是这样。我们经常看到暗访人员对某个服务场景的描述：员工毫无表情的面孔，生硬的服务语言，漫不经心地服务，甚至完全是一团糟的服务过程。这些不能令人满意的场面，饭店自身的管理者是不太容易体验到的。暗访就好比是一面镜子，它能照出真实的一面来。

暗访还如同录影、录音，它能记录一个饭店运营的过程。例如暗访人员利用在客房内的方便条件，可以彻底地检查客房卫生的真实情况，他们可以从专业的角度检查客人很难去查看的枕芯的卫生情况、床褥的干净程度、床底下的卫生是否合格等，同时运用照相、录影等技术手段将其录制下来。暗访人员在餐厅或者康乐等公共场合，是不方便拍照的，但是他们可以记录场景的情况，记录服务人员的聊天现象、服务语言不规范或者服务程序出现差错的现象，等等。这些记录，作为暗访报告，就可以真实地、客观地记录暗访者体验到的一切。

2. 暗访还可以记录饭店薄弱环节的真实状况

如同上面所说，饭店自己的管理者很难发现管理的薄弱环节。这是因为，管理者一出现，员工非常敏感，他们会千方百计做到最好，甚至在管理者面前近乎于表演，使管理者欣赏他。可是人都有消极的一面、懒散的一面，他们在管理的薄弱时间也会有懈怠。这是一个真实案例：一家饭店，在一个双休日里，员工们得知饭店的总经理们全都外出了，于是他们呈现出松懈的一面。恰好暗访人员此时来到该饭店入住，行李员无视客人的到来，没有主动上前服务；前台的几个服务员在互相打闹、嬉戏中为客人办理了登记入住手续；客人进入客房，看到地面多处有杂物、地板上有果汁、垃圾桶内有许多垃圾、窗台上一层尘土、备用枕套是用过的、火柴盒的磷面是被划过的等等。客人就这样被安排进一间没有认真做过卫生的房间。在餐厅，前半段服务还可以，后半段基本没有什么服务，表现为没有给客人添水，上水果不换碟，客人要了两种点心，后台却忘单了，一直没有上。而且整个服务过程中，员工的笑脸很少。这就是客人记录的薄弱环节的真实一面。

这种情况在双休日、节假日、晚间等管理比较薄弱的时间段常常发生。员工们或者嬉戏打闹，或者懒散打不起精神，对客人的服务敷衍塞责，甚至态度蛮横。管理者很难自己发现这样的问题，暗访人员则可以体验和感受这样的场面。

3. 暗访可以给饭店及饭店管理公司提供改进服务的信息

暗访人员大都是资深的饭店业管理人员，见多识广，能够较多地了解饭店发展的信息、客人的需求、新产品的运用、硬件的更新换代等情况。通过暗访人员的报告和评价，饭店经营管理的人员还可以从中了解到许多新的信息和比较前沿的硬件产品信息，同时也能客观地了解到随着时代的发展客人的需求变化是什么，等等。利用好这些信息，对经营管理饭店有非常重要的帮助。

例如，一位资深饭店管理人士在一份暗访报告中谈道："时至今日，各饭店集团纷纷在标准化的基础上，推出个性化的产品，以保持在行业内的领先地位以及在顾客中的影响力。比如：Westin 推出的'天堂之床'，Ritz-Calton 推出的电脑金钥匙（Compucirge），St.Regis 推出的贴身管家服务，香格里拉推出的 Golden Circle 奖励计划，等等。"

该报告传达了饭店业个性化服务发展情况的信息，传达了世界知名饭店集团保持行业领先和吸引顾客的竞争策略。

又如：暗访人士提示某饭店管理公司，应考虑拳头产品升级换代问题。他指出：某饭店管理公司在过去很多年中精心打造的一些获得业界广泛认可的拳头产品，如总机甜美的声音和友善的服务、门卫的礼貌和规范、公共洗手间的殷勤待客和主动服务意识等，这些一直被很好地发扬并成为管理公司品牌的组成部分。在继续保持和发扬这些独到、普遍被认可的做法的同时，作为国内有影响力的饭店管理公司，十分有必要进一步在公司层面开发升级换代的个性化服务拳头产品。虽然该管理公司旗下的饭店有的在开发一站式宾客服务中心业务，有的推出了贴身管家服务，但是这些不是本管理公司领先于其他集团的特色，也不是本管理公司升级换代产品。什么是自己管理公司的特色？如何进一步开发新的产品？如何进一步保持服务的行业领先？这些提示，帮助某饭店管理公司认识到：要在过去一直保持的拳头产品的基础上，加强研发能力，不断开发新的适应宾客需求的服务产品，保持自己的品牌特色。

4. 暗访是助推器，可以帮助饭店不断改进管理和服务工作

既然暗访能够从客人的角度、专业的角度反映出饭店存在的一些薄弱问题或存在的死角问题，反映整个经营状态和服务状态，那么如果饭店管理者高度重视暗访的结果，利用暗访报告中反映出的问题和现象，很好地分析、研究和解决这些问题，无疑是对饭店的经营和管理起到了推动作用。

通常我们自己会在一种惯性中得到满足，会因既有的成绩而不思进取，我们会在各个方面运转正常的情况下，在经营形势非常好的情况下，看不到我们的缺陷和死角，也不大可能去自找麻烦，自找问题，而更多的是自我满足、自我陶醉。在这种状态下，很容易处在"晕轮效应"中。当我们隔着云雾看月亮或七彩灯，总会看到一圈好看的光环，这是光折射造出的幻影。尽管那光环是虚幻的，但却比月亮或灯本身的光还悦目。这就是"晕轮效应"。当我们的饭店经营者沉浸在经营形势大好的喜悦中，如果能够通过暗访发现饭店中存在的问题，应该说是好事，是对我们的善意提醒，是帮助我们克服"晕轮效应"，证明我们管理还有不足的一面，证明我们存在薄弱的环节。这就如同助推器在背后猛推我们一把，使我们再加快前进的步伐，进一步提高对客服务水平。

三、如何具体确定暗访攻略

如何进行暗访，不同的集团或饭店有着不同的做法。在国际知名的饭店集团，通常的做法是采用"飞行检查"。即暗访人员根据集团的要求和暗访的使命，飞往世界各地在集团旗下的饭店，以商务客人的身份入住并进行暗访检查。检查之后，总部将暗访报告发给被检查的饭店。集团总部会要求各成员饭店按照报告中指出的问题进行整改，总部也会在适当的时候，对存在问题的饭店再次复查。复查重点是针对上次暗访中的问题，检查他们是否进行了整改，整改是否彻底，如果没有整改，或整改不彻底，这家饭店的总经理恐怕就要承担一定的责任了。

国内饭店业目前采用暗访检查饭店服务质量的情况有如下3种：

单体饭店：他们的管理者如果重视饭店服务质量的话，也会采用暗访的方式对本饭店进行质量检查，通常的做法是：饭店管理者邀请具有一定资质的饭店业资深人士，对其饭店进行暗访。暗访后，根据暗访报告内容，饭店进行自我整改。

饭店集团或管理公司：现在国内比较成规模的饭店管理集团或饭店管理公司也经常组织暗访，用这种方式对旗下的饭店实施客观监控，并将暗访作为一项制度坚持做下去。

星级评定：国家旅游局通常是根据全国星级饭店评定和复核的需要，对相关饭店进行暗访式的检查和复核。这种检查和复核，一般聘请星级评定人员操作。

上述暗访的操作方式都是大同小异的，主要有如下几个步骤：

1. 确定暗访人员

（1）单体饭店。单体饭店是自动邀请暗访人员进行暗访。通常情况下，某单体饭店的总经理认为自己的饭店需要通过暗访了解本饭店的服务情况和客人的感受时，他们邀请同行中比较熟悉饭店、能够承担暗访检查的专业人士，与其进行商谈，把本饭店情况作些介绍，把暗访检查的目的、重点部位、具体要求等与对方进行沟通，得到被邀请方的同意后，确定具体检查的时间段。然后，被检查单位就把暗访权限交给邀请的专业人士。专业人士会自动通过网络订房或者与饭店直接预订后，进行暗访。当然现在也有邀请纯客人——即不是从事饭店工作的人士进行暗访的。这种暗访是从纯客人的角度，请他们把入住和消费的体验实事求是地讲出来，也是一种了解宾客感受的检查方式。

（2）管理集团或管理公司。管理集团或管理公司如果需要对所属饭店进行暗访时，负责质量管理的人员就会根据公司的要求，寻找能够承担此项任务的合作方。通常情况下，有3种途径：一种是邀请专业公司进行暗访。为了满足饭店业的需求，现在社会上有从事过饭店业工作的专业人士成立的咨询公司，他们往往对一些单体饭店做一些咨询顾问工作，同时也担任暗访工作。另一种途径就是邀请饭店或管理公司的专业人员（即同行），对其所属饭店进行暗访检查。第三种途径是管理集团或管理公司自己组织暗访检查队伍，自己进行对各饭店的暗访。另外，还有一种现在还比较少用的途径，就是请入住的客人进行暗访。

（3）国家旅游局组织的星级评定或星级复核检查。星评时，主要的是明查，但是也会组织星评人员，分组进行暗访检查，从多个角度对被检查的饭店进行考评检查。

2. 确定暗访方案

在确定了暗访人员之后，第二步应该是确定暗访方案。对于暗访人员来说，既然要做，就应该当作一项工作任务、列入工作范畴，按照预订的工作方案进行暗访。而不能自认为自己是做饭店的，经验丰富，闭着眼睛都能去做。如果是这样，那必然会形成一种随机性，检查到哪算哪，根据自己的随意性进行评价。这样的暗访对饭店是不负责任的，也是不够规范的。以前在暗访刚刚被采用的时候，确实有过这样的检查人员，进入饭店后凭自己的经验做暗访，随心所欲地检查，没有检查表格，也没有检查的预定方案，其结果是检查的点不够全面、检查的内容粗糙、检查报告不能令人满意，出于熟人或面子，又不能搞僵，是很尴尬的事。这样的暗访不能够达到饭店预想的目的。暗访本身就是要根据饭店业的规范去衡量一个饭店的硬软件是否符合星级要求，软件服务是否存在问题。如果暗访人员不遵循规范，检查效果必然达不到暗访的要求。因此，要认真地设计出暗访方案，切忌想当然、凭经验、凭感觉地随意去做。

暗访方案的主要框架是：确定暗访的内容（下面将具体谈到）、时间、以什么身份入住、如何进行暗访检查、准备哪些"暗访道具"、如何与服务人员接触、如何防止被饭店管理人员或服务员发现自己的真实身份等。方案越细越周到越利于工作。

在暗访方案中，准备暗访道具是必不可少的一项工作。为了更像远道而来的商务客人，要准备一个行李箱，即便是在同住的一个城市进行暗访，也应该拉着一个行李箱下榻饭店。再有，要准备一两件换洗的衣服，以便检查洗衣服务程序。还应携带手提电脑（笔记本电脑），检查在饭店上网的速度，是否覆盖更多的公共区域等。当然，时至今日互联网飞速发展中，自带的手机也能完成此项检查。现代社会商务客人是离不开网络的，饭店内上网是否迅速、网络服务如何，是影响商务客人能否愿意入住这家饭店的重要因素之一。有的暗访人员在衣兜里放置些容易遗漏的物件，如零散的钱币、记有电话等内容的纸条等，以便查看收洗衣服的程序。还可以与相关的朋友沟通，请其帮助在适当的时候，从外线打进电话来，以便检查饭店服务人员如何处理留言、处理找人电话等程序。总之，要把为期1天（通常情况下暗访以1天为1个检查时间段）的暗访方案设计周到，以便有准备、有步骤地进行暗访检查。

3. 确定暗访内容

暗访内容可以根据该饭店的要求进行设计和准备，也可以根据管理集团或管理公司的设计确定暗访内容。国家旅游局出台的《星级饭店访查制度》，是配合星级评定和复核检查设计的操作内容，吸取了国外饭店集团的一些做法，其主要特点是将检查内容分岗位表格化，量化了检查点，使检查结果以分数的表现方式显示，便于操作、便于评分、便于比较、便于统计，使暗访或者检查评价比较有说服力。但也存在不足，其不足是，所有检查内容都用表格和分数显示，那么服务当中动态的内容无法记录。比如在服务人员语言规范方面扣掉了分数，但是语言如何不规范，没有办法显示，因此，一些检查人员运用此表时再附以文字说明，以概述服务细节、人员表现等情况，以便达到真实记录的目的，反映一家饭店服务的真实过程。通常暗访的主要检查点集中在一线服务岗位，这是无须置疑的，因为暗访人员很难进入后区二线进行检查。

一般情况下，主要检查点分别是前厅电话预订、电话总机服务、门卫迎客、送客、行李服务、前台接待、客房服务、客房卫生、客房设施设备、客房洗衣、个性化要求和服务、房间的整体舒适度、早餐服务、正餐服务、大堂吧、酒吧服务、送餐服务、康乐服务、商务中心服务、整体环境氛围、人员精神面貌、服务人员待客礼貌程度、服务人员对客人的关注程度等。每个检查点主要是检查其硬件设备设施状况、清洁卫生状况、人员精神状态、服务状态、服务程序的规范性和服务过程的灵活性、对个性化要求的处理方式等。

暗访内容的确定，可以是表格方式，可以是表格加文字方式，同时也可以在方便的地方进行拍照记录，以便更加生动、真实地描述场景、客观地反映检查情况。但是一定要掌握好暗访的技巧，不要轻易地让饭店人员发现你在进行暗访。

对于二线岗位，暗访人员很难访查，暗访人员又能做哪些检查呢？可以检查工程维修的处理速度、处理程序等；可以检查二线人员的服务意识，如故意将需要一线服务岗位的需求，把电话打到二线某个岗位，看其是否具有一步到位的意识，是否推辞，是否愿帮助客人解决问题等。

4. 归纳整理检查内容，并做出检查报告

暗访人员在整个暗访检查中，应该随时记录检查情节，将相关内容填入表格。在整个暗访结束后，认真地回顾暗访过程，填写所有检查项目的表格内容，有些项目还要用文字描述。如果有照片，应该分类整理并加以说明，分成不同的文件包存入电脑或刻制到光盘中，作为暗访报告的辅助部分。

文字说明部分，主要是检查的客观记录、对整个饭店情况的综合描述和评价。文字说明，对于被暗访的单位而言，应该是非常重要的。因为只依靠表格填写的记录和所得出的分数，不能具体说明某部位如何好，或者如何不好，而只有配合文字说明，才能具体反映出其状态的好与不好，如何不好，存在的是什么问题。

作为暗访人员，一定要实事求是地记录所看到的情况和自己的感受，不得编造或者夸大、缩小事实。因为被暗访的单位拿到暗访报告后，都会非常重视，会根据报告中的内容逐一对号入座，了解什么时间发生在哪个岗位、哪位员工的行为，等等，如果不能够真实描述，饭店就无法有针对性地去整改。如果夸大事实，被指责的岗位和员工就会被冤枉或者被处理过重，导致管理者对员工处理不当。

四、星级饭店如何进行暗访后的处置工作

对于饭店来讲，暗访之后，最为重要的一件事，就是高度重视暗访报告，并根据暗访报告中找出的问题，进行认真的整改。对于暗访报告不能看过之后就完事，或者就事论事地简单处理一番。如果是这样，所做的暗访就失去了意义。那么通常应该如何处置呢？一般做法如下：

1. 处置暗访报告的基本步骤

（1）饭店高管人员和质检部人员首先阅读暗访报告，初步分析报告内容；

（2）饭店高管要在饭店例会上与饭店中层管理人员、部门负责人进行沟通，请他们认真阅读暗访报告；

（3）质检部和部门经理将报告中提到的问题进行拆分并对号入座，一直拆分和对号到具体的岗位和人员；

（4）部门经理针对本部门和岗位发生的问题进行调研，了解是否属实；

（5）由饭店管理层和质检部分析发生问题的原因，主要是找出管理上的责任和导致问题发生的原因；

（6）由部门制订整改方案，并进行整改；

（7）部门向饭店的质检部汇报整改情况；

（8）质检部在适当的时候进行复查或者抽查。

（9）如果是有上级管理公司的饭店，还要将整改报告上交管理公司质检部门，并接受上级公司的复核检查。

2. 处置暗访报告的关键环节

处置暗访报告，基本上应遵循上述程序，但是在做法上不要就事论事地处理或者纯粹为了上交整改报告而为。如批评几个部门经理，罚几个问题严重的员工，让存在问题的部门和岗位进行整改了事。这样做，表面上让人感觉很重视暗访结果，也做了处理，但是实际上停留在了表面文章的层次。作为管理

层，做暗访的目的是请专家帮助诊断，指出存在的问题，其根本目的是为了改进管理工作，提高产品质量。因此，对于暗访报告的处置，就应该本着认真的态度，从暗访报告中得出更多的有价值的信息，促使管理层对管理工作的改进和提高。

什么是处置暗访报告的关键环节呢？重要的不光是根据报告中阐述的问题和现象进行相关的处置，而是认真分析和找出管理者在日常管理中存在的问题，并从"根"上加以解决。

比如：暗访中，看到一家餐厅在客人用餐时，员工打打闹闹、聊天嬉戏，客人需要服务时，员工漫不经心，甚至表现出不耐烦和冷淡态度，虽然旁边有主管或者领班在场，但是主管（领班）不去制止员工的怠慢态度，也不督导服务程序，有的甚至与员工一起在聊天。暗访人员记录了这样的场面。在分析暗访报告时，如果只从表面层次看，是这几个当班的员工纪律涣散、工作潦草，服务不到位，他们违反了饭店劳动纪律，面对客人服务时是不应该聊天或打闹的。饭店只从现象入手处理问题的话，很可能根据暗访反映的情况，查出是哪个班次的哪几个员工，并对其进行罚款处理，甚至要求他们写出"深刻"检查，制定整改措施。这样的处理，似乎也能够暂时性地解决类似的问题。但是笔者认为，这样的处理没有从根本上分析问题出在哪里，没有再深挖管理不善或疏于管理的问题。

实际上，上面这个问题反映的是督导人员疏于管理、在现场不作为、不尽责的问题。因此，饭店应该从现象入手，员工的违纪行为其根源在督导人员身上。督导人员在现场，目睹了员工涣散的场面，不但不管理，甚至参与聊天。应该进行调查了解和深入分析：是这个督导人员一贯不负责，不尽管理职责，还是这个督导人员与这些员工关系太熟，不好意思管理呢？对于这个场景的问题，如果督导者在现场履行职责的话，肯定不会出现员工违反纪律的现象，也不会出现那样的漫不经心和态度冷淡的服务场面。再深入分析，如果这位督导者一贯不负责任，那么应该调整他的岗位；如果是他碍于情面不尽责的话，需要其整改并对其进行适当的处罚。饭店应该分析管理者的问题在哪里，并追究当班督导者的责任，重点教育和处罚的应该是督导者。

再如暗访中描写到：某餐厅，客人在用餐时，上菜程序不规范，凉菜还没有上完，热菜就交叉着上桌了，服务员倒酒程序也存在许多不规范，客人询问有关菜品的知识，服务员显得发呆，并不能解答客人的问题，等等。

针对暗访中描述的这个场景，饭店管理方应该如何处置呢？有家饭店是这样做的：处罚了当时当班的那几个业务不熟练的员工，就算是对暗访问题的处理和整改了。而事实上这几个员工恰恰是刚刚上岗不久的实习生，其月薪才有400元，而饭店方就其问题的严重性和造成的结果采取每人罚款200元的处罚方式。这下子，几个实习生半个月的薪水没有了，他们当中有的当场就掉了眼泪。这个案例看似饭店方十分重视暗访结果，处罚有力，严格管理，实际上是非常不妥的做法，也没有处理到"点子"上。

这个问题，表面上看，是这几个员工操作程序有问题，影响了饭店的服务质量。而事实上，反映的是饭店对新员工培训不到位，在新员工还没有完全能够独立操作的时候，就让他们独立顶班，在岗上又没有老员工带，这是问题的症结。正确的处理方法应该是：通过暗访报告的描述，找出服务混乱的主要原因——新员工培训不到位，上岗后没有老员工带，也没有督导人员在现场。正确的处置方法应该是：对这些员工重新进行到位的培训后，才能让其上岗；在岗位上，还应安排相对熟练的员工传帮带，使新员工尽快熟悉工作程序，了解本餐厅菜品的特点，熟悉对客服务的技巧等，帮助其能够独立操作。对于罚款的问题，也不能一气之下一概而论地处罚，要根据当地劳动力市场价格、员工收入情况和员工发生问题的主客观因素，区分不同情况，做出不同处理。对于只有400元收入的员工，怎么能一次罚款200元呢？再有，应该合理安排班次，每个班次都要有督导人员在现场，做到及时补位和处理相关问题。这就需要追究部门经理的责任，是他们没有安排好当班的人员和管理者。

上述两个案例，可以启示我们如何分析和处理暗访当中发生的问题，如何确定暗访后要解决的关键问题，应找到问题的症结，区分不同情况，做出合理的处置。

五、管理公司如何进行暗访后的处置工作

对于管理公司而言，要有组织、有计划地安排暗访，并把暗访当作质量管理的一个重要环节。管理公司也不能认为组织了暗访，下发了暗访报告，就算完成了质量管理的监督任务。这仅仅是做了一半工作，暗访之后还有许多更为重要的工作要做。作为饭店方面，可以根据暗访报告进行相关的处置，达到提高服务质量的目的。作为管理公司，担负着对饭店质量的总体管理和协调工作，要根据暗访结果，做相关的指导和督促，以便达到使所管理的饭店共同提高服务质量、管理质量，保持应有的质量标准。这样的话，管理公司需做哪些工作呢？

1. 寻根求源，找出存在的共性问题

根据许多暗访情况来看，一般饭店容易发生的问题，都多多少少带有共性的特点。比如：某饭店管理公司所属的十几家饭店，都是高星级饭店，分布在不同的城市和地区，一次暗访结束后，共同存在的一个突出问题是客房卫生做得不彻底。

从暗访人员所拍的照片看，床单上、枕头上有毛发，甚至有多根毛发；地毯上有污迹，窗台上、门后边、空调出风口等处有尘土；卫生间地上、墙上、浴缸里等处有毛发，恭桶里有黄迹。暗访人员就此进一步深入检查，翻开床单，检查床褥子，多家饭店的床褥子有大片黄迹；检查枕芯，更是黄迹斑斑；检查床底下，钱币、纸屑、拖鞋、苹果核、圆珠笔等，五花八门，无奇不有。这些现象虽然不都发生在一家饭店，各个饭店存在的卫生不彻底现象也不尽相同，有的严重些、有的轻微些，但是，却反映出了一个共同的特点：客房卫生不达标是共性的问题。说明近段时间里各饭店放松了对客房卫生的要求，也说明管理公司近段时间放松了对饭店质量管理的要求。这家管理公司立即发挥质

量管理委员会的作用，决定进行突击检查。在各饭店没有准备的情况下，质量检查人员进入客房，进行全面检查，其结果完全证实了暗访报告中所反映的问题。管理公司召集各饭店客房部经理分析问题并进行严厉批评后，各饭店马上做了整改。之后，管理公司又杀回马枪，再次突击检查，还有个别饭店不合格。管理公司做出决定，将个别饭店负责质量管理的副总经理撤职。

饭店管理公司的集团化优势即体现在这里，他可以根据多家饭店的暗访情况，找出存在的共性问题，采取强硬措施，以保证管理公司所属饭店的质量和服务品质。

实践证明，每次暗访之后，管理公司经过对暗访报告的分析，对所属饭店都可以归纳出共性的问题。这就要求管理公司善于总结和归纳，善于根据日常掌握的饭店质量情况和容易出现的问题，结合暗访报告，每次有针对性地解决各饭店存在的管理上的一两个、三四个共性问题。并统一组织饭店进行分析和研究，解决在管理上的薄弱环节。这样循环往复，可以从管理的角度不断提高管理质量，同时也就提高了服务质量。

这里要注意的是，管理公司的归纳不要太琐碎，不要遍地"开花"，不能一次暗访，总结出成百上千条共性问题，这样就使得饭店无从下手，不知重点解决哪个问题为好了。一定要抓住带有共同特点的几个主要问题，作为一次暗访之后要抓的重要环节。上述提到的客房卫生不到位的共性问题，当时在这家管理公司就作为本次暗访的主要问题，采取了相应措施，其效果非常明显。

除了针对存在的问题进行整改之外，还要在管理环节或制度建设上找出问题症结并加以解决。该管理公司在指导所属饭店普遍整改的基础上，还要求各饭店把客房清洁卫生作为近期重点探讨、解决的共性问题，拿到每季度的沙龙研讨会上组织人员进行认真的分析。

分析结果显示，问题的症结在于大多数饭店都没有查房员的岗位，只依靠员工自己做卫生，做完之后没有人检查和对质量把关。管理公司根据这种现象，统一要求各个饭店设立查房员岗位。为了节省人工成本，要求由现任的主管或领班兼任，并建立查房制度，每日必须由查房员对每一间做完卫生的房间进行检查，必须有查房记录；制度中还规定客房部经理必须每日抽查一定数量的"OK房"，也必须有检查记录。这样，就从制度上、管理上解决了客房卫生不彻底的问题。

2. 根据暗访结果，打分排队，引导各饭店形成良性竞争机制

单体饭店所组织的暗访，与管理公司组织的暗访相比，没有横向的可比性，只是起到了自己了解自己，并针对存在的问题进行分析和整改的作用。他们的可比性只有纵向的，即下次与上次比，先后几次的对比。而且，许多单体饭店的暗访还没有形成制度：总经理重视的，或者感觉需要暗访了，可能聘请业内人士搞搞暗访；总经理不重视的，或者认为没有必要的，也许一年也不搞一次。

而在饭店管理集团和管理公司，暗访是作为一项制度和管理监控的手段确定下来的，是必须执行的。国际知名饭店管埋集团，他们的暗访以上千条的表格作为依据进行检查，再根据检查结果中饭店所得分数，分为优、中、劣几个档次，总部对于管理不善、质量存在严重问题的饭店，会对其总经理进行严厉处罚或进行撤换。

国内饭店管理集团也大多有暗访制度，并且每年定期组织。暗访之后，有的管理公司根据饭店得分，进行排队，形成横向比较，让饭店之间自觉地形成竞争机制。这个竞争是质量管理水平的竞争，这种竞争发展正常的话，可以在一家管理公司旗下，形成良性发展，大家都为了排名靠前而努力提高服务质量、管理质量。长期坚持、久而久之，各个饭店的服务质量、管理质量就会共同提高到一定的平台上。这也是饭店集团化管理的优势所在。

如何根据评分排出名次呢？在星级饭店访查制度的表格中，一共有600多个打分点，但是每一家星级饭店所具有的规模是不一样的，有的打满分也只有400多个点，有的具有500多个点。暗访人员根据每一家饭店的规模和所具有的打分点，进行检查和打分后，可以根据每一家饭店的总点数和得分情况进行换算，得出得分率，再按照百分比，取得百分率，就是最后的得分情况。这样就可以进行分值的评比了。评比时，必然产生第一名和顺序的排名，也就会产生最后一名，各个饭店在每一次暗访之后的排名就自然生成。具有竞争力的管理公司下属饭店，就会十分在意自己饭店的名次，并尽可能取得好成绩，尽可能让本饭店的名次往前靠，那么，他们就要在平日里在服务质量管理上下工夫，同时，他们也会相互学习，取长补短，不断改进服务质量，这样就形成了良性竞争的机制。

3. 纳入绩效管理，将暗访结果列入年度质量考核指标

管理公司组织暗访的另一个作用是，将暗访排名的情况存入各个饭店总经理的业绩档案之中，作为对总经理年度考核的一个组成部分记录在案。这样做，可以将质量管理工作成绩直接与总经理的业绩考核挂钩，使总经理不得不高度重视质量管理工作。

管理公司很重要的一项管理职责就是每年要对所属企业的总经理班子进行业绩考核，业绩考核的内容包括经营指标完成情况、经营利润完成情况、财务管理情况、人力资源管理情况，等等，这些内容有的可以运用数字考核，有的可以运用员工满意度、业主满意度考核。作为质量管理这一块业绩，可以运用明查、暗访、日常检查监控的所有成绩进行考核。而暗访恰恰是比较真实的检查和监控的记录结果，因此，暗访的分数和排名在饭店质量管理比重中应该占据比较重要的分值。暗访分值与明查和平日的质量监控分值，共同构成一家饭店一个年度的总分值情况，并纳入总经理的业绩之内。

4. 管理公司利用暗访的结果，对管理质量不佳的饭店给予重点帮扶

管理公司利用暗访的结果，对质量管理欠佳的饭店进行帮助和督促，也是集团化管理、品牌化管理的有效做法。管理公司对所属饭店负有日常检查监督的责任。要真正负起责任，除了日常不定期的检查和督导之外，重视暗访，通过暗访对管理不够好的饭店进行帮促，其效果也是十分明显的。

有的饭店管理公司除了公布暗访结果、进行排名、记入总经理业绩档案之外，还非常重视对管理欠佳的企业进行重点帮助。他们的做法一般是对暗访分数不达标、排名靠后的企业，对其总经理追究管理责任。具体做法：一是帮助分析原因，找出问题的症结；二是给予具体的帮助，在管理制度上帮助完善，在管理方法上给予指导；三是饭店总经理要在管理公司帮助指导的同时，认真自我检讨，认真分析和查找管理不善的原因，接受管理公司的指导。饭店内部要抓住契机，广泛组织管理人员深入分析存在质量问题的原因，查找日常管理欠佳的问题点在哪里，针对存在的问题点，从制度上健全，从管理上调整，从方法上改善，并提出具体整改措施，立即进行全面整改并接受管理公司的检查和验收。

有一家饭店，几次暗访结果都不理想，饭店管理公司派出工作组进驻饭店给予指导，几个月后，这家饭店大受裨益，从此改变了落后局面，在以后的质量暗访中经常排名在中上游。还有的企业是由于主管质量的管理人员工作不力，导致质量管理经常处于失控状态。遇到这种情况，管理公司提出建议，对这个管理人员进行调整，管理公司派去了比较得力的人员主抓质量管理工作，很快地改善了该饭店质量一直不佳的状况。

还有一家饭店暗访排名最后，管理公司对其总经理进行了训诫。该总经理在谈话的过程中掉了眼泪，他说：自己是当兵的出身，很要面子，工作30年来，更多地听到的是表扬、得到的是奖励，今天受到了公司的训诫，十分难过，回去后一定认真思考，从思想根源找问题，一定不能再发生这样的问题。管理公司看到他十分诚恳的态度，给予了方法上的指导和帮助。从此以后，这家饭店不论是明查还是暗访都大有改善，质量管理工作直线上升，成为当地标杆企业，当地政府和旅游系统都把这个饭店树为标杆，成为同行业学习的榜样。

综上所述，作为饭店管理公司，一定要充分发挥集团化管理的优势，要设专人负责质量管理工作，要从制度上、方法上、力度上、频率上做到对质量管理工作常抓不懈，并运用多种手段，采取多种方式狠抓质量管理。其中利用暗访这种形式，可以发现饭店日常运行中容易出现的问题和存在的薄弱环节、薄弱点、管理控制的薄弱时间段等问题，并从制度上、方法上给以解决。因此，暗访是管理公司发现质量问题、解决质量问题的必要手段之一。利用好暗访的形式，在暗访之后，充分利用暗访报告做足文章，做出效果，是能够不断提高饭店整体运行质量的。

六、暗访工作需要注意的问题

对于饭店的暗访，需要处理好如下几个问题：

（1）暗访人员的隐蔽性是非常重要的。暗访人员一般是以商务客人的身份出现，应注意隐蔽自己的暗访身份。暗访人员既要对饭店的各个部位进行检查和记录，又不能做得太明显，不要过多地对员工提出各种问题，以免被识破暗访的身份。

（2）做暗访，一般要请饭店专业人员，但是暗访人员并不是饭店每一项专业的专家。他们有的是客房出身，有的是前厅出身，有的是餐饮出身，他们只能是某个方面比较内行，不可能所有的岗位都很专业。因此，在暗访过程中，会显得对于有的岗位检查得比较专业，有的岗位就不够专业了，因此，如果是一个人做暗访检查的话，他的记录内容不可避免地会有偏颇。例如，客房专业的人员，他能够对客房查得专业、到位、滴水不漏，但对餐饮就不一定查得很专业了。反之，餐饮专业出身的人员，对客房的检查就不一定很专业。也就是说，检查人员不可能都很在行，检查结果会有偏颇的现象。为了避免这个缺陷，可以采取不同专业的几个人组合的形式进行检查。

（3）暗访只是某一天或某一个服务过程的记录。也许记录的是某些偶然性的情况，不一定具有全面性。比如，暗访人员来到前台，正好碰上一位实习生，其服务不够熟练并不代表所有的前台服务都不熟练；暗访人员来到餐厅，碰到两位员工聊天，也并不代表所有的餐厅员工都有聊天现象。但是，偶然中会有必然的因素，偶然的现象也是饭店服务中存在的瑕疵，也一定是有原因的。因此，暗访报告反映的问题，都需要饭店方面认真对待，从现象中查找问题的根源。这里要提示的是：作为饭店方面，不要对暗访报告中的某些不够准确的问题存有戒心，或者存有不服气的心理，甚至只注意暗访报告中的不够准确的地方，或者不愿意接受排名靠后的结果。毕竟暗访者是从客观公正的角度审视饭店的每一个岗位和服务情节，他们的记录即便有偶然的情况，也是为饭店提供了比较客观的公正的服务情节，如果总是感觉暗访中存在不够完全真实的一面，那么，饭店方面就不可能从非常严谨的角度改正存在的问题。这样做不利于饭店总体服务质量的提高。同时，饭店中各个部门的中层经理也应该抱着虚心和诚恳的态度，接受暗访的事实，同时，从严要求自己的部下，并认真对待暗访中指出的问题，即便是偶然的现象，也要查找原因，认真整改，这样才能把暗访的功课做到极致。

（4）暗访人员只能接触到一线服务的岗位，不能对于整个饭店的情况都做出评价。暗访人员可以通过打电话、要服务、提出工程维修等方式部分地接触到二线（后台）服务人员，并做相应的检查。但是毕竟不可能对饭店做全面的评判，其暗访报告更多地反映的是面客服务的情况。这点需要被暗访的饭店理解。

（5）暗访人员要注意检查饭店在周六、周日、晚间和节假日期间的状态。上述几个时间节点，正是饭店中比较放松的时刻，这种时候饭店管理薄弱、人员状态松弛，也往往是问题暴露比较充分的时候。

（6）暗访人员如果在某家饭店感觉员工氛围特别好，各种服务非常周到、热情，所有岗位都是非常殷勤、服务过度地好的话，很可能是被饭店方识别出了暗访人员的身份。遇到这种情况，可以迅速撤离，中断暗访进程，在适当的时候，再次入住进行暗访。或更换人员再次暗访，并将两次或多次暗访情况进行综合，以确保暗访结果的真实性。

7

如何运用好宾客意见反馈的工具——宾客意见书

宾客意见书，是各饭店常用的一种质量监控工具。它可以从宾客感受的角度，给饭店提出需要改进的意见和建议。许多饭店虽然坚持派发宾客意见书的做法，收集宾客的意见和建议，但是经常是流于形式，没有很好地利用好宾客意见书，没有发挥其作用。如果饭店方面像重视明查暗访一样重视宾客意见书的话，也能够从另一个侧面帮助监控服务质量，宾客意见书也会成为帮助饭店提高服务质量的一个非常重要的工具。

对于宾客意见书的利用，必须像其他操作程序一样，有一个认真的态度，严格要求、严格把关，才能产生应有的效果。管理者对于宾客意见书的管理，要有布置、有检查、有落实的措施，并且要坚持认真、持久地做下去。饭店是为宾客服务的，宾客的意见和建议是第一手材料，管理者要高度重视宾客的意见，并且要在第一时间内分析、整理宾客意见，及时反馈给相关部门，由相关部门进行及时的整改。这样才能使宾客意见书起到应有的作用。

饭店对服务质量的监控工具是多种多样的。尽管中外方饭店在服务质量方面的监控手段、方法有所差异，但是，采用征询宾客意见的方式是现代饭店普遍使用的一种手段。宾客意见书已经成为反馈饭店服务质量的一个窗口。其作用在于它能够直接地、迅速地收集和了解宾客对入住饭店的体会，能够及时了解宾客的意见和建议，对及时改进工作、使服务更加贴近宾客的需求是非常有益的。

饭店要运用宾客意见书这种工具，就一定要切记不要只重视形式而忽略内容；不要只收集宾客意见但不做对宾客意见的分析和处理；不可以长期搁置宾客意见，应及时处理并将结果反馈给提意见的宾客。

饭店如何有效地运用好这个工具呢？重要的是将宾客意见书的收集和反馈工作作为一项制度坚持做下去，坚持设有责任人，并认真执行好宾客意见书的处置操作程序。本章将详述宾客意见书的作用、有效操作方法等内容，提供饭店管理者参考。

一、宾客意见书的作用是什么

宾客意见书是由饭店管理方设计的、放置在饭店内明显的服务区域，通过由宾客主动填写意见，达到向客人征询其对饭店产品的评价的目的，是一种让客人进行直接评价的书面问卷形式。

在饭店提供宾客服务的过程中，非常需要得到宾客的各种反馈。如同一个人通过照镜子，来了解自己的容颜和体态，调整自己的穿衣打扮一样，宾客意见书是饭店服务反馈的渠道，也是对饭店服务反馈的工具。

我们知道，对于服务质量的评价，可以通过饭店自身的检查来了解，可以通过行业的检查来了解，也可以通过请专业人士的明查、暗访等渠道来了解并做出评价。这是通常采用的做法。这些评判服务质量的做法，其优点是能够体现专业性。因为评判者是从专业的角度，从饭店的操作规范和程序，从饭店的服务要求等方面去评判的。其缺点是由于只顾及了专业性地挑剔地去审视饭店的服务，而忽视了一般宾客的体验和宾客的真实需求。比如：专业检查人员在检查客房时，要检查枕芯的干净程度，检查床垫的干净程度，他们需要拆掉枕套，掀起床单去查找问题，甚至搬开床，检查床底下的卫生程度。这些地方，一般的宾客是不会去掀开也不会查看的。宾客入住，更多地关注整体卫生是否合格，床的舒适度是否符合自己的需求，枕头的高矮是否符合自己的需求等，或者入住的房间是否有较大的噪音。

为了更加贴近宾客的入住舒适度要求，饭店工作者便采用宾客意见书的形式来了解宾客的真实感受和真实需求。虽然宾客所填写的意见、建议不一定很专业，不一定符合标准操作程序，但是它可以反映出饭店存在的不适应宾客需求的缺陷和问题，它可以帮助饭店寻找到需要改进的程序和做法。正是因为有宾客的意见和建议，才有饭店服务不断的改进和创新。

现代饭店的管理者越来越清楚地认识到：服务质量的好与不好，不能只凭管理方的主观要求来评价，更主要的应该由住店客人的亲身感受来评价。

过去，我们很多饭店的管理者，大都习惯于从自己的主观感受或者自己的体验来衡量一家饭店的服务质量情况，这往往是有失偏颇的。因为饭店管理者更多地站在是否符合饭店操作程序的角度来观察饭店的。这样的检验，往往囿于标准操作程序下的引导，只要符合标准操作程序，专业人士就认为服务到位，服务优秀。可是这不一定是客人的体验或者感受。随着时代的发展，需求的变化，原有的标准操作程序中也会有一些不符合宾客需求的地方，有的需要改进，有的需要增加，有的需要简化。而专业人士往往不能够发现标准操作程序中存在的缺陷和需要改进的地方。

如果是一般客人住店，他只希望快捷、舒适、安全；如果是高端客人住店，他需要的是体面、豪华、气派，能够体现他的身份、地位。总体而言，客人需要的是"舒适度"，是"物有所值"，是"方便、快捷、得体的服务"。客人一般在住进客房后，会看看床单是否干净，用品是否洁净，房内空气是否清新，有没有异味等。这些条件满足了，他们更多地忙于工作、商务等事情，而很少有客人会抬起沉重的床身，看看床下有没有碎纸、杂物，看看床垫是否按季度翻转了角度。而我们的管理人员在检查客房清洁时，则是要按照多达几十个清洁程序的内容逐项检查，一丝不苟。当然这是专业检查的需要，是专业检查者必须遵守的质量要求和标准，并不为过。事实上，用我们专业人士的眼光体验服务质量，会与客人的体验有差距。差距的产生是由于角色不同，目的不同。

现代饭店管理者越来越认识到，由于饭店的所有服务都是满足客人的需求，因此客人体验服务好与不好，才是客观的，也是饭店改进服务的重要参数。为此，饭店的管理者们为了更多地了解宾客需求，设计了宾客意见书，试图从客人真实的体验和感受中了解饭店设施和服务中存在的不足和问题以及新的需求欲望等，以不断改进饭店的服务，不断满足客人的需求。

宾客意见书的设计和使用由来已久，也是非常普遍的。各个饭店都有不同的版本，其内容也是大同小异。但是宾客意见书的利用和效果如何，却是千差万别的。

有不少饭店的宾客意见书形同虚设，就是摆摆样子、走走形式，至于它的作用有多大，有没有宾客填写，似乎就不太关心了，有的饭店也不及时收集这些宾客意见书。笔者曾到一家饭店检查工作，从他们客房的服务指南夹中看到过一份宾客意见书，客人已填写了意见，可那上面的填写记录是6个月以前的日期，这说明从来没有服务员或者主管、经理到客房进行检查或翻看一下服务指南夹中的宾客意见书。其实，宾客主动填写一份意见书，是非常难能可贵的事，试想宾客在繁忙的旅途中，能认真地翻看服务指南中的宾客意见书，并坐下来填写自己的意见或者建议，这是宾客对这家饭店认可的表现。实际上，很多宾客虽然有意见，但是他们不愿意填写什么，只是以后不再光顾而已。所以，要高度重视这些给饭店留下宝贵意见的宾客，并应该及时回收，认真对待所提的意见，给宾客一个反馈，这才是饭店主动与宾客互动的态度。故此，对待宾客意见书，不是设置不设置的问题，也不是用不用的问题，而是怎么用，如何用，如何用得有效果，如何使其起到作用的问题。

宾客意见书的主要作用都有哪些呢？

（1）宾客意见书是饭店征询宾客意见的手段之一。饭店为了做好对客服务，贴近宾客的需求，为了提升对客服务的质量，就要随时或经常征询宾客的入住感受、体会，从他们的体会中，反馈出饭店服务状况。通常情况下，客人是不会主动向饭店倾诉自己的感受和体会的。因为一方面现代社会生活节奏很快，尤其商务客人每日匆忙奔波，飞来飞去，即使饭店使他不愉快，他也顾及不到去投诉，去倾谈。另一方面，对于宾客而言，基本达到入住的舒适、安全，宾客便很少再体察和探讨服务的程度如何，除非发生了极为不愉快的事情。为此，饭店方需要主动征询宾客意见，主动了解宾客对饭店的感受。运用宾客意见书的方式，主动了解饭店方方面面的情况。这是饭店主动与宾客沟通，主动查找自身问题的一种非常有效的做法，就像一面镜子，可以照见自己的模样，了解自己的长短之处。

（2）宾客意见书是饭店与宾客沟通的渠道。饭店服务人员每日服务于宾客，但是不可能总是追着客人问"您有什么感受？""您有什么意见？"因为宾客，特别是商务客人是不愿意别人过多地打扰自己的。服务员适当地与客人沟通是可以的，但不能过分，要选择适当的时机，运用得体的沟通技巧。而且在饭店忙碌的情况下，服务人员的工作节奏也很紧张，不可能更多地与宾客沟通。在沟通不够的情况下，采用宾客意见书征询意见便成为与客人沟通的一个重要渠道。宾客意见书的优点还在于，客人可以毫无顾忌地谈出自己的感受，比面对面的谈话更真实，更没有顾忌。

（3）宾客意见书是饭店了解宾客个体需求，不断提高个性化服务的途径。宾客服务已经进入个性化服务、超前服务、预知服务、意外惊喜服务的竞争阶段。做饭店管理的人员，视服务质量为企业的生命线，现代饭店管理者非常关注客人的喜好和需求。采用宾客意见书的方式，可进一步了解宾客的喜好和需求，从而根据宾客的喜好改进服务，以便满足客人，得到回头客的青睐。

（4）宾客意见书是饭店改进工作的依据。作为追求完美、追求精品、追求一流服务的饭店管理者，非常希望获知宾客的真实感受，非常希望得到宾客的宝贵意见。为了不断改进工作、改进服务，为了更加贴近宾客的需求，很多饭店对客人在宾客意见书中的评价"一般"都认真反思，都要追问个究竟：为什么客人对某方面的服务评价为"一般"? "一般"就是不满意,"一般"就表明我们需要改进和提高。

二、宾客意见书设定的内容有哪些

各个饭店的宾客意见书内容多少会有所不同,但是主体内容都会大同小异,都会以待客服务的岗位所设定的内容为主要征询意见的项目:

(1)征询对前厅服务岗位的意见主要内容是:房间预订、总机、门童、行李、礼宾、前台接待、办理入住效率、外币兑换、前台结账效率、大堂经理的作用等。

(2)征询对客房服务的意见主要内容是:客房的清洁卫生(这是客人最为关注的)、房间设施的舒适度、房间温度的适宜程度、房间照明、浴室用品、宽带上网速度、小酒吧、开夜床服务、洗衣服务、擦鞋服务、送餐服务、客人特殊要求的服务等。

如果有行政楼层的话,要征询客人对行政楼层接待(包括办理入店手续)、贴身管家、商务会议、早餐、下午茶、离店结账等服务的意见。

(3)征询对餐饮服务的意见主要内容是:领位服务、点菜服务、零点服务、宴会服务、酒水服务、食品质量等。

(4)征询对会议(会展)服务的意见主要内容是:会议(会展)厅室的布置、会议(会展)场地安排、会议(会展)设备设施、会议(会展)中的服务、会议(会展)的协调与沟通等。

(5)征询对健身服务的意见主要内容是:健身场地、灯光、温度、设备设施、员工服务、员工技能等。

(6)征询对娱乐项目服务的意见主要内容是:棋牌、球类等娱乐项目的设备设施、温度、灯光、室内空气清新度、员工服务、员工技能、总体服务效率等。

(7)征询对美容美发服务的意见主要内容是:设备设施、清洁消毒、服务技能、服务效率等。

（8）征询对游泳、桑拿服务的意见主要内容是：场地的清洁卫生、棉织品的质量及洁净程度、水温、水质、员工服务、员工技能、救护措施等。

（9）征询对商务中心服务的意见主要内容是：设备设施的种类、上网速度、员工技能、服务意识、服务效率等。

（10）征询对饭店整体氛围的意见主要内容是：公共区域的清洁卫生程度、大堂气氛、大堂清洁维护及时程度、员工待客礼节礼貌、员工问候和微笑、整体服务意识等。

三、宾客意见书的内容应该如何设计

宾客意见书的设计，一般都是采用表格的方式设定所列内容，在每一项内容之后设定客人评价栏目，分为非常出色、满意、一般、不满意、失望、不了解等不同评价量级，请客人以画勾的方式填写。

宾客意见书的封面应印制饭店名称及企业标志，并可以用"君赐良言，不胜感激"等话语对宾客表示感谢。

宾客意见书的首页应印有饭店总经理简短承诺及谢词，并附有总经理签名，以表示饭店对征询宾客意见的重视程度。

宾客意见书的设置项目应尽量齐全，内容要尽量详细，能涵盖饭店所提供产品的各个方面。

在宾客意见书的设计内容中，还应设有客人基本情况、联系方式、出行目的、选择本饭店原因及预订方式等项目。要给客人留出书写意见或建议的一定空白处，留出给客人填写文字评价内容的空间。这是因为只靠饭店设定的内容让客人画勾，不能完全表达客人的意见，所以必须要留有一个较大的空间，方便客人充分发表意见。

各个饭店可以根据不同的审美要求对宾客意见书进行设计，并不强求完全一致。目前一般采用折页的形式，两折或三折，附有带胶封口，可密封。

许多高星级饭店还选用无带胶封口的宾客意见书，填写后可折叠装入事先设计好的标准专用带胶信封内，信封上印制饭店名称、×××总经理启等内容。

宾客意见书一般使用两种文字——中文和英文，或根据本饭店的客源情况，使用三种文字，即中文、英文和其他客源较多的国家的文字。无论使用哪种文字，语言都要谦恭、温和，让人感觉态度诚恳，是真诚地征询客人的意见。

四、如何管理宾客意见书

宾客意见书的发放和领取，不应该是一个复杂的程序。但从发挥宾客意见书的最大效用角度考虑，饭店最好明确规定宾客意见书的领取和发放路径，以便使每一个环节都有人负责，有线索可查，做到环环相扣，不发生差错。

1. 宾客意见书的发放路径

如果是综合性的征询意见的宾客意见书，一般通过客房的途径征询住店客人的意见。它的发放路径可以是：库房→房务部→各管区→各楼层→各房间。

领取宾客意见书要有登记，每次领取都要有记录。

如果是餐饮方面的宾客意见书，其发放路径可以是：库房→餐饮部→各管区→各餐厅。

如果是康乐方面的宾客意见书，其发放路径可以是：库房→康乐部→各管区→各康乐项目厅室。

其他项目，依此类推。

2. 宾客意见书的管理

（1）使用数码章以保证对宾客意见书的统计精确度。对于宾客意见书的管理，严谨的做法是要在每一份宾客意见书上加盖数码章，以便于收集后的清点。这样做的好处是，管理人员可以清楚地了解有效填写份数是多少、损毁份数是多少。因为不可能每一份宾客意见书都是有效的，有的客人填写不完整，有的客人填写之后又损毁掉，或者客房的服务员看到其内容对自己不利偷偷损毁掉，这些都构成无效填写。因此，为了收集和统计的需要，为了数据的可靠性，最好是加盖数码章。数码章可以由房间号+阿拉伯数字组成。如房间号为718，宾客意见书上面应表示为718－01、718－02……至于餐饮或其他部位的宾客意见书如何编排号码，各饭店可以分别根据自己的情况和习惯，考虑设计号码编排方法。

（2）严格管理宾客意见书的份数。既然要采用宾客意见书来收集宾客的意见，就要做到严谨有效，不能很随意地发放，随机收取。松散式的管理，等于浪费时间和纸张，只有严格管理才能获得真实的意见。所以，对宾客意见书的使用，每间房每月用量应通过分析和统计，做到心中有数。同时也不能零散管理，各部门应设专人专职或兼职负责宾客意见书的管理和分派工作，还要专柜保管已加盖数码章的宾客意见书，领取发放要有严格的签字手续。

以上这些做法，才能保证宾客意见书的质量。

3. 宾客意见书的统计

宾客意见书的收集和统计整理工作，是一项非常重要的工作，不要泛泛地、程序化地去做，而是应该充分利用这个渠道，收集宾客的宝贵意见，然后分类、整理、统计相关数据，汇总相关内容，列表填写，以便统计分析。因此饭店应有专门的机构或人员负责宾客意见书的月度统计汇总工作。将宾客画勾的"非常出色""满意""一般""不满意""失望""不了解"逐项做统计，做数据分析。特别要重视宾客对"一般"的评价。因为宾客对饭店的评价，如果不满意也提不出具体的意见时，往往就会在"一般"的评价量级中画勾。

五、收集到更多宾客意见的技巧

对于宾客意见书的收集是要讲求技巧的，想要充分利用好宾客意见书，想要尽最大可能收集宾客的意见，有几个关键的做法是不得不提的。

1. 宾客意见书的摆放位置要有讲究

有人认为客房摆放宾客意见书比较好管理，只要把宾客意见书放在服务指南夹里面就 OK 了，他们认为宾客在翻看服务指南时，可以看到宾客意见书，宾客如有意见和建议，就会主动写在上面。殊不知，宾客翻看服务指南是寻找饭店提供的他们需要的信息，往往找到需要的信息就不再翻看服务指南中的其他内容了，很多时候，宾客意见书并没有进入他们的视线。这样做，宾客意见书形同虚设。那么，如何才能引起宾客的注意？为了解决这个问题，饭店管理方要多动一动脑筋，在宾客容易看到的位置摆放宾客意见书是比较理想的方法。我们可以将如何摆放宾客意见书的问题做一些统一的规定。比如统一摆放在客房写字台中间的抽屉里，正面向上，底边靠近抽屉中间挡板，待客人拉开抽屉便一眼就能看到。如写字台只有两个抽屉，宾客意见书应放在右边第一个抽屉里。如写字台两端有一端抵墙，宾客意见书则放在外端抽屉里。这样做是为了容易引起宾客的注意。饭店要做出非常具体的操作规定，以便操作者能够统一、规范地执行。

2. 给宾客提供填写意见的方便条件

在填写宾客意见书的问题上，也有一些规律可循，一般的国内宾客不太能主动填写宾客意见书，而国外宾客对这种主动征询意见的方式比较容易接受，所以，高星级饭店中回收的宾客意见书多数是外国宾客填写的。饭店既然要想征询到客人对自己饭店的意见，有诚意了解客人的意见或建议，就需要在态度上主动并认真地关注这件事，把它当作服务工作的一个程序来做。要主动给宾客提供机会，请宾客来填写，其中的技巧就是给宾客提供填写的方便。

那么饭店如何做呢？楼层服务员可以按照客人预离店报表提示，在做夜床时将第二天预离店房间的宾客意见书放在客人枕头边上，或客人容易看到的地方，要正面向上。还要为客人填写宾客意见书提供圆珠笔。最好将圆珠笔或签字笔也同时摆放在宾客意见书的上面。为什么要使用圆珠笔或签字笔而不使用铅笔？因为使用铅笔填写，容易留下涂改的可能。为了避免客人填写了对服务不满的意见，服务员看到后进行涂改，所以要提供宾客不能够涂改的笔来填写意见。

3. 其他服务场所如何摆放宾客意见书

餐饮部和康乐部等部门摆放宾客意见书时，不能如同客房那样的方法，而是要使用一些技巧。比如餐厅等场所，可以摆放在客人进入时比较显眼的地方或者接待台上。当客人消费完毕即将离开时，服务员可以友善地征询客人对提供的服务有何意见或建议，提示客人可以通过填写宾客意见书留下宝贵的意见和建议，便于饭店改进服务工作。如果客人愿意填写的话，马上要提供笔，并安排客人在一个相对安静的地方坐下来填写，服务员要站在距离客人附近较远的地方，不得盯着客人填写意见。

上述摆放宾客意见书的做法，既是技巧，又是主动征询宾客意见的一种诚意。

六、宾客意见书的收取与处理程序

宾客意见书的收取途径：

（1）宾客主动提交意见书：在宾客意见书的背面，要印有"烦请将此函交大堂经理"的字样。这样的提示，是为了提请宾客将填写好的宾客意见书主动交到大堂经理处。

（2）服务员回收宾客意见书：如客人将宾客意见书放在房间内的话，要由房务部服务员负责收取后上报部门秘书，部门秘书要将每天汇总、登记号码后的宾客意见书转交大堂经理。

（3）如果客人在餐厅或其他部位填写了宾客意见书后，烦请服务员转交到大堂经理处时，服务员要封好，在客人离开后，再进行转交。

总之，每天收集到的宾客意见书都要首先汇总到大堂经理处。

宾客意见书的处理程序一般为：

（1）大堂经理每日将收集汇总后的宾客意见书交总经理办公室。

（2）总经理办公室负责对宾客意见书进行拆封，呈报总经理阅示。

（3）大堂经理每日将收集到的宾客意见书数量、房号等信息向各部门反馈。

（4）各部门设宾客意见书反馈信息记录本，记录每日反馈的宾客意见书数量等信息。

七、宾客意见书的反馈程序

客人尚未离店，宾客意见书已经送达饭店方的：

（1）表扬性质的宾客意见书，由总经理办公室向客人送一封有总经理签名的感谢信。

（2）投诉、批评性质的宾客意见书，当天与客人联系，由驻店经理负责出面处理解决，并在客史档案中记录。

（3）建议性质的宾客意见书，由总经理办公室向客人送一封有总经理签名的感谢信。

客人已经离店，宾客意见书送达饭店方的：

（1）表扬性质的宾客意见书，由总经理办公室向客人寄一封有总经理签名的感谢信。

（2）投诉、批评性质的宾客意见书，由总经理办公室向客人寄一封有总经理签名的致歉信，并在客史档案中记录。

（3）建议性质的宾客意见书，由总经理办公室向客人寄一封有总经理签名的感谢信。

但是，在实践中，我们发现宾客往往不愿留下自己真实的地址或联系方式，这也给与宾客继续沟通、反馈带来了一定的困难。有的饭店发出去的宾客感谢信往往又被退了回来。饭店不妨尽量在客人还没有离店的情况下，及时与客人联系，送去感谢信，表达饭店接受意见的诚意和改进服务的诚意，这也是争取到客人理解和信任的途径之一。实在联系不上的宾客，只能在客史记录中做好记录。

八、如何将宾客意见书的意见和建议处置到位

宾客意见书的内容，大多涵盖这样三种内容：一是表扬性质的意见，在宾客意见书中客人发自内心地表扬某位服务员的服务使其深受感动，溢美之词比较突出；二是投诉、批评性质的意见，这些内容多是对服务不满意的，甚至激怒客人的，这些内容言辞比较激烈；三是提出建议的内容，客人从舒适度、硬件设施等方面提出若干意见和建议的，这样的内容言辞比较亲切善意或者从比较专业的角度提出建议。这三种性质的意见和建议，饭店不能仅仅停留在分类上、统计上或者记录在案，要把这些意见和建议用好用活，用到提高服务质量改进服务环境当中去，才是饭店征询宾客意见的目的。那么，这三种意见和建议，作为饭店方如何处置呢？

对于表扬性质的宾客意见：

（1）宾客意见书上有提到员工具体名字或工牌号码的，要进行调查了解，情况属实的，进行公开的表彰和奖励。具体方法是：在饭店宣传栏内张榜公布，在内部报刊上通报表扬；从总经理奖励基金中给予受表彰的员工奖励；人力资源部在该员工档案中做良好行为记录；由总经理办公室负责将客人的表扬信复印一份交给员工，并向该名员工送一封总经理亲笔签名的感谢信。这样做，可以激励员工本人的服务热情，也能够激励更多的员工成为优秀的服务员，是提升饭店正能量一个很好的途径。

（2）宾客意见书上未涉及员工姓名，或较笼统表扬的，或只涉及岗位或部门的，也要核实，情况属实的，由总经理在饭店店务会上进行通报表扬，再由部门负责人对提到的岗位或员工提出表扬。必要时，可以请受到表扬的员工讲一讲事情的经过和他们的做法，这样也是一种激励的方式。

投诉、批评性质的宾客意见书：

（1）宾客意见书上有员工具体名字或工牌号码的，总经理批转后，由部门查处。部门按照"五不放过"的原则，即"事情经过不放过，责任人不放过，

处理不放过，整改措施不放过，**复查结果不放过**"进行处理，并将结果上报总经理。人力资源部在该员工档案中做不良行为记录。

（2）宾客意见书上未涉及员工姓名，较笼统的，只涉及岗位或部门的，由总经理在饭店店务会上进行通报，对该岗位员工或部门提出批评，并要求他们进行反思和整改。

（3）宾客意见书上客人反映的事项需要时间去调查的，先给客人一封回复信，向客人表明饭店正在进行调查，调查后将给客人满意的答复，使客人得到安抚。完成调查后将调查结果及处理意见向客人反馈。内部对责任人和当事者按照饭店规定进行处理。

上述做法需要提示的是要真正高度重视宾客的意见和建议，要做到件件有落实，充分发挥宾客意见书的作用。

九、宾客意见书的汇总工作

所有的宾客意见书，不应该看完以后或者处理之后就收藏入柜，从此不再动它了，而是要充分利用它的价值，发挥它的作用。因为饭店的经营管理和服务，非常需要从宾客的反馈中获取大量信息，获得客人真实的感受，从客人的意见和建议中了解饭店尚存在的问题等，尤其是宾客对服务的意见和建议，这正是饭店所希望了解到的真实的情况。因此，对宾客意见书的分析、整理要成为非常重要的一个工作环节。饭店要从宾客意见书的分析、整理中，了解饭店在服务中的具体问题，找到需要马上整改的地方。

如何进行分析呢？可以利用表格的形式，将客人填写的"非常出色、满意、一般、不满意、失望、不了解"等画勾情况进行统计，统计每一部分占多大比例；再纵向进行对比，将上个月、当月、半年度、一年度等数据进行对比，看其有无起伏、起伏程度大小等。

宾客意见书统计表（示意图）

	上个月		当前月		本年度累计		去年同期累计		与去年同比	
	#	%	#	%	#	%	#	%	#	%
非常出色										
满 意										
一般										
不满意										
失望										
不了解										
汇总										

除了利用表格进行统计之外，更重要的是将宾客所提的意见和建议进行分析、汇总。通过分析，找到宾客不满意的问题主要有哪些，是什么性质的问题，是督导不力、管理缺失，还是培训不够、技能不熟练等。通过分析，找到改进的措施，再通过饭店的管理渠道，提醒有关部位或部门进行整改。这样才能实现设立宾客意见书的初衷。

十、宾客意见书的存档与保管

宾客意见书的存档工作一般由行政办公室负责。基本做法是每月汇总的宾客意见书按时间顺序装订成册，与宾客意见书分析汇总、宾客意见书意见／建议汇总表一起呈报总经理阅批，总经理阅批并处理相关问题后存档。该档案保存期一般为1年，其中重要的比较有价值的宾客意见书，可以根据其内容和价值提高保存年限。

上述介绍的对宾客意见书的操作程序，还需要饭店非常认真地、规范地去做，才能真正使宾客意见起到改进饭店服务质量的作用，才能保证宾客意见书的做法不流于形式，不走过场。为了达到确实执行有力，饭店还必须建立确实可行的监督、制约机制，做到经常检查，定期不定期地了解各部门、各管区的执行情况，不能执行一阵子就悄无声息了。贵在坚持，重在认真。

若要这一制度落实得更扎实，还须把这项工作与部门的业绩挂钩，与相关人员的业绩挂钩，并且还需建立一定的处罚机制，对于执行不认真、执行有误的部门和责任人，或者弄虚作假的人员，一定要有制约机制和处罚措施，制度才能得到确实的保障。

十一、应该重视和收集网评客人的意见

现在随着互联网的广泛使用，一种新型的宾客意见表达方式——住店客人的网评应运而生。很多客人会在入住过某个饭店之后，在网上做出一番评论，表达自己的入住感受。饭店应该与时俱进，主动把客人的网评列为宾客意见的一种，随时注意收集、整理和分析，查证客人所反映的问题，有可能的话，给予客人及时的回复。如何对待这种客人的意见呢？

（1）设定专人每天查看网评。收集网评对本饭店的所有意见和建议，也包括客人表扬的内容，把这些内容记录在专用的记录册上，并进行分类整理，提供给饭店相关部门做深入分析。

（2）对于客人的网评意见和建议，经过了解和查证，如果批评情况属实的话，责令对存在问题的部门和岗位进行整改。

（3）指定专人给予客人真诚的回复，对客人的网评意见表示感谢，对于客人的批评意见和建议，如实反馈饭店采取的整改措施，让客人感受到他们的意见和建议得到了饭店高度重视并采纳了他们的建议，有认真整改的实际做法。

（4）对于一段时间内，客人意见集中指向的岗位和相同问题，饭店一定要高度重视，要与该岗位的管理者共同查找原因，从管理的角度进行分析，从制度上、机制上或操作程序上予以改进。

（5）对于一些表扬的网评内容，同样需要认真分析，并且要对被表扬的岗位员工进行实地考察和了解，对比客人的表扬，分析是否属实，要注意避免本饭店员工自己在网评上表扬自己的现象发生。

（6）饭店对于网评上的宾客意见，也应该像饭店书面征求宾客意见的宾客

意见书一样进行登记、整理，并在事情处理后进行存档。

（7）经过一段时间的关注和收集，如3个月、6个月、1年等，应再次进行汇总分析，包括分类、做出各种数据的图表分析等，以便于管理者从客人的网评中了解本饭店在客人眼中的形象、各岗位的服务状况、存在的主要问题、最容易发生问题的部位等信息。这些信息可以帮助饭店管理者比对和分析，进而提出不断改进服务的措施。

如何建立和使用好"宾客满意度调查"工具

宾客意见书和宾客满意度调查，是两种主动征求宾客意见和建议的常用的调查工具，都是提高饭店服务质量，提高饭店品质的手段。上一章讲述了宾客意见书的设置和操作，本章谈谈宾客满意度调查工具的设计和使用。

宾客满意度调查是一种重要的调查反馈工具。通过它，可以了解宾客对本饭店服务的满意度、对目标市场需求的信息、本饭店产品改进的方向，也可以反馈竞争对手的情况、宾客需求的变化，等等。因此，饭店欲做好质量管理，是不能忽视宾客满意度调查这个工具的。本章主要讲述宾客满意度调查的内容与操作方法。

一、"宾客满意"和"宾客满意度"的相关概念

（一）什么是"宾客满意"

"宾客满意"是指宾客在购买有形、无形（服务）产品时，宾客感觉到自己的需求获得了满足的状态。

"宾客满意度"是指宾客购买产品时的需求能够获得的满意程度。

"宾客满意度调查"是指产品提供商对购买产品者获得的满意程度的调查和访问，是主动了解自身产品在市场中受欢迎的程度的一种方式。

关注宾客满意度，可引导饭店经营者把关注的焦点集中在宾客满意程度的提高和宾客不满意问题的改善上，可促进本饭店市场份额和美誉度的提高。

(二)"宾客满意"的特征是什么

"宾客满意"，是宾客的一种心理活动状态，是在体验产品消费过程中得出的一种主观评价。这种主观评价，对宾客本人而言是体验和感受，是满意或者不满意的一种心理感受。

1. 客观性

宾客在入住饭店的过程中，对饭店提供的产品与服务满意与否，对一家饭店来说是一个客观存在的事实。不管饭店方是不是关注宾客的满意程度，搞不搞宾客满意度调查，宾客对产品和服务的感受都是客观存在的。

2. 主观性

宾客是否满意，又是受宾客自己主观的因素决定的，取决于宾客的社会阶层、文化背景、需求和期望的水平。通常情况下，宾客的期望值，即明确和隐含的需求越高，其满意度就会越低；反之，明确和隐含的期望值越低，其满意度就越高。

3. 变化性

宾客的需求和期望是随着社会经济、文化的发展而变化的。只有持续地了解宾客的需求，不断改进产品，才能适应这种不断变化的需求。

(三)"宾客满意度调查"的作用有哪些

1. 及时反映饭店产品和服务价值的市场评价

星级饭店不断追求的是产品和服务价值在市场上的领先水平，不仅追求较高的市场占有率和较好的经济效益，更着重追求高星级饭店的品质和宾客入住的满意程度。坚持做好宾客满意度调查工作，能够使星级饭店及时了解本饭店需要改进的方向，也能够了解本饭店客户群的主要特点和他们的需求倾向，以便促进本饭店提供更能迎合他们的产品和服务。由此说来，"宾客满意度调查"是与宾客沟通，保证宾客持续满意，促进宾客再次消费的工具。"宾客满意度调查"是了解星级饭店竞争态势和市场变化对本饭店影响的晴雨表。

2. 促进饭店在管理上走捷径

通过持续的"宾客满意度调查"工作并持续地改进管理和服务工作，饭店可以持续提高管理和服务水平，饭店管理者可以通过宾客提出的问题，找到改进的方向，研究符合宾客需求的创新服务，制定切实可行的措施，在管理过程中就可以避免盲目性和不必要的成本浪费。

3. 有助于客观评价和考核饭店管理绩效

由于宾客满意调查产生的数据和信息具有客观和量化特点，因此它可以作为考核饭店管理绩效的评价指标之一。在一家饭店管理公司内，有若干家饭店的话，在服务质量管理上，除了前面章节所说的评价和考评方法之外，每年度的宾客满意度调查数据统计分析和宾客所反映的问题在饭店整改的效率等，都可以构成管理公司考核饭店管理者对待服务质量的态度和业绩情况。

二、"宾客满意"理念的产生和发展

"宾客满意"理念，是20世纪80年代随着市场经济的发展和竞争态势的日益严峻，企业为了与竞争对手争夺市场份额而产生的。一些企业发现为宾客提供的服务越好，宾客的回头率就越高。由此，催生了一种新的战略营销观念——追求宾客满意度。

我们知道，在物质匮乏的年代，人们能够买到自己需要的物品就非常满足了。那个时代人们并不追求产品质量，而只是追求能否购买到所需要的产品。但是随着时代的发展，市场经济的活跃，物质产品的丰富和产品质量的提高，人们的观念也在改变，对需求的产品具有了挑剔的眼光和满意程度的考量，加剧了企业对市场份额的占有欲，而为了占有更多的市场份额和更多的顾客群，企业本能地开始主动关注顾客的需求和顾客的满意程度。一些企业经营者，不得不注意顾客对产品和服务的感受，许多过去不难出售甚至被争相购买的产品，人们不再盲目购买了，而是要挑选厂家、挑选品牌。

随着顾客对产品认知程度的提高，对产品质量追求程度的提高，经营者为了赢得顾客的青睐，为了占有更多的市场份额，于是想到通过宾客满意调查的方式与消费者沟通，了解消费者心理需求的变化，及时、迅速地采取相应的措施，改进产品及服务，以满足不断变化的消费需求，以此争夺忠诚的客户。

现在企业经营者从只关心自我，只主观上评价本企业的产品和服务，转向关注客户的感受和体验，转向产品随着客户的需要而设计、而改进；将产品经营的重点转移到以为客户服务和提高客户忠诚度，并在经营管理过程中着眼于建立持久的质量意识。企业家们从过去的只关心自己盈利到接受了与客户双赢的理念，这个理念促进企业跨越了一大步，实践证明双赢的理念使企业利润获得持续增长。有人说，21世纪是一个顾客导向的时代，这个时代经营的目的在于"创造顾客满意"。

有研究表明，一个回头客人对企业的贡献，远比开发一个新的客源要经济得多，省力得多。开发一个新顾客的成本大约相当于维护一个老顾客的5~10倍。

根据人们的心理习惯，多数客人对服务感到失望时不一定表达他们的不满，而是会转而选择别样产品来满足自己的需求。因此，提供优质的产品，提供优质的服务是饭店留住老客户，扩大市场份额的重要手段。进行科学的、持续的顾客满意调查，就是辅助提升企业产品竞争力的有效措施。

三、饭店需要关注"宾客满意度"的哪些内容

饭店采取"宾客满意度调查"的措施，其目的还在于了解目标市场的情

况，争取回头客和潜在顾客，这也是饭店市场营销的策略之一。那么，饭店管理者应该关注宾客哪些方面的满意度呢？

1. 要关注宾客的隐含需求

对于饭店管理者来说，越来越关注自己产品的市场评价和市场占有率。饭店通行的做法也是采用宾客满意度调查的方法获得相关信息，特别是获得宾客隐含需求的信息。按照"质量"的定义，实体要满足顾客明确和隐含的需求。大家知道，来饭店的宾客，除了他们所购买的客房、餐饮和其他综合服务设施外，顾客还有一些隐含的需求，如宾客希望饭店管理者和员工能够高度关注宾客并提供得体的服务，有对宾客服务需求的预测能力，有处理宾客问题时灵活反应的能力，有给宾客提供特殊帮助的能力，有热情和礼貌的待客态度以及处理客人需求的专业知识，等等。这些隐含的需求，往往是饭店能否赢得宾客满意的最重要的"点"。这就说明，饭店在提供程序化的服务的同时，还需要关注宾客的隐含需要，并满足宾客的隐含需要。

2. 要关注宾客再次购买的需求和向潜在宾客推荐的可能

饭店管理者还应十分关注客人再次购买和向别的潜在客人推荐其入住饭店产品和服务的可能。如果某位宾客再次预订和光临某家饭店，即成为回头客，说明他对该饭店的产品是满意的。如果这位宾客多次光顾该饭店，说明他基本成为该饭店的忠实顾客。不仅如此，他还有可能将该饭店推荐他的亲戚、朋友，即通过满意的宾客招徕潜在宾客，带来更多的忠实客户。对这样的宾客要给予更多的关注。

3. 要关注竞争对手的顾客对本饭店的评价

饭店管理者还应关注周边同档次同星级饭店顾客群的动向，如果有其回头客选择入住自己的饭店，这说明竞争对手的顾客对自己的饭店有所认知，可以有目标地选择他们填写宾客意见调查问卷，了解其对自己饭店的评价。由于各个饭店的市场定位不同，其宾客群体也会有所不同，那么，同档次、同星级、相同顾客群体的饭店就会形成竞争关系，即我们所说的竞争对手关系。因此，饭店通过运用宾客满意度调查的手段，对不同国家和地区的宾客以及竞争对手的宾客进行持续调查、系统分析对比，可以从中找到改进自己产品的方向，以赢得已有宾客的多次购买，赢得潜在宾客或竞争对手的宾客的青睐。

四、如何从"宾客满意度"的因素中找到产品提高的途径

1. 从宾客对产品的期望中找到改进的方向

一般规律显示，大致有两种情况：期望值较低的宾客，容易对所购买的产品满足，他对饭店产品的满意度就相对高些；反之，期望值较高的宾客，对产品的要求苛刻、爱挑剔、爱表达意见，则不容易对所购买的产品满足，他的满意度就相对低些，所以，星级饭店的目标市场定位要准确，要吸引那些与本饭店目标市场定位基本一致的宾客入住。星级饭店的主要宾客群体应该以商务散客为主。对于希望提高饭店品质和宾客满意度的饭店管理者来说，要求苛刻的宾客、满意度不高的宾客，同时也是最好的宾客。因为他们能够帮助饭店找到自己产品的缺陷，找到需要改进的地方，能帮助饭店从宾客需求的角度不断提高产品的舒适度，帮助饭店提供更多的优质服务。

2. 从宾客与企业员工的接触中了解宾客的需求

宾客满意度，是一种体验和感受，宾客对饭店的评价和对服务的满意度，也与员工服务的过程密切相关，我们通常称之为"软件"服务。宾客在接受服务的过程中，会感受到饭店员工是真的关心他们还是一般地按照程序化服务。现在的商务客人更希望得到超值服务，饭店员工真心实意地为宾客着想，就能够做到预知客人的隐性需求并尽力满足宾客的隐性需求，宾客的满意度就会比较高；反之，只是程序化地或者冷漠地按照服务程序做的话，宾客的满意度就不高。所以，饭店管理者也要经常关注服务员的服务行为，

培训他们发自内心地做好服务的品质，更多地做到预知服务、超前服务、惊喜服务。

五、饭店员工满意度与宾客满意度的关系

宾客满意度与员工满意度有着一定的关联性。事实证明，员工的满意度高，其待客服务的真诚度就高，宾客就能够体会到"宾至如归"的感觉，感受到非常体贴、亲切的服务。如果饭店员工不满意或者满意度较低，员工的心气不顺，心情压抑，就不可能发自内心真诚地为宾客提供优质的服务，更不可能达到服务的稳定性和一致性。

以员工餐为例：一家饭店的员工餐厅伙食很差，每到中午时分，员工感觉饥肠辘辘了，可是一想到餐厅的伙食状况，就会眉头紧皱，心情不悦。在不得不去用餐时，他们看到刀工切得很粗糙的青菜和清汤寡水的伙食，心情会变得更加糟糕，甚至有的员工一到吃饭的时候只好外出找社会餐馆自己付费吃饭。这样的午餐过后，员工还要承担诸如清洁客房等重体力的劳动，他们怎么可能有满意的心情，怎么可能给宾客以诚挚的微笑呢？许多时候，伙食极差也是员工跳槽的原因。员工每日付出辛勤的汗水，伙食是十分重要的一个环节，员工满意度的一个重要内容就是伙食质量问题。员工满意度与饭店生活后勤的所有内容息息相关，要想提高宾客满意度，首先必须解决员工存在不满意的种种问题。员工满意度是一个非常大、非常复杂的题目，涉及饭店管理的方方面面，也是值得研究和提到议事日程上的管理问题，在这里不能展开来谈。这里要说明的是，饭店管理者想要提高宾客满意度，首先应考虑在内部如何提高员工满意度。

六、如何进行"宾客满意度"调查

宾客满意度调查，是为了提高宾客满意度，提高企业的知名度，提高经济

效益和社会效益。许多饭店集团、饭店管理公司非常重视对宾客满意度的调查和分析，并将宾客满意调查作为一项制度来执行。

1. 宾客满意度调查的工具——问卷

一般来讲，饭店做宾客满意度调查，首先要设计一份调查问卷，将饭店产品和服务的各类项目做成调查点。这些调查点的设计，可以因饭店星级、档次、硬件设施和服务项目的不同而有所差异。对不同的调查点，须做出量级分值的设定。要对设定的项目和量级分值，给予必要的说明。调查的项目包括产品价值的评价、服务价值的评价、日后使用/购买产品或服务的意向、竞争对象的价值、企业和集团的形象以及客源的自然状况（国别和旅行目的等）。

问卷统计和分析，也是统计学的一门学问，由于饭店自身条件的限制，无法对调查问卷的相关内容进行多方位的分析和处理，多数企业委托给独立的咨询公司做统计分析，由专门的咨询公司使用大型计算机对数据进行加工和处理，产生相对准确的评估报告。

2. 宾客满意度调查采取的方式——指定专人做宾客调查

宾客满意度调查问卷的发放与宾客意见书是有区别的。宾客意见书一般是放在饭店的客房中，由宾客自愿填写的。一般不做更多的引导，也不指定宾客必须填写。有的饭店为了能够更多地收集到宾客的意见，可以在客人预离的头天晚上，在服务员做夜床的时候，将宾客意见书放置在明显的位置，以便提示客人填写。而宾客满意度调查，需要饭店指定一名经理作为宾客满意度调查问卷发放和回收的负责人，如大堂经理、客户关系代表、前厅部经理等，因为这几个岗位的人员与宾客接触的几率最高，他们具有沟通机会和沟通能力，也是比较适合做这项工作的。

宾客满意度调查的方式是，由指定的专人根据商务散客入住的间夜数，按照一定比例进行抽样；被抽到的房间客人，由指定的专人与其联络，在宾客方便的时候进行问卷的填写。

3. 填写宾客满意度调查问卷——由抽样宾客专门填写

与宾客意见书的填写方法有所不同，宾客满意度调查是饭店方友好地邀请到抽样确定的宾客，在饭店指定的地点或客人指定的地点，由负责问卷调查的专人将问卷呈送给宾客，并向宾客作适当的讲解，让宾客了解问卷的内容和填写的方法，然后由宾客自行填写问卷。当宾客填写问卷之后，饭店方一般以赠送小礼品或给予其他适当馈赠的方式表示感谢。

4. 宾客满意度调查问卷的保管——企业存档

宾客满意度调查问卷经填写和处理完毕，便成为饭店客户资料的组成部分，即成为档案文件。饭店应将宾客调查的文件进行整理归档，以备查考利用。宾客满意度调查问卷作为原始的工作记录，任何人不得以各种原因涂改。保管宾客满意度调查问卷文件，与饭店经营中形成的其他文件资料相同，要严格按照档案管理的制度和规定，进行立卷、装盒，填写目录、封皮等，要确立这些档案的保存年限，并将这些档案保存在专门的档案室内。档案室要具备通风、干燥、防火、防盗、防鼠、防虫、防光等条件。

七、"宾客满意度调查"的操作步骤

宾客满意度调查的操作步骤可以根据本饭店的情况具体设定，一般要遵循如下做法设定操作步骤：

1. 确定有效宾客满意度调查抽样样本用房总数

确定宾客满意度调查抽样样本的工作，首先是选定商务客人作为宾客满意调查的对象。前面已经说过，高星级饭店的主要客户群目标就是商务客人，因此，为了满足饭店主要目标客户群的明确需求和隐性需求，就要筛除不作为调查对象的宾客群体。故依照如下公式进行筛选：

有效宾客样本用房=当日已出租客房—当日到店客人用房—团队用房—常住客人用房—免费房—公寓用房—写字间用房—特殊客人用房。

每天 12：00 以后按客人姓氏打印出当日"Fit-In-House"电脑表（或当日散客报表）；报表所列示的房间应为有效宾客样本用房，如果电脑系统不能排除规定应剔除的房间，则应手工剔除。根据电脑打印的报表做限额抽样，这样会尽可能做到客观公正地抽样并得到客观的评价。

2. 对出现重复抽样的处理

如果一个月内抽样确定的样本出现重复，可按以下原则处理：再次被确定的客人曾经完成过问卷，则可将样本错后一间房；再次被确定的客人没有做过问卷，可以邀请，如果仍不能成功，可以将样本错后一间房。

3. 暂时联系不到抽样确定的客人

如果暂时联系不到抽样确定的客人，可在客人房间放置书面留言，并将问卷一并放置在客人房间，待客人返回后再次与客人联系。

4. 执行人的具体操作

执行人在客人填写问卷过程中，可在现场等候以回收问卷，也可以和客人约定，由客人将完成的问卷放置在大堂经理处或前台。满意度调查问卷应封装在专用的信封内呈送给客人。

5. 对在问卷上投诉的处理

客人如果在问卷上投诉或反映需要饭店解决的问题，执行人应当立即与企业相关人员联系，立即采取必要的措施安抚客人，及时解决客人提出的问题。

八、"宾客满意度调查"的操作纪律

为了有效避免在操作宾客满意度调查中出现作弊现象，有必要明文制定严格的操作纪律。

1. 操作纪律主要参考内容

（1）对已经由客人填写完成的问卷，任何人不得涂改；

（2）无论问卷填写状况如何，任何人不得销毁已经由客人填写的问卷；

（3）饭店、个人不得随意自行指定客人填写问卷；

（4）执行人不得指定内部工作人员填写问卷；

（5）除非客人自愿，一般不在客人登记、会客、就餐和结账时要求被确定的客人填写问卷；

（6）不得涂改、更换已经存档的宾客满意度调查问卷和相关的工作文件。

除上述所列的内容外，其他可能导致问卷失真的操作都在禁止范围内。

2. 对执行人的操作要求

（1）执行人要礼貌地邀请已经确定的宾客参加调查；

（2）携带的问卷应放置在专用的文件夹内；

（3）为客人准备洁净的、书写流畅的笔；

（4）执行人应当恭敬地双手将问卷呈送给客人；

（5）客人完成问卷后，执行人代表饭店向客人表示真诚的感谢并将小礼品或其他馈赠品送给客人以表示真诚的感谢。

3. 特殊情况时可以暂时停止问卷调查

因特殊原因不适合开展宾客满意度调查的工作日，可以停止该工作日的宾客满意度调查工作，但必须有文字说明。

4. 做好宾客满意度调查的保障工作

（1）要坚持调查内容的系统性。开展宾客满意度调查的目的就是要求宾客根据自己在饭店的经历，对所购买全部产品和服务的全过程进行评价。评价内容的系统性应该体现在宾客满意度调查问卷设计之中。问卷内容的设计一定要贴近调查的需求、贴近饭店产品改善的需求、贴近宾客满意的需求，设计的内容要讲究逻辑性和系统性。

（2）要坚持调查时间的持续性。任何事情要想获得成果，都需要有坚持的态度和持续工作的精神，为了得到真实可靠有价值的宾客意见，饭店要连续不断地对宾客满意度进行调查，不得经常借故中断或抱有可做可不做的态度。现代社会发展和人们的需求变化都是非常快的，饭店为了满足宾客不断变化的需求，需要持续不断地作调查，才能持续改进产品和服务。

（3）要坚持调查内容的客观性。在对调查样本内容的收集中要饭店认真仔细，提取对改善产品和服务有建设性意见的内容，排除调查价值不高的或无效的样本，做到使调查内容能够普遍反映真实的、客观的现状，能够反映出饭店的客观面貌。

（4）要坚持调查工作的主动性。饭店要采取主动的态度，坚持专人负责并主动做宾客满意度调查工作，要主动征求宾客的意见，而不是被动地等待客人提出问题。

（5）要坚持调查工作的制度性。宾客满意度调查工作作为一项制度被确定之后，就成为饭店的一项日常工作，应该有明确详尽的约束机制来保障这项工作的制度性和长期性，要避免只做一个阶段或有头无尾；也不得在操作的过程中越做越偏离制度的约束，而表现出操作的随意性。

在实践当中，某管理公司坚持按照宾客满意度调查制度操作，得到了大量的商务宾客的有价值的意见和建议，在不断改进和提升服务质量方面突显成效。不仅如此，该管理公司还从中得到非常及时的同行信息，能够帮助饭店和管理公司及时捕捉行业服务和管理的动向，有助于饭店在服务和硬件提升方面始终处于领先的位置。因此，持续地认真地科学地做好宾客满意度调查工作，是很有必要的。

9

如何做好饭店质量管理培训
工作并建立奖惩机制

饭店在质量管理工作中，还有一个不可忽视的环节是对质量管理的教育和培训工作。在饭店管理中，往往重视操作技能的培训、店规店纪的培训，而对质量意识的培训、质量要求的培训，则不太容易被管理者列入主要的培训课题中。

在饭店的质量管理实践当中，还需要运用奖惩措施来调控质量管理工作。单纯的质量检查和监控是不够完善的，必须辅以相关的手段和措施。其中奖惩手段就是常用的措施。运用奖惩措施必须注意其恰当性、适度性、目的性与成效的有机结合。本章就质量管理的教育培训和奖惩机制谈谈相关的经验和做法。

一、如何做好饭店质量管理的培训工作

饭店的培训不能只停留在操作技能方面，还应该包括方方面面的培训。其中质量管理与企业培训是相互依存、相互补充、相互促进、相互提高的关系。

饭店产品质量的高低，最直接的表现是客人对服务产品满意度的高低。要使客人对服务满意，除了硬件的因素外，员工的仪表气质、工作规范、工作技能、服务意识、服务技巧也是十分重要的。有素养有技能又具质量意识的员工，来自于饭店对员工的培训。而要想培训的内容具有针对性、生动性、成效性，很多时候可以引入案例教学。饭店服务案例是最好的教材。服务案例来源于饭店在质量管理工作中的收集和整理，在实践中注意案例的收集，并做相关的案例分析，这些素材的运用是培训的最佳捷径。因此，饭店要有意识地从日常的质量检查、督导中不断发现问题，不断总结规律，并与培训部门经常进行交流和沟通，把有价值的案例做成教材，把服务中发现的问题作为培训的课题交与培训部门。培训部门要很好地利用这些活的教材，对员工进行质量意识的培训。

（一）对全员质量意识的培训

饭店做质量意识培训，是保证企业全员牢固树立质量意识，自觉维护企业质量声誉，认真搞好企业质量的前提保障。这种培训应该做到有计划、有教材、有课时保证、有对培训效果的考核和评价。

1. 有计划

饭店每年要在制订各级培训计划中列入质量意识的培训内容。许多星级饭店在实际工作中，一般不太注重这个内容的培训。什么时候才想起全员质量意识重要呢？多数时候是由于饭店发生了重大质量问题或投诉，才认识到质量意识的重要性，才想起来要将质量意识当成重要课题纳入培训之中。这种"临时抱佛脚"的做法是不可取的。

当然在认识到了质量意识培训的必要性并采取措施加强质量意识的培训是必要的，但是更重要的是防患于未然，要在日常管理中进行质量方面的教育和培训。应该说，事前教育更为重要和有效。企业应该在制订年度培训计划时，将详细的质量培训计划纳入其中，且内容要实，要像重视技能培训一样重视质量意识方面的培训。每年每位员工应进行不得少于 5 个小时的质量意识培训，这是最低标准。

2. 有教材

既然质量管理培训成为每年必做的培训课题，饭店就应该自己编写具有针对性的适用教材。企业编写培训教材，需根据不同层次人员的需求进行编写。

（1）高层管理人员的教材，应该偏重于质量管理的新理论、新经验、新理念、新做法等内容。也可以增加一些案例，用以达到理论提升和对质量管理实践工作具有启发性、参考性、借鉴性相结合的目的。高层管理人员的教材也可以更偏重于启发性、研讨性方面的内容。对高管的培训，可以采取先自学、再研讨的方法，尽量使高管能够在培训时带着实际问题进行深入的研讨，并在研讨中解决所碰到的问题。

（2）中层管理人员的教材，理论性内容的难度应略低于高管人员，而更趋于实际应用、实际操作性。

（3）督导层和员工的质量培训教材，更多地可以采用案例教学的做法。其中很多案例可以出自本饭店的真实服务案例。

3. 有课时保证

饭店要做到在年初制订计划时，使每个部门、每个班组，确定每月每周的上课时间、上课内容、授课人、培训对象等。要将详细的培训计划制作成表格，发至相关人员，而且要强调课时的保证措施，不得因工作忙而被挤掉。

4. 有对培训效果的考核和评价

这是保证培训课时和培训效果的必要手段。企业负责培训的部门，在督促各部门、管区制订年度、季度、月度培训计划之后，培训部必须有人经常到基层进行检查和督促，首先检查各部门、各管区是否认真按照年度计划如期做培训了。要在检查有没有做的基础上，进一步深入检查做的实际情况如何、效果如何，培训教员的培训方法是否适宜、有效，是否能够把培训内容吃透并能够很好地传授给员工，员工是否对培训的内容都掌握了，还要检查培训过程中有没有考核等。这样才能使制订的培训计划得到真正的落实，不走形式，不放任自流。

（二）对新员工的质量意识培训要掌握的几个方面

在饭店的培训中，每年做得最多的是对新员工的入职培训。在每一个新员工培训的内容中，除了有常规的入店教育、企业文化教育、饭店介绍、人力资源及薪酬介绍、安全教育等内容外，还应有质量意识的培训内容。要做到在新员工入店之时就接受质量意识、质量文化、质量要求的教育，使他们在一开始就牢固树立质量观。但是这个培训一般都不会单独设立课程，而是纳入企业对新员工的岗前培训课程之中。比如在向新员工介绍企业概况的时候，着重介绍企业的品牌、企业的社会知名度、社会美誉度和服务特点等，这些就是企业产品质量的核心内容，可以做成PPT或者影像资料对新员工进行重点介绍和宣传，使新员工从中认识到他加入的这个饭店是十分注重产品质量的，认识到产品质量是饭店的生命线，与每一个员工有着紧密的关系。

质量意识的培训，还可以融入仪表气质、专业技能、行为规范的培训和企业价值观的培训中。通过这些培训，使新员工在入店后，马上感受到该饭店的企业文化氛围和企业对信誉的高度追求，认识到饭店对质量的高度重视，使新员工在思想上就树立严格的质量观念。

1. 自身形象气质的培训

为了使员工树立彬彬有礼、优雅服务的形象，服务礼仪的培训就是新员工首要的一个课程，通常采取演练的方式对新员工进行培训。为了使新员工在面对客人时能够礼貌热情地问候客人，需专题安排问候演练课程。演练的方式是：新员工在员工餐厅门口站成一排，当员工餐厅开餐、员工进进出出最频繁的时候，这些新员工要面对进出人员大声地问候"您好"，在员工餐厅进出人员不多的时候，他们要一个人一个人单独走出队列，向队列内的每一个人问好，这样反复训练，直至熟练、没有窘迫感为止。在这个程序的演练中，还须注意培养他们优雅的站姿、走姿，问候时的表情、微笑程度、问候的声音适中，等等。这些都是新员工质量意识的一种培养方式。

2. 专业技能的强化培训

质量意识的培训还可以应用在技能培训中。员工只有多做多练，才能熟练地掌握并提高服务技能，因此，很多关键的技能必须采取强化培训的做法。例如，宴会的红酒服务程序，服务员首先要用酒篮盛装红酒请客人鉴别，客人鉴别后，服务员开启瓶盖并将木塞放在小碟中，送至主宾桌前规定的位置，然后倒少许红酒请主宾品尝，主宾品尝后，才可以开始为每一位客人倒酒。倒酒时又要按照先女宾、后男宾的次序依次倒酒，每一杯酒倒至酒杯的2/3处。这样一个程序，如果不经数百次的练习，不熟练到应对自如，是不可能做到优质服务的。

3. 心理素质的培训

在对新员工进行技能培训的同时，还应注意对员工心理素质的培训。从某种意义讲，心理素质也是构成服务的一部分。对于新员工来讲，操作过程的培训，经过一个阶段就熟练了，就可以独立操作了。但是在实际服务现场，在遇到各种各样客人和各种不同情况的时候，服务员的应对能力和心理素质又是决定服务成败的关键问题了。经验多的服务员由于见多识广，应对客人比较自如，即便是碰到各种意想不到的情况，也可以比较从容地处理和应对。可是当新员工遇到与培训演练场景不同的情况时，首先是心里发慌、紧张，接着是自乱阵脚，正常的操作程序打乱了，发生技术变形。尤其在接待重要客人时，越怕服务出现问题，而往往服务就真的会出现问题，如把热茶或汤洒在客人身上等事情是常见的。因此，对新员工的培训，除了店规店纪、礼节礼貌、操作程序以外，还应注重心理素质的培训，注重应对突发情况的培训。

（三）对二线部门和岗位人员的质量意识培训

上面谈到的是一线直接面对客人服务岗位的质量和培训工作。严格地说，在饭店的运作中，任何一个环节的质量都是重要的，都不能发生质量问题。二线各个不同岗位的衔接和配合也至关重要。譬如：餐厅服务员的服务再热情、再规范，而后厨制作的饭菜质量非常差，客人也照样不满意。客房服务员的态度再令客人满意，而房间空调频出问题，客人也是要投诉的。因此，对二线后勤部门和岗位人员的质量意识培训也不可忽视。

二线人员的质量意识培训，基本可以分为两个部分：一部分为饭店统一培训的内容，包括礼节礼貌、规范用语等；另一部分为岗位操作技能的培训。在这两个部分的培训中，都要融入质量意识的培训。二线人员虽然不直接接待客人，但是接听电话时如果不使用规范用语，也是有损于饭店形象的。往往饭店只注重一线人员的规范用语培训，而忽视二线岗位人员的规范用语培训，经常是在宾客打入二线电话后，接听者直接说"喂"，而不是"你好"；当宾客说出自己的需求时，接听电话者不使用敬语，言谈随意，甚至带着不耐烦的情绪等等，这样客人就会不满意，投诉到饭店。所以，二线岗位的质量意识培训决不能被忽视。

对于二线员工的规范用语培训与全饭店的培训可以同步进行，采取同样的做法。对于岗位操作技能的培训，二线人员主要是提高性的学习和培训。一方面是要学习新的技能，学习社会上同行中比较先进的操作理论和操作技能；另一方面，也要根据多年的工作经验，进行综合创新，提高服务品质。要建立员工年度技能考核机制，每年年末或年初，应当组织员工技能考核。这种考核要与员工的年度工作绩效挂钩，与综合评价相结合，与员工的年终奖金（分红）等挂钩，以便促进员工不断学习技术技能，提高工作质量。对于那些在工作中有创新意识、有创新技术技能和提出合理化建议并被采纳的员工，还应该颁发"技术创新奖"，以鼓励员工的创新精神。所有一线、二线的培训，都要围绕如何提供优质服务而展开。我们所说的服务质量的概念，对星级饭店来说，绝不是一般的服务即可，一定是优质服务。质量管理部门的人员要有严谨的服务质量观念，并贯穿在日常的质检中。在质检中发现的问题，一是不能放过，二是要与培训部门紧密合作，寻求培训部门的配合，不断提出新的培训课题，不断跟进培训内容，将质量问题解决在苗头初现阶段。

二、如何将质量检查中发现的问题与培训衔接

在日常质量管理工作中，质检人员往往会发现许多服务当中不规范的问题。比如：见到客人首先要问好，但是我们发现同在一个饭店内，员工的问候语言经常是不相同的。

有的员工说"你好"，有的员工说"上午（下午）好"，有的员工说"您好"……虽然具有问候意识，但是不能做到问候语的统一。而在与客人告别时，有的说"再见"，有的说"慢走"，有的说"Bye-bye"。当一个客人走进饭店，从前台登记到行李生陪客人上楼，再到客房服务、餐厅服务，会碰到诸多这样不同的问候语和告别语。显而易见，这家饭店的服务用语是不规范的。这就应该引起质量检查人员的注意，要当做一个问题提出来，进行专门研究，请负责培训的部门认真分析，提出解决这个问题的方案。

用语不规范，在某些行业来讲，可能不算什么问题。但是在服务行业，尤其是饭店，就是比较突出的问题，也就是服务当中的质量问题。因为：第一，反映服务是否标准化、规范化。尤其是高档饭店，是贵宾出入较多的场所，对服务的要求很高，服务必须标准化、规范化。第二，反映员工素质教育如何。用语规范不规范，实际反映该饭店对员工基本素质培训如何。员工的服务用语多样化，说明培训不够统一，要求不够严格。因此，服务规范用语必须严格一致，它是体现一家饭店服务水准的重要环节。

如何解决服务用语的规范问题呢？最好的办法就是，首先做出规定，统一礼貌用语，然后进行强化培训。这种专题培训，可以在一定时期内，在全饭店集中统一进行。

（1）采取集中加大力度培训的做法。饭店要在全体管理人员会议上强调服务用语的规范性，将培训部门所做的统一规范的用语发给各部门，并且要求各部门采取千百遍演练的方法，让员工反复演练，形成条件反射，成为习惯性行为。

（2）运用激励和惩罚的措施强化质检。在质检中加大对规范用语的检查力

度，可以在集中培训后的一段时间内，专题检查服务规范用语的应用情况。适当地运用奖励手段，对规范用语运用得好的员工，给予当场奖励，使之受到鼓舞；对于用语不规范的员工，给予处罚，使之强制性地自我纠正。

（3）利用班前会的机会进行强化演练。有条件的饭店，还可以组织编写各岗位规范用语，发至每一位员工，集中一段时间组织学习，在学习一个阶段后进行考试。在班前会上反复进行训练和模拟演练。督导人员除了在班前会上带领员工做培训、演练外，在岗位上也要加大督导力度，发现员工有用语不规范的情况，及时纠正。质检人员如果3次发现一个部门或岗位的员工用语不规范，就要提出对该部门的督导人员或部门管理人员的处罚意见，上报饭店主管领导。只有这样强制性地纠正，才可能使饭店的服务用语比较规范，才可能减少用语的随意性。

（4）现在饭店的用工，往往是从全国各个地方招聘的大专生、职高生，他们许多人来自农村或偏远的地方，从小生活在本土本乡，淳朴有加。来到大城市，尤其来到星级饭店，自身感觉反差较大。要让他们接受星级饭店的礼仪培训，不是一日之功。对于他们而言，语言的规范性是首先要解决的一个问题。有的饭店采取了封闭培训的方法，是可取的。即把从外地招聘的学员编班，进行为期3个月的封闭培训，从店规店纪、礼节礼貌、规范用语到技能技巧等，一并进行军事化封闭培训，这样出来的学员比较规范，上岗后进入状态比较快。

上述统一服务规范用语的做法告诉我们，在饭店服务中，经常会发生各种质量问题，它反映的是饭店的管理是否严格，饭店的培训是否及时，饭店的制度是否执行有力。质检和培训两个部门在解决服务规范用语方面必须密切配合，必须经常沟通，做好衔接，必须协调一致，共同为统一和规范员工的服务规范用语实施较为有利的措施。

当然，还有诸多在质检中发现的质量问题，凡是带有普遍性的、需要统一解决的，都可以采取上述方法进行集中统一的培训，这是解决服务弊端的一个较为有效的做法。

三、如何建立饭店质量管理的奖惩机制

质量管理工作除了制定标准、执行标准、检查监督、日常监控、质量意识培训和质量要求把关等手段和措施之外，还有一个重要的手段就是与管理过程中的奖惩措施相结合。做到合情、合理、合法地在质量管理中运用好奖惩手段，对质量管理工作有显著的促进作用，运用好奖惩措施，是质量管理力度和效果的有力保障。

（一）如何建立质量管理与奖励挂钩的机制

奖励机制是现代企业提倡的十分有效的一种正能量的机制，不论什么企业，不论哪种岗位的员工都需要激励。从人的心理来看，所有人都喜欢被表扬而不喜欢被批评，受到表扬时人们都会极富激情，而受到批评时，虽然口头上说接受批评，而心里总会为自己找到不应该被批评的理由。因此，作为管理者，运用激励机制激发员工的热情和主动性是再好不过的做法。首先谈谈奖励制度的内容。通常在饭店编制的《员工手册》中，都有公开、透明的奖励机制和内容。如设立金奖、银奖、白金奖、钻石奖、服务明星奖、微笑大使奖、季度优秀员工奖、月度服务明星奖，等等。设定这些奖项，都是为了培养员工的质量意识、服务意识，都是激励员工为宾客做好服务的手段。从奖励方式来看，有年度的一次性奖励，有季度的表彰和奖励，有月度的奖励和随机的表扬和当场奖励等不同做法。奖励的手段也有区别：有的奖项是用现金体现，有的奖项是用实物激励，有的奖项是用奖励旅游、奖励出国培训等方式体现。

下面说说可以得到奖励的几种情况：一是来自客人的表扬信；二是来自质检经理对其行为和表现的良好记录；三是员工有好的建议被采纳；四是工作中有杰出的表现或有重大立功表现等。

许多饭店在规章制度中做出规定，当员工得到客人的表扬信或有上述良好记录时，会得到一定的现金奖励或是物质奖励。具体奖励的做法是：

1. 根据客人的表扬信进行奖励

饭店设有宾客意见书，放置在客房和各个服务岗位，随时征求宾客意见。有的宾客为了感谢服务员的优质服务，在填写宾客意见书时，用文字的形式对其认为服务优秀的服务员进行点名表扬；有的宾客会专门写一封表扬信对服务优秀的员工予以表扬。重视激励的饭店和重视宾客意见的饭店，就会据此奖励员工。他们对员工每月得到的表扬信进行累计统计，并作出规定，基本原则是累计数量与奖励程度挂钩并制定详细的条例。比如，员工月度得到一封表扬信，视为积5分，可以领取奖金25元；月度累计得到2封表扬信，视为积分10分，领取奖金50元；月度累计得到3封表扬信，视为积分15分，领取奖金75元等。这个规定要有封顶线，饭店根据本饭店的情况，设定一定的封顶线为宜，防止个别员工从中作弊。

2. 根据饭店月度或季度评比激励员工

许多饭店设有月度评比和季度评比制度。饭店每月或每季组织明星员工、最佳服务员等评比活动，设立不同的奖励基金。有的饭店还组织评比出的明星员工、最佳服务员与饭店领导合影，并将照片张贴在员工生活区的表扬栏内，并辅以事迹说明，以激励员工。有的饭店将服务明星的照片张贴在饭店大堂明显处，以让宾客可以方便地看到服务明星的优秀事迹，并能够识别出服务明星。这样的激励方式也是非常有效的。

3. 年度评比激励员工

饭店应设立年度优秀员工、服务标兵等奖项，被评为优秀员工、服务标兵的员工，应给予一次性奖励，并召开表彰大会。还有的饭店非常重视先进员工的榜样作用，饭店领导与受奖员工合影并张贴在宣传栏内，使得优秀员工得到很高的荣誉与奖赏。

4. 把有特殊贡献的员工树立为全员学习的榜样

有的饭店对服务优秀、多次受到宾客表扬的员工树立为全员学习的榜样，对其优秀事迹进行广泛宣传，并号召全体员工向其学习。

上述激励措施，均可以根据饭店的情况，灵活使用，只要能够起到树立先进、激励先进，通过表彰先进人物和事迹，带动饭店树立良好风气、带动员工学习先进、热爱岗位、无私奉献的作用，都是可行的。这样的激励，也是企业文化宣传的一个组成部分，对饭店的管理和质量保障能够起到极好的促进作用的。

需要注意的是，被评为"优秀""最佳""明星"等称号的员工，必须是长期以来工作表现出色的员工，在工作上和服务上是过硬的员工，这样才能具有说服力和教育意义，才能够通过他们的带动，培养积极向上、甘于奉献、人人争当先进的精神。在评比时，最重要的是公平公正公开，被评出的优秀员工一定是大多数员工佩服的，而不仅仅是被领导喜欢的。

在评选优秀或最佳服务员工的同时，还要注意评选技能标兵或技术能手，即在技能方面特别优秀的人才也应该得到饭店的重视，予以表彰。

从质量管理的角度注重激励机制是非常重要的，在企业的《质量手册》中，要列入奖励优质服务内容的条例和奖励方式，在日常质量管理和检查中，不仅要纠正错误和问题，还要注意发现优质服务的员工，并及时对他们予以表扬和奖励。如果在服务现场发现一位服务员的服务非常出色，客人感到非常满意时，作为质检人员可以在适当的时候提出表扬，并给予一定的奖励。相信这样做，这位服务员的服务就会更加优秀，并且会持久地做到优质服务。我们在实践中发现，管理者肯定了员工的服务时，他本人会得到加倍的自我激励。

（二）如何处置发生质量问题的员工

奖惩在管理中缺一不可，当我们更加提倡激励机制的同时，也不能忽视惩处的必要性。饭店对于违反制度规定、造成不良影响的员工，要根据其情节，做出相应的处罚。所以在饭店制度或《员工手册》中都有详细的处罚规定。通常按照违规事实和情节的轻重，分别设有针对轻度违规、中度违规和重度违规的处罚。处罚的方式一般有：

（1）口头提醒。口头提醒，严格意义上，应该不算处罚的范畴。通常是指在部门经理、主管或领班发现员工着装、仪表不整或者操作不够规范或有轻微违规现象等情况时，所采取的纠正措施，这种措施属于督导工作的范畴。口头提醒是最常见的也是几乎每天都在运用的督导方式，这是属于部门或管区自我控制的范畴。饭店质检部门或质检人员在进行质检的过程中，发现上述属于可口头提醒予以纠正的问题，也需及时地进行口头提醒，但可以不做任何记录。

（2）口头警告。这是违纪或违规处罚中最轻的。口头警告要有记录，但是不填过失单。对一个员工的口头警告发生3次时，要提升纪律处罚的级别，升为轻度违纪处罚。

（3）轻度违纪。员工有违反饭店规定或操作规程的行为时，要给予轻度违纪处罚。轻度违纪处罚要有记录，要有违纪罚单。违纪罚单上写明违纪情况，要有处罚人的签字和违纪员工的签字，然后送交人力资源部，存入员工档案中。3次轻度违纪即构成中度违纪。

（4）中度违纪。员工所犯错误大于轻度违纪程度，又不能构成重度违纪的情节时，视为中度违纪行为。处罚方法与轻度违纪相同。

（5）重度违纪。员工犯严重违纪行为时，或3次中度违纪行为即构成重度违纪。重度违纪，企业可以劝退或与其解除劳动合同。

上述违纪行为的处罚，要根据当事人的违纪情节和态度，可以采取只填违纪过失单、在员工档案中记录，也可以在填写违纪过失单的同时，给予罚款处罚；或者给予下岗培训等多种处罚形式。也就是说，在处罚方法上，一定要灵活和体现人性化，给予员工悔改的机会。这样有利于教育和挽救员工，也是人性化处理的表现。对员工违纪处罚的记录存入员工档案中，当年有效，但不撤出。第2年重新根据违纪条例记录员工的违纪情况。员工如有重大立功表现的，经研究可以部分抵消违纪过失。

（三）制定奖惩机制需注意的事项

奖励和惩罚措施，视饭店自身的情况而制定，内容、奖惩标准及方法，也是视本饭店的具体情况作出规定，不一定拷贝其他饭店模式。这里需要提示的是在制定内部奖励和惩罚措施及政策的时候，需要注意如下几点：

1. 制定政策的合理性和严肃性

奖励和惩罚制度与政策，关系到每一个员工的切身利益，因此必须具有合理性和严肃性。所谓合理性，就是要在《员工手册》框架下，在不与劳动法规相违背的前提下，具体制定本饭店的奖励和惩罚条例。所谓严肃性，就是既然制定了奖惩条例，就要具有权威性和严肃性，饭店必须严格照章办事，不得执行走样，不得形同虚设。

2. 在政策中要体现人性化和程序化相结合

人性化，这是现代管理必须遵循的一个原则，一定要以人为本，从员工的需求和切身利益出发。制定奖惩政策的出发点是为了严肃纪律，严格工作程序，而不是为了与员工对立。要尽最大可能照顾到多数员工的利益，维护全体员工的正义感，从制度上引导员工遵章守纪，按照规则办事，自觉维护饭店的正常秩序，使饭店具有良好的运行规则。同时，又要采取一定的人性化处理方式，对于那些不是明知故犯、而是培训不到位的员工，在处理方法上要区别于明知故犯者；对于能够挽救和可以给予整改机会的员工，要给予一定的宽松政策，使之能够自己纠正问题。人性化和程序化要有机结合，要恰当使用，使奖惩政策起到严肃纪律、规范行为的积极作用。在实践当中，有的饭店过于程序化，员工违反纪律或工作要求的，一律按照处罚条例填违纪单，3次即自动离职。表面看似乎是做到了"铁面无私"，实际这样教条地执行政策法规非但不能纠正员工的错误，反而使得员工认为这个饭店没有"人情味"，对饭店不能建立起忠诚度。久而久之，劳资双方只存在雇佣关系，情感却是淡漠的。这样的政策不符合中国的传统文化，也不利于饭店留住人才。因此，我们要在严肃执行劳动政策法规条例的同时，还要避免不够人性化、不够灵活的处理方式。特别是将奖惩制度运用于质量管理中时，必须注重灵活性和人性化处理方式。

3. 奖惩政策要具有非常明显的激励作用和抑制作用

要在政策中非常明显地体现饭店提倡的是热爱企业、积极奉献、真诚服务、团结协作等精神，倡导的是积极向上的企业文化。在奖励政策中，要具有强势的激励作用，具有鼓励员工的积极性、主动性的作用，并能够使奖励政策具有一定的带动性，使广大员工自觉地向表现优秀的员工学习，形成良好的、乐观向上的风气。所谓抑制作用，就是政策的导向本身要抑制那些不自觉遵守制度的员工行为，并且惩处力度要大，要具有一定的威严性，使之在违反纪律、违反制度条例的时候，内心具有一定的戒惧感、内疚感；一旦违反了纪律、制度条例时，能够主动认错，服从处罚，有决心改正，同时对其他员工也有警醒作用。

4. 正确理解并执行制度条例

作为企业中负责质量管理工作的人员，不管是店级高管还是部门级管理人员，都必须吃透奖惩条例的精神和内容，必须正确理解制度条例，正确执行制度条例。尤其在具体操作时，不得有随意性和亲疏有别的做法。即"执法人员"的政策性要强，把握政策要准，执行政策要一视同仁，运用政策时要既有原则性、又有灵活性。要做到让被处罚的员工服气，让其他员工受益。如果"执法者"亲疏有别，执行政策随意，没有一定的标准和规则，就会使处罚的严肃性受到挑战，使员工对制度、条例的理解莫衷一是。这样，就无法达到处罚条例所要起到的作用。"执法者"无形中破坏了自己制定的规矩，这是企业最忌讳的做法。

在饭店中，培训和奖惩是辅助性地做好服务质量工作的工具。要高度重视培训的作用，要将服务中发生的各种问题做成培训教案，运用在不断的培训之中。同时作为质量管理部门，也要运用好饭店的奖惩政策，加大奖励的机制作用，严肃并慎重地运用好惩处的手段，使培训和奖惩有机结合，作用于提升服务质量和质量管理中。

10
如何建立饭店质量管理体系

    饭店的质量管理工作，从国人自己管理的高星级饭店来看，其重视程度、管理方法、质量标准都存在很大的差异性，没有建立起统一的、标准化的质量管理体系，只有个别星级饭店或饭店集团在尝试着建立管理体系。有的星级饭店在具有一定质量管理基础的情况下，为了达到更高的质量目标和服务质量标准，正在寻求如何建立并全面实施质量管理体系。所以，在这方面，经验不多，可借鉴的质量管理体系也比较少。

    质量管理体系是为了饭店更好地建立质量管理组织机构、制定质量管理工作程序、开展日常质量管理控制工作而建立的体系框架。这个体系的运行也如同饭店市场营销、财务管理、日常运营体系等一样，作为一种常态存在。可是在这方面，许多饭店并没有建立规范的饭店质量管理体系，考核评估理论也没有真正形成。研究和填补这块管理的空白，使之理论化、标准化，应该是饭店管理工作者应尽的一项责任，也是为在我国推进星级饭店质量管理体系建设所做的初步探讨和实践活动。

    笔者所在的管理公司，在公司高层高度重视质量管理的情况下，经过多年的摸索和实践，初步建立了基本的质量管理体系框架，并运用于公司内部所属饭店的质量管理中。虽然不够完善，但有一些做法可以参考。

本章遵循质量管理学的相关理论，结合饭店质量管理实践经验，主要探讨饭店质量体系的内容、作用、质量体系文件的编制，以及质量体系的运营、评估和改进等操作方法。

一、什么是饭店质量管理体系

理论上讲，饭店产品在质量要求方面也如同工业加工产品质量保证一样，需要一个严格的质量体系来保证产品的质量。虽然服务产品和工业加工产品二者在形态上、操作上都是有着完全不同的概念，但是作为质量要求来讲，都应该是一致的，而且从现代化进程来看，服务产品也需要尽快建立行业的质量管理标准和运行体系。

1. 质量管理体系和饭店质量管理体系

（1）质量管理体系。一个组织不论是否处于合同环境或同时处于合同环境与非合同环境之中，在组织内部为了实施持续有效的质量控制所建立的内部质量管理体系，称为质量管理体系。

（2）饭店质量管理体系。饭店为了实施持续有效的质量控制，达到饭店质量要求，达到宾客较高的满意程度所建立的内部质量管理运行体系，称为饭店质量管理体系。

2. 如何理解和认知质量管理体系

根据ISO 9000标准的要求，我们从如下几个方面对质量管理体系加以理解：

（1）一个组织只应建立并保持一个质量体系。

（2）一个组织为了能够长期、稳定地提供满足顾客要求的产品质量和服务质量，不仅要有一定的技术规范，而且还要建立和保持一个有效的质量体系。

（3）质量体系既要满足组织内部质量管理的需要，也要充分考虑提供外部质量保证的要求，即质量体系的效果应能够满足本组织和顾客的需求和期望，并落实到最终的产品和服务上，使所有接受者受益。

（4）建立并保持质量体系的关键是落实质量体系的管理职责。应将职能和体系的要素分解，落实到与质量活动有关的各个职能部门，而不应将质量职能集中到一个质量部门。

（5）质量体系应形成文件，即编制与本组织质量体系相适应的质量体系文件。质量体系文件在总体上满足标准的要求，在具体内容上反映本组织的特点，要便于本组织成员的理解和贯彻落实。

（6）质量体系应坚持不断改进的原则。一个组织的最高管理者应该确信在任何情况下，本组织的质量体系都会有不足之处有待改进。应通过经常性的质量监督、内部质量审核和管理评审等手段，实施质量体系的改进。

上述对质量体系的认知，是广义上的质量体系的认知内容，具体到饭店行业而言，应该说其理论也完全是适用的。由于饭店业贯彻 ISO 9000 标准的企业尚属少数，所以，目前在饭店业中，已经建立标准的质量体系的饭店为数不多，对质量体系的重要性和必要性的认知和理解也还有一定不足。在这种情况下，我们只能从中国饭店业目前的实际状况出发，引导和逐步帮助星级饭店建立质量体系。对于目前尚未建立体系又在追求标准、重视饭店质量的多数星级饭店而言，不妨根据上述质量体系的认知，先积极地做一些既是质量管理的标准内容，又贴近质量体系的相关工作，待条件基本具备时，再逐步理顺，逐步靠近规范的、符合国际质量标准的质量体系。这项工作也需全行业共同统一标准，这就需要有一个推进的过程。作为先期尝试建立质量体系的星级饭店而言，相信我们所做的工作会推动整体行业质量标准的建立和发展。

二、建立饭店质量管理体系的相关概念

1. 饭店建立质量体系的舆论准备工作

要统一"质量意识"的理念。提供满足宾客需求的产品质量和服务质量

是建立质量体系的核心内容。饭店业的产品，总体而言，一是硬件，二是服务。主观上本着对客人负责的理念和本着提高服务质量的理念从事饭店管理和服务工作，是建立质量体系的前提。这个前提必须成为饭店所有人员的统一理念。因此，要想在本饭店建立和坚持质量体系，首先要解决质量意识的统一问题。

ISO 9004-1标准中提出：为了取得成功，组织提供的产品应该达到：

（1）满足恰当规定的需要、用途或目的；

（2）满足顾客的期望；

（3）符合适用的标准和规范；

（4）符合社会要求；

（5）反映环境需要；

（6）以有竞争力的价格及时提供；

（7）经济的提供。

这些要求是原则的，普遍适用的。对于星级饭店来说，这些要求应该细分为饭店内对质量的具体规定，应该成为饭店人的质量理念，应该坚持不懈地宣传和贯彻在实际操作中，形成"人人关心质量，人人把关质量"的工作作风。作为星级饭店，要坚持质量理念的教育，像对小学生的"习惯养成"教育一样地坚持质量教育，在本组织内形成高度重视质量的氛围，使质量理念成为全员的思维定式、工作习惯。这是建立质量体系的首要条件。

2. 要了解和认知"过程"的重要性

通常一个组织的质量管理就是通过对组织内各种过程进行管理来实现的。ISO 9000-1标准指出："所有工作都是通过过程来完成的。"每一个过程都以某种方式运行，其中包含着人和其他资源的组合。每一个过程都有输入、输出，输入的是人和其他资源，输出的是过程的结果，即有形或无形的产品。饭店每接待一个客人，都是一个过程。质量保证、质量管理体系就是要强调高质量地完成这个过程，不得忽视任何细节。尤其对人的服务与对零部件的加工过程是不同的，对人的服务，其特点在于人是有感知的，所有的过程都完美无缺才能使客人达到完全满意。一旦某个细节出现瑕疵，就会影响所有过程，甚至导致过程的失败，其表现就是致使客人不满。在贯彻质量意识时，必须强调"过程"的重要性，强调"过程"中的每一个环节，特别是细节。

3. 全员树立"质量与效益统一"的理念

我们强调质量，不是单纯地去做质量，而是要有"质量与效益统一"的理念。

一个企业的经营，为了达到顾客的期望值，固然要强调质量，但是一味地只顾质量、忽略效益、不顾成本，也不会取得最佳效果，甚至最终导致失败。

饭店为了实现"质量与效益统一"，必须从顾客利益、企业盈利和业主利益（如果是所有权与管理权分离的话）三个方面找到最佳的平衡点。一个有效的质量体系，必须是既能满足顾客需要和期望，又能保证企业盈利和业主利益，能够使质量最佳化，使成本最优化，使效益最大化。这个理念就是在强调质量意识的同时必须一并强调效益，必须让所有成员清楚这其中的关系和意义。

在顾客利益的概念中，切记是有3个意义上的顾客：一个是外在顾客的利益，即到饭店来消费的顾客；一个是内在顾客的利益，即员工的利益；还有一个是业主利益，即投资者的利益。通常外在顾客利益和业主利益不用特别强调，做管理的都会情不自禁地顾及顾客和业主的利益，但是作为经营管理者，不能只顾其他两个方面的利益而忽视员工利益。现代管理者都知道"没有满意的员工就没有满意的顾客"这个辩证关系。因此，"质量与效益统一"，是包括上述这3个方面的利益的，它也是我们强调质量时最重要的前提。

三、建立质量管理体系的程序和步骤

首先，我们要明确，质量体系与质量管理组织机构、质量管理工作不能视为同一个概念。当然，质量体系中包含质量管理组织机构、质量管理工作，但是既然是体系，就不仅仅局限于日常的质量管理和监控。质量体系是一个大概念，它是在质量体系文件框架下的完整的、规范的质量操作的全过程，而质量管理组织机构和其担负的质量管理工作是这个大概念下的一个方面。

据了解，目前按照健全的、清晰的质量体系运行的饭店不是很多。尽管多数饭店都开展质量管理工作，都设置质量监控机构，但按照规范的质量体系来看饭店质量管理工作，目前很多饭店的质量管理工作仅仅具有部分质量体系的功能，尚缺乏完整的体系。如果想在现有的基础上把它们转化为质量体系，还需要做一些具体的改造和升级工作。

按照 ISO 9000 族标准，建立质量体系通常包括以下 5 个步骤：

（1）组织策划；

（2）总体设计；

（3）体系建立；

（4）编制文件；

（5）实施运行。

具体而言：

第一，在组织策划阶段，主要是学习相关文件，统一思想，建立工作机构，进行骨干训练，制订工作计划和工作程序。

第二，在总体设计阶段，要制定质量工作方针和质量目标，对质量体系总体做设计并进行可行性分析，根据本饭店特点选择适用的质量体系类型，确定体系结构、体系要素等。

第三，在体系建立阶段，要建立组织结构，规定职责和权限，配备所需的资源，如选定人员、配备设备等。

第四，在编制文件阶段，由负责建立质量体系的人员编制质量体系文件，由饭店管理方对编制的文件进行审核、修改后正式批准、颁发。

第五，在实施运行阶段，首先是对质量体系的教育培训，让所有人员学习和掌握质量体系内容和操作方法；然后选择某个部门试行，在试行的基础上，经过磨合、修改，使其既符合质量体系要求又符合本饭店运行轨迹后开始全面运行；待运行到一定阶段时，还要有质量体系的审核、评估，即质量体系的检查和考核，然后再修改再完善。

质量体系是覆盖全组织的一个体系，在饭店内不能仅仅理解为对客服务的质量，而是涉及上上下下、方方面面，涉及人员的思想和认识，涉及一线、二线的各个部位、各个岗位，涉及营销管理、财务管理、人力资源管理等所有工作层面，饭店应把所有的工作质量纳入质量体系。饭店要借质量体系的实施和运行，作为完善基础管理、提高质量管理的平台；通过这个体系，逐步提高饭店的管理水平和人员素质，从而全方位提高所有工作的质量，使饭店所有工作提高到高质量运行的界面。

四、建立和实施质量管理体系有哪些作用

如果星级饭店能够根据自身情况和特点建立起适用的质量体系，把质量管理工作纳入系统化、标准化、规范化、科学化的管理过程之中，必然会发挥质量体系的重要作用。质量体系的重要作用有哪些呢？

（1）建立质量体系，可以帮助饭店更好地实现经营目标，取得良好的经济效益。饭店经营的基本任务是向社会提供符合顾客需求的产品和服务，取得一定的经济效益和社会效益。有序的管理是企业经营的前提，而建立质量方针和质量目标，建立有效的质量体系，是保证有序经营的基础。星级饭店通过质量策划、质量控制、质量保证和持续的质量改进活动，可以将经营管理提升到系统管理、标准化管理、规范管理、科学管理的层面，使饭店的经营减少盲目性，使饭店的管理有效有序，使服务水平达到一流，从而使饭店的工作质量得到制度和体系的保障，促进饭店实现上佳的收益。

（2）建立质量体系，可以实现对产品和服务过程的系统化管理。有了质量

体系的操作程序，各部门、各管区、各班组、各岗位和各级人员的质量目标、职责权限、质量职能、工作程序都是十分清楚的，质量管理的要素能够在各个层面得以实施，日常工作的过程可以根据体系的规定进行协调，从而使整个质量管理变成自觉的行动和系统化的协作。如果达到这样的程度，饭店总体的管理水平必然提高，客人满意度必然提高。

（3）建立质量体系，可以将日常运行中的标准程序纳入质量体系管理，使所有环节的操作程序化、标准化、规范化。通常在饭店里，各个岗位都有工作程序，但是能否自觉地、完全地遵照程序操作却是一件令管理者头疼的事，往往是要在管理者不断地、反复地强调程序，不断地检查和督促下才能基本达到程序要求。尽管如此，经常在发生了质量问题后，一追究，仍然是操作程序出了问题。如果建立质量体系，将所有的工作程序作为质量管理体系的一个部分纳入其中，按照质量体系的程序进行检查和监控，久而久之，程序操作便成为每一个岗位人员的自觉行动，饭店的质量管理必然变为自觉的行动。

（4）建立质量体系，有助于顾客建立对饭店的信任关系。建立了质量体系，标志着饭店质量管理走入了标准化、规范化的道路，标志着质量会不断提高和改善，顾客会在消费中深有体会和感受，顾客必然对这样的饭店有良好的印象，会对其产品和服务有信心、有信任感和安全感。在顾客选择入住饭店时，实施质量体系的饭店被选择的几率就会增大。

（5）建立质量体系，有助于提升品牌管理和运作。如果星级饭店追求品牌效益，那么建立质量体系必然促进品牌管理，提高品牌知名度。因此，可以将品牌管理的内容也纳入质量体系，一并做好相关的管理工作。

（6）建立质量体系，有利于营造优良的质量文化氛围。建立并实施质量体系是一个过程，在这个过程中，首先饭店高层管理者的质量意识得以提升，高层管理者对饭店的质量文化观积极倡导与推动，必然带动全体成员质量意识的提升，从而营造良好的质量文化环境，强化全员对质量方针、质量目标推行的理解和认同，激发全员的创造力，推动整个饭店管理上台阶。

上述6大作用，是建立并运行质量体系后才能体会到的优势。

五、如何编制质量手册

1. 什么是质量手册

ISO 8402 对质量手册的界定是：阐明一个组织的质量方针，并描述其质量体系的文件。

对这个定义，我们可以从以下几个方面来理解：

（1）质量手册既可以涵盖一个组织的全部活动，也可以仅涉及部分活动。

（2）质量手册通常至少应包括：

①质量方针；

②与质量的管理、执行、验证或评审工作相关的人员职责、权限和相互关系；

③质量体系程序和说明；

④关于手册评审、修改和控制的规定。

（3）质量手册在深度上和形式上可以不同，主要是能否适应本饭店的需要，而不应该采取本本主义的做法。

2. 编制过程

（1）确定编写机构和成员。由饭店高层管理者授权相关的部门负责组成编写机构，选派相关成员参加编写工作。

（2）制订编写大纲。

（3）根据编写大纲收集材料。将目前存在的相关质量管理的政策、标准等收集在案，然后开展调查研究，收集各个部门和岗位的相关材料，从业务部门收集相关的工作标准和参考文件等。

（4）确定编写手册的结构和格式。

（5）根据本饭店的适用要求和文件手册的习惯做法，开始编写初稿（手册草案）。

（6）提交编写的初稿，由各方讨论并提出修改意见。

（7）反复讨论，反复修改。

（8）将基本认可的手册文件提交饭店高层管理者审阅。

（9）根据高层管理者的意见进行修改。

（10）修改后定稿。

3. 质量手册的内容

（1）标题、范围、适用领域。

（2）目次。

（3）有关手册本身的介绍。

（4）质量方针和目标。

（5）组织结构、职责和权限的设定。

（6）相关的质量管理内容的定义。

（7）质量管理内容的阐述、运行方式。

（8）支持性资料的附录。

上述内容的顺序可依使用者的需要而定。

4. 质量手册编制的基本要求

（1）手册的标题、应用范围应明确，规定所适用的质量体系的要素要符合本饭店情况。

（2）手册的目次应列出手册中各章节和标题及索引。各章、节、页码、图表、图解、表格等分类清楚、合理。

（3）介绍页应给出有关组织和质量手册的基本信息。应包括组织名称、背景、历史、规模、制定手册的前提、目的等。

（4）涉及质量手册本身的信息应包括：

①现行版本特点、目的、作用、发布日期、有效期限等。

②质量手册的编制过程（简单说明）。

③负责质量手册内容批准的证据。

④阐明质量管理的组织结构、职责、权限、机构设置、管理方式、各职能部门的质量管理职责、权限及隶属关系等。

六、如何具体实施质量体系

质量体系和质量手册制定之后，重要的是如何贯彻实施，使其落地。体系编写得再好、再先进，不能够实施和运行，等于是空中楼阁，或曰摆设。因此，如何组织实施、确保正确地运行，是管理者推行质量管理的重要任务。

（一）质量体系的实施程序

1. 发布质量体系文件实施的命令

质量体系文件编制之后，要通过一定的组织形式下达命令，发布文件，宣布生效日期。

2. 宣传教育阶段

通常是先组织学习文件，使所有人员吃透文件内容和精神；然后经过培训，使全员掌握运行方法和要点。

3. 试行阶段

整个质量体系在贯彻之前，首先需要一个熟悉的过程，尤其对于从未实行过质量管理体系的饭店来说。因此，需要有一个试行的阶段。试行阶段也是磨合阶段，一般可以选择一个部门做试点。饭店高层要关注试点情况，及时把握试点中的方向和做法。通过试点，对文件中不适用的地方再组织人员进行讨论，必要时再进行修改和补充。

4. 正式推行

一旦正式推行，饭店必须树立其权威性，要使其成为制度性文件，强制性地推行下去。不得因为增加了工作量、执行人员感到厌烦等阻力便停止操作。

（二）质量体系运行的控制力

质量体系和资料手册的实际效能是通过运行过程的控制才能实现的。控制力主要包括：组织机构的执行力、组织机构的推行力和组织机构的指导和保证力。

1. 组织机构的执行力

制定质量体系是比较繁杂的一项工作，比制定质量体系更为繁杂的是执行好这套体系。质量体系出台后，质量管理组织机构要坚决地执行它，不得因为与以前相比，事情多了、工作复杂了就打退堂鼓。要在人员、工作分工、工作开展等方面组织好人力、物力，坚决按照质量体系规定的内容操作执行。

2. 组织机构的推行力

在质量管理组织机构的指导下，各个部门都要密切配合，形成强大的推行力。如果有对这个体系的不理解，也不得退缩，要在运行过程中，体验它的作用和必要性，要从大局考虑，从企业的长远利益考虑，坚决推行好质量运行体系工作。

3. 组织机构的指导和保证力

有了质量管理机构的执行力和各个部门的推行力，在质量体系运行起来之后，企业的质量管理机构和各个部门要共同配合，及时帮助和指导运行过程中存在问题的部门和岗位，对运行中发生的问题要及时解决，及时予以指导。对共性的问题，要及时分析并提出解决方案，以便使质量体系运行得到保证。

组织还要在质量体系运行到一定阶段时，及时进行总结和分析，及时提出对部分问题的纠正措施。整个饭店要确保质量体系的顺利运行和实施。

七、如何评估和改进质量体系

质量体系的确立对于饭店而言，是一件非常重要的事情，是质量管理走向正规化、科学化的起步。质量体系建立之后，重要的是如何实施好，如何坚持下去，如何通过质量体系的推行，不断提高饭店的工作质量和服务质量。为了达到上述目的，就需要建立质量体系评估制度。即在质量体系运行过程中，要对质量体系运行情况进行定期评估；在评估的基础上，还要提出改进意见和改进措施，使质量体系不断完善，不断深入持久地起到积极有效的作用。

如同其他工作一样，对质量体系执行情况的评估是非常重要的。饭店在建立了质量体系并运行了一段时间后，要进行评估和审核，这是质量体系的一项功能，也是自我完善的必要过程。一个饭店建立的质量体系，首先要符合本饭店的特点、适应本饭店的需要，而不能生搬书本上的东西，更不能直接使用舶来品，不可以为了省事随便套用某个饭店的质量体系。如果拷贝别的饭店适用的东西，必然不能完全适用于本饭店。再者，即使是本饭店最初量身订制的质量体系，也会存在不够完善和不够适用的地方，也需要有一个使用、修改、完善、提高的过程。因此，在质量体系运行了一个阶段之后，必须进行评估和改进。

1. 质量体系评估的要求

（1）确保客观公正性。对质量体系的评估和审核，应该由独立于质量体系管理和操作的人员或组织来实施，即应由与操作人员无直接责任的人员进行，以确保审核和评估具有客观公正性。

（2）要制订评估方案。质量体系的审核和评估，要有事先的组织和计划，要制订具体的评估审核方案，以提高评估审核的效果，达到预期目的。

（3）确立评估机构。质量体系的评估审核，要成立评估审核办公室，可以依靠饭店自身力量组织人员进行，也可以委托或聘请外部有资格的组织、专家进行。

（4）选定评估时机。对质量体系的评估审核，可以是年度运行情况的评估审核，也可以是由于工作质量、产品质量、服务质量发生了重大问题与变化，为了采取纠正措施而进行评估审核。

（5）确定评估人员资质。对质量体系的评估审核工作，需要由经过培训的、具有实践经验的人员进行，最好由被授予审核员资格的人员进行审核。

2. 质量体系评估的内容

质量体系评估的内容，主要是审核其运行的适宜性和有效性。主要评价其对饭店质量管理和控制的适宜程度、有效程度。对于质量体系的运行状况进行评估，找出其中存在的问题，以便提出改进措施，完善质量体系，使其更加适用于饭店的质量管理与控制。

3. 质量体系评估操作步骤

（1）建立质量体系评估机构。从饭店外部聘请专业审核评估组织和人员或者从组织内部抽调人员组成评估小组，确定评估工作领导机构并制订评估方案。

（2）审查质量体系工作文件。评估小组首先要审查质量体系文件内容的适宜性，即质量体系文件制订的内容是否符合饭店质量管理控制的实际需要，管理控制方法是否符合饭店实际情况，有无缺乏针对性、空洞无物的内容和不符合实际的要求和管理的内容等。

（3）审查质量体系运行的有效性。评估小组要审查饭店在制订了质量体系之后，是否在实际工作中很好地贯彻执行了质量方针，是否在日常管理中按照质量体系规定的项目、内容进行操作，质量管理工作运行是否正常，是否能够真正控制好饭店的质量管理工作，是否确有效果，有无不符合实际的要求，有无制约饭店运行的不利因素等。

（4）深入实际，评估质量体系落实情况。评估机构要深入饭店内里，了解质量体系在饭店中的实用性和有效性，了解饭店是将质量体系文件束之高阁还是真正用在实际工作中。要深入员工中，了解员工对质量体系的认知情况、执行情况、执行效果等。

（5）了解质量体系运行中存在的问题。评估人员要从饭店的质量管理案例中，分析质量体系文件执行情况和执行效果。通过解剖"麻雀"，真正了解其运行情况，并且还要了解质量体系在实际工作中存在的缺陷和问题，有哪些不足、有哪些需要改进的地方等。

（6）汇总、分析，撰写评估报告。评估小组在进行了充分的调查研究和评估分析之后，将了解到的情况进行汇总、分析，写出评估报告。

4. 质量体系评估后的改进措施

饭店在接到质量体系评估报告之后，要认真阅读评估报告文件，重点关注本饭店质量体系执行以来取得的成绩，饭店按照质量体系操作取得的效果和对饭店质量管理控制的作用。在肯定成绩和效果的基础上，要重点分析存在的问题、存在的缺陷、质量体系内容中不适宜的地方和效果不明显的问题等，查找原因，同时提出改进措施。

（1）首先修改质量体系文件中不完善和不妥当之处。饭店初次制订的质量体系文件，因为没有经过实践检验，不免会存在这样或那样的不足和缺陷。在进行了质量体系评估之后，要根据评估中提出的不足和问题，指派专人对质量体系文件进行修订，补充必要的条款、修改不便于操作和不适宜的内容。

（2）对于重新修订的质量体系文件，进行试运行。修订后的质量体系文件，为了检验其适宜性和实用性，为了检验其运行效果，有必要选择某个部门进行试运行，了解其可行性。在试行过程中，可能还要做必要的补充或修改，以便更加贴近实际，更加符合操作规程。

（3）在改进措施中，要照顾到与宾客意见书和宾客满意度操作要求的一致性和协调性。饭店质量管理体系运行中，应该包括宾客意见书和宾客满意度的操作和使用。宾客意见书和宾客满意度调查是饭店了解客人对服务质量和管理质量评价的重要手段，也是饭店质量管理中听取宾客意见、不断改进服务的有效途径。在进行质量体系评估和改进时，一定要考虑与宾客意见书和宾客满意度调查的相互作用和相互联系，要对宾客意见书和宾客满意度调查的文件作改进和完善。只有这样，才能全面改进质量管理工作。

质量体系的评估考核和对质量体系的不断改进和完善，与建立质量体系同样重要。建立质量体系是一项非常复杂的系统工程，维护和坚持对质量体系的操作同样也是一项艰苦、细致的系统工程，甚至比建立质量体系更加繁杂、更加需要韧性。往往一项制度的制定并不难，难的是能否坚持执行制度，能否执行好制度所规定的内容和要求。有许多饭店在开始时，信心百倍地制定了相当完善、相当齐全的规章制度，但是却在以后束之高阁，依然凭着惯性操作，凭着经验操作。因此，往往是发生了事故，甚至是重大事故，在查找原因时才知道是因为没有认真按照制度办事。这样的教训非常之多，平时认真执行制度是防患于未然的最佳手段。

因此，在执行制度上饭店丝毫不能马虎，不能心存侥幸。这就要求饭店在制定了制度之后，一定要有评估和检查机制，要如同每年进行工作总结一样，对制度执行的情况进行评估和审核，要随着不断变化的情况，依据适宜性和实用性原则，每年对制度进行修订和完善。

11

如何建立和推行饭店管理公司质量管理体系

讲究品牌的饭店管理公司，都非常注重体系建设，在建立财务管理体系、营销管理体系、运行管理体系等的同时，建立质量管理体系。本章主要阐述饭店管理公司质量体系的一些主要内容和制度建设方面的经验。

目前来看，国内多数饭店管理公司尚处在成长期。作为管理公司，制度建设是管理的基础。在其管理范畴内，必须十分重视质量管理这个环节，这是毋庸置疑的。

目前多见的情况是在公司内或者设立一个机构（部室）或者指定几个人专职从事质量管理工作，但是建立了完善的科学的质量管理体系的管理公司还不多见；有的管理公司在运用质量管理体系方面还不够完善；有的虽然建立了质量管理体系，却没有收到理想的效果，或收效甚微。

目前国内多数饭店管理公司是比照或照抄国外饭店管理集团或管理公司的质量管理版本。有的照搬一个集团的版本，有的将几个集团或饭店的版本融合后，加进自己饭店特色，形成自己的管理标准。即便这样，大家也发现，有一个比较困惑的问题，就是国内外各个管理集团或管理公司的质量管理并没有统一的版本，而是各有各的做法和特点。到目前为止，业内也还没有形成一套权威的被普遍采用的质量管理模式（体系）。其实，如果深入研究饭店质量管理工作，就会发现许多质量管理的做法是大同小异的，只不过是其组合的方法有所不同而已。找到其中的规律，再结合本饭店的特点，完全可以制订出适合本管理公司的质量管理体系和操作方法。而且实践证明，各个管理公司也是各有各的特点和企业文化氛围，照抄照搬或者植入别人的管理模式并不是最好的做法，且多数情况下硬性植入的操作内容和方法也不容易成活。如果根据本管理公司质量管理的逻辑和已实行的做法进行改造，按照本公司企业文化的特点进行质量管理体系的设计，不失为"洋为中用""古为今用""他为我用"的好方法。

一、饭店管理公司建立质量体系的作用

饭店管理公司为了达到对饭店质量管理的有效控制，应该在管理机构内建立并全面实施一个由组织结构、程序、过程和资源构成的质量体系，并由这个质量体系全面管理和控制各个饭店的质量。

饭店管理公司建立质量管理体系，是为了实现组织制定的质量方针、质量目标，并开展质量活动而设定的一种特定系统。质量体系应包括质量管理体系和质量保证体系。

质量管理体系是指在组织内部，为了实施持续有效的质量控制所建立的内部质量体系。

质量保证体系是指组织在合同环境下为满足顾客规定的产品或服务的外部质量要求，并向顾客证实质量保证能力的质量体系。

质量体系的作用有如下几个方面：

1. 有助于实现管理公司对其产品经营的目标

饭店管理公司主要经营饭店产品，构成饭店产品的两大要素是硬件质量和服务质量，要保证向社会提供符合宾客要求的产品和服务，星级饭店的硬件产品必须符合星级标准，突出其豪华和艺术氛围，并尽最大可能使用环保节能产

品。这是对硬件产品的质量要求。服务质量是基于硬件的基础，为宾客提供温馨、舒适的优质服务。为了达到上述标准并为此确立饭店产品的质量方针和质量目标，就要建立一套现代的科学的对质量有保证的质量体系。建立质量体系就是要通过一系列质量管理、监控，保证饭店经营和服务取得最佳的经济效益。

2. 有助于实现对饭店产品和服务过程的系统化管理

有了质量体系，管理公司便可以严格按照体系内容和标准，对所属饭店的产品和服务进行规范管理。饭店内部也可以对各部门、各岗位、各环节和各类人员的质量目标、职责权限、质量职能和工作程序做出符合质量体系的规定，并进行系统化控制和管理。质量体系可以帮助饭店管理者做到系统化、规范化、程序化管理，以达到产品质量要求。

3. 有助于保证产品和服务符合技术规范性的要求

管理公司为了达到其统一管理的目标和要求，能够长期、稳定、持续地提供令宾客满意的服务，不仅要坚持强调标准操作程序，还要拥有一套对标准操作程序进行质量管理的体系和操作方法，用质量体系来管理和控制质量管理工作，使之符合规范性的技术要求。有了质量体系，管理公司就可以对所属饭店的产品和服务进行统一的技术要求和监控，按照质量体系要求对操作程序进行检查和管理。

4. 有助于证实管理公司的质量保证能力并树立良好的口碑

宾客选择饭店入住，往往首先要看这家饭店的品牌和质量口碑。有管理公司管理的饭店、质量管理规范有序的饭店和服务质量口碑好的饭店，一定是有市场的，往往是宾客的首选。因此，质量体系的建立和实施，可以从标准化规范化的角度证实管理公司的质量保证实力。再有，很多新建饭店的投资者，在选择经营方和管理方时，更多的也是要考察该管理公司的质量管理和服务标准是否符合他们的需求。有严格质量标准和管理程序的管理公司，有规范化质量体系的管理公司，有宾客良好口碑的管理公司，也必然是投资方首选的目标。

二、饭店管理公司质量体系主要由哪几个部分组成

饭店管理公司质量体系的组成，有4个部分，即组织结构、程序、过程和资源。

1. 组织结构

组织结构，即质量管理的组织机构。对于管理公司而言，质量管理机构一般称为质量管理委员会，质量管理委员会下设质量管理部门，并由若干成员组成。管理公司的质量管理委员会，负责制定质量标准并对所属饭店进行全面质量管理工作。管理公司的质量管理不是取代饭店本身的质量管理，主要是对所属饭店进行指导和监控。饭店内的质量管理机构，一般称为质检部。质检部接受上级公司质量委员会的领导和指导，对饭店质量进行全面管理。这是一种比较正规的组织结构形式。

有的管理公司并没有这么规范地设立质量管理机构，而是在行政部门内设立专职人员负责质量管理工作，与所属饭店也是一种松散的管理关系，提供质量管理标准，制定质量管理规章制度，提出质量要求，必要时做一些检查控制工作等。

我们说，质量管理的组织结构是为质量管理而设立的，不管哪种设置方式，只要符合本管理公司的特点，有利于管理公司的管理和运作，就是适宜的。而且所有管理部门的组织结构设置从来不是一成不变的，在管理公司运作和发展的过程中，还可以根据实际情况，在适当的时候进行调整。

2. 程序

程序，即质量管理的操作步骤。像每一个服务环节一样，管理公司也要制定质量管理的检查和监控程序，并纳入公司的质量体系中。管理公司必须公开、透明地设定质量管理的操作程序，以便于每一个所属饭店按照操作程序进行日常的管理和控制。

3. 过程

过程，即质量管理的具体经过环节。质量管理过程也具有一定的规律性，

也应该以制度规定的方式明确表述出来，让饭店可以明白地按照管理过程进行具体的操作。例如，对所属饭店的质量检查，可以分为明查和暗访。不管是明查还是暗访，都应该具体规定检查的内容和检查的操作程序。在做明查之前，管理公司首先要确定明查的时间、检查内容、检查顺序。检查后，要公布检查结果，提出整改要求等。这个检查过程，就是质量管理的过程，以一定的操作方法和手段实施、完成这个过程。暗访虽然是暗中进行，也要制定其操作程序，制定检查内容、检查方法、评价依据等。虽然暗访具体时间不能公开告知，但是操作方法和内容，即操作过程都应该是公开、透明的。

4. 资源

资源，即质量管理方面的信息和经验。质量管理是一门管理科学，其日常的积累和管理操作的记录内容，都是非常宝贵的质量管理资源。我们应该珍惜这些资源，利用好这些资源。但是散乱的、没有加工和整理的资源，不具利用价值。前提是把这些资源分类、整理、加工，才可以成为可共享的资源，进而成为饭店业共享的信息资源。例如，一个管理公司连续几年的质量检查工作记录，一定会记录许多典型的服务案例和管理案例。对这些案例加以收集和整理，便可以成为资源。这些案例的利用，就是信息共享，资源再利用。在质量管理的信息资源中，不乏有着许多宝贵的管理经验，这些经验来自实践，并可以反过来指导实践，可以给予人们很多管理的启示。充分收集和利用这些信息资源和经验，有助于饭店业管理质量的不断提高。

三、饭店管理公司质量管理体系的主要内容有哪些

质量体系是否形成，应该看一家企业是否形成了一系列围绕质量管理的系统文件。系统文件的内容主要是质量方针、质量计划、质量控制、质量保证等。

1. 质量方针

质量方针是指由企业的最高管理者正式颁布的该企业总的质量宗旨和方向，是企业开展质量活动必须遵循的准则。质量方针具有以下特点：

（1）质量方针由最高管理者正式颁布，并形成文件。

（2）质量方针与企业的总方针相适应、相协调，是企业总方针的一部分。

（3）质量方针应从产品质量要求及顾客满意的角度做出承诺。

质量方针须带有企业文化特点。饭店管理公司制定质量方针，要体现组织对质量管理的总目标，体现对顾客的承诺，体现该组织的质量工作指导思想和行动指南。质量方针的制定，一定要紧紧围绕本公司的企业文化特点、企业文化内容和企业理念等具体内容而制定。每家管理公司在成长过程中，都会形成带有一定特色的企业文化，这些文化内涵体现在经营管理的方方面面，也应该渗透到质量管理当中去。因此，在制定质量方针的同时，要根据本公司的具体情况，根据企业文化的内涵和特色，根据本公司历来形成的质量管理内容和特点来制定。要注意质量方针不能脱离本公司的文化氛围，还要注意结合本公司实际情况和发展水平，既要追求高水准，又要贴近本公司的发展目标和现实情况。

质量方针须具有执行力。质量方针要保证本公司全体员工能够正确理解和顺利执行。为了易于全体员工对质量方针的理解和掌握，通常要选用适用于本公司的、通俗易懂、简明扼要的语言来表达。

例如"全程质量方针"——"全程精心策划、全程精心设计、全程精心实施、全程精心服务"，这个质量方针反映了工程质量的特点；又如"技术领先，品质卓越；管理科学，效益最优；持续改进，顾客满意"，这个质量方针反映了高新技术领域的特点；再如"让宾客完全满意"，这个质量方针既体现了饭店服务的特色，又简明扼要地提出了很高的质量标准，同时又是这家饭店管理公司企业文化和服务理念的体现。

2. 质量计划

质量计划是针对某一特定产品、项目或合同，规定专门的质量措施、资源和活动顺序的文件。

在制订质量计划时，通常要引用质量手册的有关部分，但要注意其是否适用于具体的情况。

质量计划的格式和详细程度应根据本企业的具体情况而定，计划应尽可能简明、易懂，好操作。

在饭店行业中，质量计划的制订，不一定完全遵循某一个版本标准的结构及编号，主要是要符合本饭店的管理与服务的要求，适用于本行业的特点和操作习惯。

3. 质量控制

质量控制是指为达到质量要求所采取的作业技术和活动。质量控制的对象是过程，即质量管理的操作过程。质量控制的结果就是使被控制对象达到规定的质量要求。

作业技术，是饭店的专业技术和管理技术的结合体，是管理者的控制手段和方法的总称。这些技术和活动包括：确定控制对象，如饭店内前台接待操作过程或服务过程等；制定控制标准，即应达到的质量要求，如客房清洁标准、餐饮服务标准等；制定具体的控制方法，如早餐操作规程、VIP客人接待服务规程等；明确所采用的检验方法，包括检验工具和仪器等，如对食品检验需要一定的检验手段和仪器。

质量控制应贯穿于质量形成的全过程。如果把质量工作看作一个环的话，这个全过程包括硬件的配备、一线与各个环节的衔接、一线与二线的衔接、供应商与饭店的衔接和配合等，它们共同构成饭店质量控制的质量环。

质量控制，必须控制好产品和服务的产生、形成或实现过程中的每一个环节，确保它们达到规定的要求，把产品缺陷控制在其形成的早期并加以消除。就饭店服务业的质量控制来说，应该严格执行服务规程和每一个岗位的操作标准；同时，不仅要控制服务、面客过程，而且还要控制影响服务过程质量的各种因素，尤其是要控制好其中的关键因素。

举个例子：一家饭店在试运营阶段其硬件已经完善，各项设施设备已到位，员工已做了良好的服务培训，员工的服务热情也很高。在这种情况下，饭店承接了一个比较有规模的会议团队。但是由于餐厅面积不够大，会议团队用餐人员多，造成早餐场面混乱；午餐时，又由于与供应商的衔接不畅，造成厨房原材料短缺，不能保证400多名会议代表的正常用餐，尽管管理者和员工都做出了极大努力，还是引来重大投诉。这个例子说明：不仅饭店内部的工作要完善，饭店硬件接待能力与接待规模要匹配，而且与合作伙伴的配合也不能忽视，与供应商的配合也是质量控制的重要内容。

质量控制的目的在于以预防为主，通过采取预防措施来排除质量环各个阶段产生问题的原因，以获得期望的经济效益。在上述案例中，如果饭店方在接待会议之前，事先做好会前的接待方案，预估接待能力并做足食品供应的准备工作，与供应商做好沟通与协调，就能够排除导致混乱的因素，不至于造成投诉和宾客的不满。

因此，质量控制的具体实施，主要是排除影响产品质量的各环节、各因素中可能发生的问题，对可能遇到的困难和问题制订相应的解决计划和应对程序，对发生的问题和不合理的情况进行及时处理，采取有效的纠正措施。

4. 质量保证

质量保证的目的是提供信任。信任的对象有两个方面：一是内部的信任，是使饭店内部各级管理者能够达到并保证预定的质量要求而进行的质量活动，主要对象是组织、领导和各级人员；二是外部的信任，是使宾客确信饭店提供的产品或服务能够达到预定的质量要求，主要对象是客户。由于质量保证的对象不同，所以客观上存在着内部和外部质量保证。

（1）内部质量保证。内部质量保证主要是指内部质量体系的建立和运行，包括技术、管理、人员等方面的因素均处于受控状态。在饭店管理公司内部，要想搞好质量管理，就必须按照质量体系的各项因素，建立减少、消除、预防质量缺陷的机制。只有建立了这样的机制，才能具有质量保证能力。作为饭店管理公司，内部质量保证的必要条件，第一是要具备技术质量保证体系，即制订具体的各专业的技术保证参数；第二是要具备质量管理手段、措施和管理制度；第三是要设立执行质量管理的专职人员，按照质量计划进行质量管理和控制。

（2）外部质量保证。外部质量保证主要是指产品的质量要求必须反映顾客的要求才能取得顾客足够的信任。这方面，就要求饭店管理公司和饭店本身，认真运用好宾客意见书和宾客满意度调查等工具，不断收集宾客意见，了解宾客的需求，进而不断改进服务，提供贴近宾客需求的个性化服务，赢得宾客的信任。在我国，某饭店管理公司为了提供外部质量保证，不惜重金聘请外籍专业人员，根据本公司的具体情况制订了"宾客意见书"操作系统和"宾客满意度"操作系统，再抽调专门的人力、配备相应的物力，监管饭店的宾客意见书和宾客满意度调查工作。坚持每月收集、统计宾客意见书和宾客满意度调查相关数据，进行数据分析和处理，将数据显示的动态情况用于指导所属饭店的服务改进工作。他们运用这两个工具，不断改进产品、改进操作程序，提高服务的过程质量，取得了非常好的效果。

四、饭店管理公司建立质量体系需要哪些步骤

在许多饭店管理公司的运行中，都具有其适宜的质量监控手段和方法，但是不一定都形成了规范的文件，或制定了规范的操作手册。这就是我国饭店管理公司目前尚欠缺的管理提升环节。很多管理公司只是在实践中形成了一套习惯性的做法或约定俗成的做法，管理公司或许会有一些相关的文件或制度，这些做法和制度在一定程度上起到了质量监控的作用，保证了质量管理工作的正常进行。但是质量体系文件的缺乏标志着质量管理工作还未达到完善的质量体系的程度。当一家管理公司已经具有了一定的质量管理基础的时候，当他们的做法比较成熟的时候，管理公司就应该组织一定的力量，对已有的质量监控制度和做法进行系统地整理和加工，按照"去粗取精、去伪存真"的原则，总结管理公司长期以来积累和总结的质量管理做法，进行系统的梳理，去

掉不实的、不严谨的东西。同时，对具有本企业特色的经验性的管理方法进行修改和完善，使其系统化、规范化、条理化，上升为理论性的质量管理文件和质量管理体系内容。

那么，一家饭店管理公司想要编制质量体系文件或操作手册，有哪几个步骤呢？

（1）可以先指定一名负责人，由他牵头组织成立一个机构。这些组织成员要由富有质量管理工作经验和具有一定写作能力的人员组成。

（2）该组织首先要学习相关的文件，比如ISO 9000（质量标准）、ISO 8402（质量术语）、ISO 14000（系列标准）等，熟知国际标准化组织关于质量标准的相关内容。

（3）收集本管理公司质量管理方面的相关制度、规定、控制措施、有成效的做法、相关理念等。

（4）对上述国际标准和本企业的质量控制内容进行分析、整理、归纳、整合。

（5）在分析、归纳的基础上，质量体系编写小组成员要统一认识。主要是统一写作质量体系的理念、指导思想等方面的认识。

（6）确定质量体系写作的框架结构、具体内容。由编写人员分工，起草相关部分的内容。

（7）拟订初稿后，再进行反复的讨论和修改。可以在编写小组内部反复讨论修改的基础上，扩展到饭店各个部门相关人员参与讨论和修改，再由负责主笔的人员进行统稿。

（8）统稿之后，形成初步的讨论稿。讨论稿要交给有关部室进行讨论，并提出修改意见和建议，而后再交给所属饭店管理层人员进行讨论并提出修改意见和建议。

（9）根据下属饭店充分讨论的意见和收集到的各个方面的修改意见，编写小组再进行修改。

（10）基本定稿后，由管理公司的权威机构和人员进行修改和审定。

（11）经过管理公司的讨论和履行审批程序后，予以批准和颁发。

注意：质量体系文件的编制，是一个系统梳理管理公司质量管理工作的过程，是一个将质量管理做法完善并纳入系统化编制文件的过程，这个过程必须有专业的人员进行指导，必须细致认真，投入一定的精力和时间，而且必须反复进行讨论和修改，不能一蹴而就，不能马虎从事。

五、如何编制饭店管理公司的质量手册

质量体系编制内容中，其核心的内容是质量手册的编制。

质量手册要涉及饭店管理公司的全部活动或部分活动，手册的标题和范围反映其应用的领域。一般情况下，该手册应主要涉及公司的质量活动全部内容，但未必能够反映其全部活动。

1. 质量手册的内容

（1）质量工作内容、机构、操作方法；

（2）质量管理人员的职责、权限和相互关系；

（3）质量管理程序和说明；

（4）相关的表格等。

质量手册一定要根据本管理公司的具体情况而制定，不可生硬地照搬别的企业的版本。

2. 编写步骤

（1）首先成立质量手册编写工作小组。该小组要由管理公司的分管领导牵头，作为组长或召集人，以充分体现管理公司的质量观念，由其负责组织、召集、协调相关工作。

（2）编写小组成员统一思想。首先要统一管理公司质量管理理念，即收集企业在质量管理工作中形成的文化氛围、风俗习惯、有效的做法等，并进行系

统梳理。要保留和传承公司多年形成的、具有积极向上的、能够反映公司优良文化的内容和精神，删除形式主义的繁缛复杂的和不利于操作的形式和做法。统一思想的过程，就是对管理公司质量观进行整合和再创造的过程，也是质量意识提升的过程。

统一思想，是编制质量手册前期的重要准备工作。管理公司编制质量手册的过程，是一个承前启后的过程，也是对本公司质量管理和质量文化的整合过程。这个过程可以将管理公司过去多年创造的具有丰富实践经验的质量管理做法进行梳理和提升，在注重传承和创造的基础上，使公司的质量文化更加优化、先进、合理和利于传播。管理公司还可以在借鉴他人经验的基础上，吸收精华，兼收并蓄，使公司的质量观和质量管理水平攀升新的台阶。

（3）收集现行质量管理工作文件、操作方法、表格等相关内容。编写小组要从业务部门、质量管理部门等收集正在使用的和以前保留的原始文件、补充资料等文字性内容。这项工作需要管理公司与所属饭店上下配合，部门与部门之间配合协调，共同协助质量体系编写小组收集齐全相关资料。

（4）编写小组依据质量手册的提纲，初步选定需要进入手册的内容、要素等。在收集到的文件资料中，进行筛选、归集，将具有重要价值的文件资料分类，按照提纲要求进行初步选定。

（5）确定编写的结构和格式。可以参考其他企业质量体系中质量手册的编写格式，再结合本公司文件格式，确定要编写的质量手册文件结构和格式。

（6）进行编写。编写小组可以设一位主编，其他成员辅助其工作。

（7）编写小组讨论编写初稿，请管理公司的专业人员参与讨论和修改。在初稿基本形成时，可以组织管理公司相关部门的业务专家和质量管理经验丰富的人员审阅初稿，专题讨论，提出修改意见。

（8）组织所属饭店高层管理者讨论和修改。在公司相关人员讨论的基础上，再组织所属饭店分管质量工作的高管人员进行讨论并提出修改意见。

（9）编写小组根据多方面的修改意见和建议进行讨论和修改。编写小组将众多修改意见和建议进行整合，确定修改方案，进行实质性的修改。

（10）请所属饭店质量部门讨论并提出修改意见。再次将修改的质量手册文件提供所属饭店质量管理部门人员进行审阅，从使用的角度提出修改意见。

（11）质量文件编写基本定稿后，可在一定范围内（选择一两家饭店）模拟运行，并请运行部门提出修改意见或建议。

（12）整个手册内容基本确定后，送呈管理公司领导审阅。经过上下多次讨论和修改后，该手册基本定稿，正式呈送公司领导审核。

（13）根据管理公司领导的意见进行再修改。如果公司领导提出了修改意见，编写小组要根据领导意见进行再次修改，并呈报领导。

（14）定稿后，由管理公司高层颁布施行。公司领导审核后，不再提出疑义，可以成为定稿。但是定稿不经公司一把手签署是不能正式发布的。必须经过公司一把手正式签署，才可以发布。质量手册一旦发布，应该成为公司规范性文件，必须贯彻执行。

3. 编写顺序

（1）标题（表达准确、涵盖适度、简明扼要）。

（2）目录页。

（3）有关编写手册的目的、指导思想。

（4）组织机构、职责、管理权限。

（5）质量手册内容介绍。

（6）相关质量内容的定义。

（7）质量工作内容的操作程序。

（8）相关表格。

（9）支持性资料及附录（如需要）。

这是一个大致的内容框架，具体内容和编写顺序要根据管理公司具体情况和编写习惯而定。

4. 编写要求

（1）手册的标题应明确地规定手册适用的范围、组织形式和所适用的质量体系。

（2）手册的目录要列出手册中各章节的标题及索引。各章节、页码、图表、示意、图解及表格等分类清楚、合理，便于查找使用。

（3）编写目的介绍应写明编写质量手册的相关信息、编写依据、编写目的、总体内容的介绍等。

六、质量体系程序的相关内容是什么

在 ISO 8402 中，程序定义为：为进行某项活动所规定的途径。

作为质量体系程序，其范围和详细程度等应根据工作的需要和本公司的习惯进行编写。主要是能够回答做什么、什么时间做、什么地点或场合做、由谁做、为什么这样做等问题。

程序文件一般应包括：

（1）文件编号和标题。

（2）目的和使用范围。

（3）引用的相关文件和术语。

（4）职责。

（5）工作流程。

（6）工作报告和表格格式。

七、质量体系的实施程序有哪些

（1）发布。管理公司权威机构正式颁发文件。以管理公司的名义正式发布，表示对新的质量体系系统文件的认可和确认正式实施。

（2）培训。实施前，对相关人员进行质量体系内容的宣讲和培训。实践证明，实施一项新的政策，其事前的宣传和培训是相当重要的一个环节。有的公司往往忽略这样的环节。编写人员虽然已经十分清楚文件的内容和编写过程，但是读文件的人的理解却会是千差万别。因此，为了达到统一认识和能够顺利推行的目的，宣传和讲解新的文件体系的内容，即培训环节是必不可少的。

（3）试行。在公司一定范围内进行试行。一项新的政策的出台，由于是新生事物，必然存在不完善、与现实的某些情况不匹配或者不相符，因此需要一个磨合期，或曰磨合过程。由于是管理公司的政策行为，更需要慎重推出。最好的办法就是在一个饭店或一个部门内先试行，在试行过程中进行再修改和完善。

（4）正式推行。经过一定的试行和磨合过程，编写小组再进行相应的修改后，管理公司通过正式渠道进行发布和正式推行。此时，该质量手册文件已经成为管理公司的正式规范性文件。所有旗下饭店必须认真遵照执行，按照该手册规定的内容和要求进行质量管理和监控。

八、质量体系实施中如何运行与控制

质量体系制定、推行以后，最为重要的是使之真正在管理公司中贯彻执行，取得满意的成果，这就要求管理公司的管理者要有贯彻执行的决心和信心，要把质量管理体系的贯彻执行作为管理公司的一项重要任务来完成。质量体系的贯彻执行，就是要按照编制的文件操作程序，按照文件制定的质量方针、目标、要求等去操作，以便规范所属饭店日常质量工作。对于所属饭店而言，一定要按照管理公司质量体系所规定的内容，编制本饭店的质量管理体系版本，使之与管理公司的质量体系对接，达到操作标准一致性。

（一）质量体系文件的实施程序

（1）发布文件实施命令，宣布生效日期。饭店管理公司在制定完毕质量体系文件和质量手册后，要正式下达质量体系在全公司实施的文件，文件中要阐明质量体系文件的重要性、必要性，阐明如何在所属系统贯彻执行并注明该文件的生效日期。

（2）召开会议。管理公司在下达文件时要召开公司各部室及饭店总经理一级管理人员的会议，宣讲质量体系文件的内容，强调其重要性和贯彻执行的必要性，提出具体贯彻执行的要求，宣讲具体的操作方法等。

（3）各饭店逐级向下传达。在管理公司召开会议、下达文件之后，各饭店要立即召开饭店中层管理人员会议，传达文件精神，下发文件内容。中层人员在学习、吃透精神后，要再逐级传达到各个管区和全体员工，使整个公司上上下下所有人员都知晓该文件的目的、意义，以及如何执行。

（4）讲解和培训。至于如何执行、如何操作，这是具体的技术问题，要解决具体操作人员从不了解、不理解和不知如何操作到理解、会操作的问题，还必须进行讲解和培训。各饭店要首先培训质量委员会成员，然后逐级讲解、培训，直至所有管理人员和员工吃透精神，知道如何操作和顺利贯彻质量体系文件。

（二）运行中的控制机制

任何文件的下达和贯彻执行，绝不是发下去就完成任务了，重要的还在于贯彻中的正常运行和有效控制。因此，管理控制机制是质量体系正常运行的保障。其内容包括：组织协调、质量监控、信息管理、质量评价。

1. 组织协调

质量体系的运行主要体现在饭店内部。饭店内部的组织协调工作如同其他工作一样，首先是饭店高管层的部署，其次是部门的具体运作，然后是部门之间的沟通与协调。通常情况下，运作正常时一般不需要更多的组织协调工作，当运行不畅时，则需要组织发挥协调功能，尤其是饭店各个部门之间的一些接口，往往会发生不畅通的情况。

比如，一个大型宴会，首先是饭店负责销售的部门联系谈妥宴会的时间、出席人数、场地布置要求等。饭店餐饮部与销售部衔接，餐饮部主管宴会的总监或经理布置本部门如何接好这个宴会，而具体操作的是相关厨房的厨师长，他要开出宴会菜单，管事部负责准备宴会所用餐具。服务人员要事先进行宴会摆台、场地布置，宴会过程中又有传菜、桌边服务等环节。这中间的每一个环节都要按照工作标准操作，每一个环节的工作质量必须符合质量体系所规定的要求。但是，有的环节会发生衔接不畅，或者责任不清楚，或者推诿扯皮等问题。如果组织协调不到位，不能及时排除运行中发生的不畅，就可能导致整个宴会服务发生梗阻；如果是比较重要的宴会发生了衔接不畅的问题，必然导致主办方的不满，也就是说饭店的工作质量出了问题。可见，虽然工作都有标准、有要求，都有各自明确的分工，但是，在具体活动中，也必须有人负责协调，各个部位都必须有责任人，各个责任人之间必须保持信息畅通，遇有问题及时协调，顾全大局，时时控制好，才能保证万无一失。

小的协调即部门内部或管区内部的协调，由部门经理负责协调即可。大的活动，牵涉整个饭店的活动，一般应在饭店执行总经理或驻店经理的主持下予以协调。在协调过程中，必须以整体活动的大局为重，服从整体工作的需要，在遇到小部门与整体活动冲突时，局部必须服从整体。

组织协调的通常做法是：

（1）对于一般问题，通过工作例会（晨会）进行协调；

（2）对于重大问题，通过专题会议进行协调；

（3）对于紧急问题或现场发生的问题，通过管理者口头命令（指令）进行协调；

（4）对于具有重复性和能够预见的问题，应尽可能制定书面程序予以协调。

经验证明，组织协调成功的关键是：

（1）严格按照质量管理体系文件的规定程序工作；

（2）严格执行管理者的决策，做到令行禁止，工作不推诿扯皮；

（3）对于有可能重复发生的问题，可及时或定期组织修改质量体系程序，以适应实际工作的需要。

2. 质量监控

质量体系的建立并不难，只要按照规定的标准和操作程序，通过一系列组织策划工作就能建立起来。但是建立了质量体系，不等于就能够管理好质量。质量体系本身也存在着运行质量的问题，运行质量如何是非常重要的环节。那么，怎样才能保证质量体系正常运行呢？

答案就是质量监控。

质量监控分为内部的控制和外部的监督与控制。对于饭店而言，具体又可以分成4个方面的控制。

（1）饭店内部的质量体系运行实施和质监部门的内控。即平时我们所说的饭店服务质量管理机构的监督和检查、控制，这是最为主要的监控形式。

（2）来自饭店客人的监控。现在通常采用宾客意见书和宾客满意度调查等方式进行操作，以得到来自客人对饭店服务质量的反馈。

（3）来自社会上行业部门的监控，通常以旅游行业检查、评比的方式进行。这样的检查、评比也是质量监控的一种外部方式。

（4）管理公司的监控。管理公司的质量监控作用有两点：

①保证质量体系的运行不偏离标准。一般而言，质量监控的作用就是对一个实体进行的连续的验证和控制，以检查在执行质量体系的过程中是否发生了偏离。如果发生了偏离，监督检查人员就要及时反馈，饭店能够及时知道自己的质量工作出了问题，便可以及时采取措施予以纠正。

②保证质量体系起到维护品牌的作用。质量监控的作用还在于对品牌形象的保证。许多饭店管理公司经过一定时期的发展，成为业界领先的管理公司，他们十分珍惜自己的品牌形象与品牌价值，并通过持续的质量控制达到维护品

牌形象、提升品牌价值的目的。他们会持续不断地对下属饭店进行质量体系的监督和控制。

3. 信息管理

质量信息管理也是提高质量、保证质量体系运行正常的必要措施。在现代社会，信息反馈是实时的、无处不在的。有学者说管理的艺术就是驾驭信息的艺术。有人还比喻"如果说组织结构是质量体系的骨架的话，那么质量信息系统就是质量体系的神经系统。"信息管理的功能在于全面、准确、及时、有效地获取质量信息，管理质量信息，发挥质量信息的作用，保证质量体系正常有效运行。一旦发现质量体系运行偏离方向，能够得到及时有效的纠正。为此，要提高质量管理的科学性、有效性、及时性，就要建立现代化的信息管理系统。

饭店管理公司在建立了质量体系的基础上，还要更好地组织和管理好质量信息反馈工作。那么质量信息如何管理呢？从目前的情况看，可以有如下几个途径：

（1）饭店内部质检部及时记录日常检查情况。通常饭店的质量管理工作，由饭店质量管理组织机构进行监控和管理。饭店质量管理组织机构会进行常规的走动检查，即质检部负责对饭店日常服务质量状态和员工对客服务状况进行监控。他们在检查中会运用各种表格，记录检查的情况，并辅以文字说明输入电脑，作为日常监控工作的记录和资料累积。

这些表格和文字记录，就是服务质量日常情况的真实记载，也是质量管理信息的重要来源。饭店质量管理工作人员通过对这些记录资料的汇总和分析，可以从中找出规律性的东西，用以改进和提高质量管理工作。

（2）饭店质量管理组织整理和编辑质量管理案例。饭店质量管理组织除了做好日常管理监控工作以外，还应该注意收集质量管理当中的典型案例，适时进行整理，编辑成为饭店教育、培训的教材，用于对饭店员工的培训和案例教学。这也是对质量管理信息加以利用的重要途径。

（3）收集并整理宾客意见书和宾客满意度调查问卷。质量信息的管理还有一个途径，就是对宾客意见书和宾客满意度调查问卷的收集、整理和运用。通常饭店会选择宾客意见书或者宾客满意度调查等方式与宾客交流，获取宾客对饭店的感受和体会。这些宾客填写的意见书和满意度问卷，是非常宝贵的第一手资料，是来自客人的对饭店服务情况好与不好的评判。现代社会中的服务行业非常重视客人的意见，因为现代市场竞争的严峻趋势和人性化管理都要求饭店要十分关注客人，了解客人的需求，并按照客人的需求提升服务工作，而且饭店更提倡为客人提供超前服务、预知服务、个性化服务和惊喜服务，这些更进一步的超值服务是需要通过宾客意见的反馈得到的。因此，对宾客的意见和建议，一定要认真收集，高度重视，及时分析，找出规律。

（4）收集服务质量暗访情况报告并加以分析。饭店在控制质量方面经常采取的另一措施便是聘请专业人士对饭店的状态进行暗访。正常的情况下，一年应该做两次暗访。饭店拿到暗访的情况报告，应该作为来自宾客的重要信息进行分析和处理。对其中带有共性的问题和特殊的个性问题，要提到质量管理机构的分析会议上进行讨论，分析问题发生的根源，从管理的角度查找深层次的原因，并从管理方的角度制定整改措施，以便从根源上解决问题。很多时候，暗访当中描述的情景，问题发生在员工身上，根子却在管理方。饭店对暗访信息的筛查和处理得当，就会从中受益，帮助饭店不断认识问题，解决问题，把质量管理工作做得更好，更令客人满意。

（5）收集同行业质量管理方面的信息。饭店还应该千方百计地收集来自同行业先进企业的质量管理信息，作比较，找差距。这种信息的收集有多种渠道：可以采用实地考察的方式，以商务客人的身份预订其他饭店并入住，了解他们的服务、他们的硬件设备设施改进情况，他们的服务理念和待客做法，等等；也可以与同行人员交流、探讨，了解对方的做法，探讨改进服务的措施，等等。对这些信息的采集和利用也是饭店做好质量管理工作的必要补充。

（6）收集来自网评的信息。现代商务客人和入住饭店的一般旅游客人，都喜欢在网上预订房间。他们在预订前，会通过网络了解打算入住饭店的硬件和服务信息。当选定了入住的饭店后，也会在实际体验中对比网络信息与自己感受的对称性如何，并在网评中发表自己的感受。所以现代星级饭店的管理者早已注意到了宾客网评的重要性，并指派专人每天浏览网评，通过网评，一方面了解宾客对本饭店的评价，另一方面还可以了解到同地区同星级饭店的网评信息，以便了解本饭店在同地区同星级饭店中的认知度，在宾客心目中的认可度。网评已经成为信息来源的重要窗口。

那么，饭店管理公司如何管理质量信息呢？在质量管理方面，主要依靠饭店的信息渠道，通过所属饭店反馈的质量管理信息，从中指导所属饭店做好质量信息的收集、整理、利用、储存等工作。再将饭店的质量信息做一定的整合，充分利用好质量体系的神经系统，使其发挥全面、准确、及时、有效地获取质量信息的作用，保证质量信息的收集质量和运用质量。

4. 质量评价

质量体系的运行和管理都是动态的。尤其质量运行的状态更是动态的，甚至是难以控制的。饭店的服务是人对人的服务，而饭店服务人员会因为不同的时间、地点、情景而引起情绪的波动，即便是训练有素的老员工，也不可能没有情绪低落或情绪波动的时候。那么，饭店管理公司如何评价工作质量呢？

（1）质量体系的评价内容。质量体系的评价内容，概括起来说主要是质量体系的适宜性和有效性。质量体系的建立，以文件的发布作为标志，以质量体系建立大会召开作为实施的开端。但是质量体系内容的贯彻和实施是否适宜和有效，并不是靠强制推行就能证明的，而是需要运用客观、公正、科学的评价系统来考核、评价质量体系的适宜性和有效性。

先谈质量体系的适宜性。适宜性主要是评价质量体系在饭店的运行是否能够协调、有效。

有的饭店管理公司也非常热衷于建立质量体系，但是在内部运行起来往往受阻。其受阻的表现形式，也许不是管理者不具备权威性，或者下属没有执行力，而是表现为质量体系在推行后，只是一阵子的"热闹"，过一阶段就烟消云散或形同虚设了，这种情况往往就出在适宜性上。如果饭店内部还不具备建立质量体系的土壤或基础，没有强烈感受到质量体系的作用和建立质量体系的必要性，特别是管理层没有推动质量体系运行的强大动力和切实可行的操作方法，此时强行注入质量体系就是不适宜的。这个问题的发生，往往与企业文化是否健康、向上，是否具有良好的文化氛围和团队执行力有关。如果一家饭店，其总经理有非常强烈的意愿，主张建立质量管理体系，但是他的副总或者下面管理层人员没有这种动力，在意愿上和认知上与他有较大的距离，而且这位总经理又没有足够的权威的话，恐怕在这家饭店，推行质量体系的土壤就不够深厚，推行的适宜性就值得商榷。

再有一种情况，管理公司有推行质量体系的意愿，但是没有因地制宜地制定适宜本系统的质量体系，而是照抄照搬了别的企业的质量体系内容。尽管这个舶来品的质量体系是非常成熟的、严谨的、可操作性强的，但是它是适宜别的企业的，搬到自己的饭店里，往往不能存活。这也不具备在本饭店推行的适宜性。

再谈质量体系的有效性。有效性主要是从宾客的角度来考察对服务质量的满意程度。即从宾客的体验来了解质量体系的推行是否取得了良好效果，是否达到推行质量体系的目的。这种来自宾客的评价和衡量是饭店外部对饭店内部实施质量体系效果的体会和感觉。

从上述两个角度来看，饭店管理公司对于质量体系适宜性和有效性的评价的具体内容，有如下几个方面：

①质量体系的组织结构、人员和资源是否适宜：

组织结构：要定期评价一家饭店的质量体系组织结构是否健全、人员是否尽职尽责、相关资源等是否具有足以保证产品（服务）质量的有效能力；

实施效果：要定期评价质量体系组织机构能否有效地处置宾客提出的意见和建议及对宾客的投诉处理等；

资源保证：要定期评价质量体系组织是否不作为或形同虚设，人员是兼职还是专职做质量体系工作，相关质量体系资源是否充足。

评价内容：质量体系监控手段、方法、文件、表格、工作计划等是否齐全；是否有定期的质量工作报告等；饭店产品是否能够适应市场形势变化，满足当前宾客的需要和未来市场的需求，是否具有一定的超前性和先进性；饭店对宾客意见的重视程度、处理的及时性和有效性；有无宾客重大投诉，有无严重的质量事故等。

②质量体系审核工作是否有效：饭店的质量体系也与其他工作一样，在一定阶段要进行审核。质量体系的审核可以是企业内部的审核，也可以是饭店管理公司对所属饭店的审核，还可以是行业系统的检查或审核。国家旅游局的年度检查评比、专项检查、互查、暗访等都是质量评审的组成部分。各个管理公司的检查、评比、监控等也是质量评审的组成部分。审核工作的关键是，这种审核必须是真实的、有效的、公平的、公正的；一定要起到对行业和专业工作的指导和交流作用；通过审核、评比等手段帮助饭店不断完善质量体系，使质量体系能够正常运行，促使饭店对质量管理工作长抓不懈。

③质量体系信息管理系统是否建立和健全：做质量体系的管理工作，一定要有质量体系的信息管理系统，要充分利用现代手段，收集、储存、整理、利用质量管理信息。一家质量管理井然有序的管理公司，一定是非常注重信息管理的企业。要利用各种现代手段管理好本企业的质量信息和社会上同行业和相关行业的质量信息。比如：饭店管理公司应该在关注本企业、本行业质量信息的同时，还要关注相关行业，如航空业、展览业等行业信息，及时收集相关信息资料，以便帮助饭店对市场进行分析，对未来饭店业走势进行分析和预测。管理公司还要定期了解、指导和检查饭店的信息资源收集渠道、信息利用状况、信息筛查方法，了解信息整理和存档是否及时、合理，有无保管人员，保管措施是否得当等，以确保所属饭店对质量信息的有效利用。

④质量体系管理是否包括对质量成本管理的检查和监控：质量成本管理不仅是指饭店在质量体系工作的投入是否合理、是否有效，还包括饭店质量优劣带给饭店声誉的影响，也包括饭店为了做好服务工作，对员工培训的投入、培训的有效性、员工服务能力、工作能力的有效性等。如果一家饭店的员工流失率持续居高不下，其培训成本必然加大，其质量效果必然下降。例如，一家饭店曾经在某个年度里，人员流失率几乎达到了100%。所有一线岗位几乎都是新员工，如此之多的新员工，由于业务的生疏、企业文化的适应程度不够等，必然使服务质量有一定程度的下降。想使新员工队伍尽快适应工作岗位和企业文化氛围，就必须加大培训成本，即便如此，也不一定能带来高效的宾客满意的服务质量。因为一个熟练的老员工，其与企业的融合程度之高，对宾客的服务经验之丰富，不是一天两天能够培训出来的。因此，饭店管理者在关注饭店质量体系建立和运行工作的同时，还要关注无形资产的状况，饭店投资和回报的状况，帮助饭店找到无形资产投入和流失的关键点，解决深层次的问题。饭店质量成本方面的检查和评审，可以邀请财务人员一同参与，共同帮助饭店搞好成本控制工作。

⑤饭店营销工作与质量体系的配合是否协调：饭店管理公司还应该高度重视所属饭店营销工作与质量体系的关系。做饭店这一行的都知道营销工作的重要性，但若营销部门自居老大，把营销部门的工作置于质量体系之外，不与其他部门协同，饭店的质量体系也会在执行过程中受阻。一个环节出了故障，必然影响全盘；一个部门的利益受到损失时，同时也一定会影响全局的利益。因此营销部门也必须认真学习和执行质量体系内容，按照质量体系运行。

以上就是进行质量体系评价时应参考的方面。如何做好这几个方面的评价工作呢？经验证明，饭店管理公司应该根据上述内容制定评价的标准、衡量的尺度、评价的频次、评价的具体工具和手段等。一般是将评价内容提炼出来，做成若干个检查点，用打分的方法进行测评。在评价工作中，要注意尽量做到公开、透明、量化、可操作。一定要根据本管理公司的具体情况，制订便于操作的表格，将打分内容细化。在评价的时候，以统一的表格为依据。这样可以最大限度地减少随意性、不公平等事情的发生。

（2）质量体系的评价工作如何组织。

①企业最高管理者应该是主要评价人员。管理评审工作，是组织的高层管理者对质量体系进行全面检查和评价的重要手段。管理公司的每一项政策、制度出台后，都必须出台相关的措施，用以检查管理公司出台的制度、规范、政策、体系等是否具有执行力，是否在坚持执行中，是否适宜、适度和持续有效。

管理公司的高层不仅要指导下属制定制度、政策等，更重要的是监督、检查、评审这些出台的制度、政策的执行情况及其总体效果。这种监督、检查、评审是管理公司的一项重大管理责任。基层人员毕竟是操作者，其所站的高度、所持的视角是与管理公司高层不同的。具体执行者只关心自己执行得如何，不太可能从总体上把握这些制度、政策在企业中的适宜性和有效性如何，不太可能主动地考虑如何改进、如何提高的问题。所以，管理公司的高层应当是质量体系执行情况的评审者，是对质量方针和目标的全面检查者。

②评价依据是宾客的期望满足程度和社会要求、环境变化的适应情况。管理评价是要有一定依据的。对于饭店管理公司而言，评审的依据应该是宾客的期望被满足的程度和质量体系与社会要求、环境变化的适应情况。客观地讲，真正的监督者是入住饭店消费的客人，他们是饭店服务质量的亲身体验者，他们最能直接感受到饭店管理服务的好与不好。现在普遍使用的宾客意见书和宾客满意度调查工具，就是收集宾客感受的工具之一，也是管理评审的最好依据之一。

由于宾客的需求是不断变化的，饭店质量体系的内容和操作方法也需要适时变化，这就要求饭店方面经过评审，不断修正和改进质量方针、质量目标。例如，客人过去住饭店，要求卫生洁净、入住安全就足够了。可是随着社会环境要求的提高，仅仅是卫生洁净、入住安全已经远远不够了，还要讲求高舒适度、低噪音、符合环保要求的客房设施，甚至对房间的灯光也有美观、具艺术氛围的要求。在高星级饭店里，灯光的作用不仅是照明，还要有制造环境氛围的作用，要有点亮、线亮、面亮、局部照明、局部柔光等作用。

正是因为有随着时代变化而变化的需求，所以质量方针、质量目标要不断跟进，不断调整和改善。

③体系评价要建立常设机构。管理体系的评价是一项需要长期地、坚持不懈地做下去的工作。建立管理评价的组织机构是必需的、也是可行的。作为质量体系的配套功能，就需要建立常设的组织机构，建立相对完善的评价体系，作为长期的评价工作持续做下去。

④质量体系评价的具体操作方法要不断更新。通常，管理公司可以在日常质量检查中设定管理评价的内容和项目，由质检人员进行操作，由管理公司的高层进行指导。采取的方法可以是监控检查、年度评价、质量考核等。具体的管理评价可以由质检组织机构和专职人员去操作，但是调整企业质量体系方针、政策、目标及调整质量方面的重大决策、重大改进意见等还是要管理公司高层决策。管理公司高层要不断地考核和评价本系统的质量管理体系，从中找出存在的缺陷，提出改进措施（通常是半年或者一年一次），提出变革意见，要把求新求变放在管理公司战略当中进行考虑和实施。

⑤管理公司应经常聘请专家进行检查和指导。饭店管理公司的质量管理和监控，在自身日常管理和监控的基础上，还需要聘请同行业中的专家进行检查和指导，管理评审也要听取专家的意见和建议。因为行业专家能够从冷眼的角度发现公司内部人员平时不太能够发现的问题，他们能够以局外人的眼光指出饭店存在的问题。例如，同样走过一个岗位时，饭店本身的管理人员经过这个部位什么也没有感觉到，而暗访人员却发现了服务人员精神疲惫、服务不经心等现象；同样坐在餐厅里用餐，饭店内部的管理人员感觉服务很周到，但是暗访人员有可能发现有服务员在扎堆聊天，对客人不够关注，服务不够主动，有时客人坐在咖啡厅多时，没有人过问是否需要服务等现象，甚至客人提出服务

需求时，会以"白眼"对待。这是因为服务员在对待饭店内部管理人员时是经心的，生怕管理人员挑剔他们，但是面对普通客人时，很多服务人员降低了服务标准，甚至漫不经心地服务宾客。这些现象饭店自身人员很难发现，这就是聘请同行专业人员做检查评估的作用。

⑥组织专家小组配合质量机构做专项检查和评估。做好饭店质量管理的检查和评审，除了上述自己饭店高管人员的检查评审、除了聘请专业人士作明查、暗访以外，还有一个途径也是不可忽视的，就是专项检查和评估。在饭店管理中，还需要经常不断地进行专项检查工作。这种专项检查主要是饭店管理公司通过组织专业人员组成专家小组，在不事先与饭店打招呼的情况下，突然深入饭店的相关工作部位进行专项检查。如电梯机房、厨房、库房、消防系统，或者前台接待、中餐零点、大堂经理处理客人投诉等，都可以由专业人员做专项检查和评估。这种检查和评估也具有一定的真实性，由于是突然来检查，饭店没有事先准备，岗位人员没有事先准备，检查人员突然检查的岗位情况就具有日常真实性。这样可以发现日常存在的问题，可以帮助饭店提出具体的改进意见和建议，可以更好地帮助饭店提高日常运行和管理质量。

九、在质量体系操控中如何实施改进措施

质量体系的评价，其目的是为了持续不断地改进质量管理工作。在饭店管理公司内，一般采取明查、暗访、宾客满意度调查等方式；在行业中，一般采取行业检查、评比、互查、星级复核等方式。不管哪种方式，目的都是为了改进服务质量、提高管理质量，为了完善和改进质量体系管理工作。质量体系评价后的改进做法如下：

（一）组织人员分析质量评价报告

饭店管理者拿到相关的质量评价报告后，首先要统览评价报告内容并做初步的分析。例如，一家饭店拿到暗访人员的评价报告后，他们首先从报告中了

解到暗访日期、客人入住的房间、客人到过哪些场所、有哪些服务需求以及饭店各个部位和岗位是如何接待和服务的、在接待和服务中有哪些具体的描述等，使报告的内容在头脑中形成一个概念。

然后再分析具体描述的事实中，有哪些服务是做的规范的、出色的、得到客人称赞的；有哪些是做法一般没有什么特点的；又有哪些是做得不够好的，如存在各种不规范服务操作问题、仪容仪表问题或者违反纪律问题等。饭店管理者如果还想要根据暗访描述内容，进一步了解各个岗位和人员的表现，有时还需要调出录像资料，对现场进行分析。如果客人说到，餐厅员工有扎堆聊天现象，饭店管理者要查找当天这个岗位人员当班情况、管理人员和督导人员是否在一线岗位、是否在操作现场、有无渎职和管理不善情况等。从质量报告中还可以进一步分析饭店管理中存在的问题，等等。因此，阅读质量评价报告需要认真、细致地与事实核对，找出问题点的依据。

（二）组织人员查找出现问题的原因

在充分分析的基础上，再查找发生问题的原因有哪些。比如：在一家饭店管理公司所管的十几家饭店中，在经营的旺季，发现几乎所有饭店的员工都有精神疲惫的现象，甚至有的员工从早餐服务就状态不佳。那么，管理者能不能根据这些现象，在相关的会议上对疲惫的员工进行批评教育，甚至责令罚款来处理呢？如果只是针对现象就事论事，可能管理者会做出这样的处理。但是，现象是需要再深入分析的，应该找出存在这些普遍现象的原因，从根源上解决问题。这家管理公司没有就事论事，经过调查，查找到员工普遍疲惫的真正原因并不是员工不热爱自己的工作或者不愿意付出，而是饭店用工方面出现了问题。

有这样一个案例：餐厅服务员为了重大接待活动，头天工作到深夜12点，管理者要求他们第二天早上7点还要接着上班，很多员工没有睡几个小时又得回到岗位上工作。他们睡眼惺忪地回到岗位，肯定是一脸疲惫。员工疲惫现象的背后又是什么原因呢？深入了解，是饭店用工出现了问题，一个岗位本来应该是6人倒班工作，现在只剩了3人，严重的缺员现象，导致了部门管理者十分着急，眼看着一个接一个的接待活动缺少人员，只好让这3个员工不停地加班、超时工作。所以，这种现象的出现，单纯地批评员工精神疲惫、工作懒散是不公正的，必须从管理的角度找到原因。为什么缺员？这就要从用工制度、薪酬福利的竞争性如何、员工的工作氛围如何等方面找出问题的根源，而不是只打员工的板子。因此，查找问题的原因是非常必要的。

（三）饭店管理公司对整改措施的管理

各饭店在分析质量报告、查找问题原因的基础上，还有一项重要工作就是制定整改措施。制定整改措施的关键是要"实"。制定整改措施要本着在充分认识到发生问题原因的基础上，深入认识存在问题的根源，从根源上制定整改措施。

还拿上个例子来说，既然员工疲惫的根源是管理者的用工分配不合理，那么就要从对人员的使用和调配上作调整，或者招聘正式人员，或者在经营的旺季从整个饭店做相应工作的人员中调配，或者招募临时工、季节工、小时工等解决人员不足的问题。再有，还可以在经营淡季，培训员工掌握多种技能，以便在需要的时候，可以从不同部门调配人员，补充急需的岗位人员缺口。

制定整改措施，要注意避免就事论事，不要敷衍塞责，不要只整改表面的问题。如果只整改表面，做表面文章，那么下次问题还将出在同样的岗位。

因此，管理公司在了解饭店整改措施情况时，重要的是看整改措施是否落到"实"处。这个"实"，就是要实实在在解决问题，做到举一反三，下不为例。

这个"实"，还表现在从管理者到员工都要真正从思想上认识到问题的原因、导致的不利结果，认识到整改的必要性，认识到这些问题的发生不仅对饭店不利，对个人也不利，饭店声誉不好，个人也受损失，饭店与个人在许多利益上是紧密关联、相互依存的关系。

如果发现某些饭店存在不"实"的整改措施和敷衍塞责的整改措施，饭店管理公司一定不能放过，不能迁就，要严肃对待敷衍塞责的饭店总经理，并指导他们认真分析问题原因，重新制定有效的整改措施。

（四）复核整改情况

作为饭店管理者，对于质量评价中发生的问题，还不能仅仅制定了整改措施就"完"事大吉。整改的真正目的是为了提高管理实效，提高服务质量，提高宾客满意度，提高饭店的社会美誉度，提升饭店的品牌形象。管理公司很重要的一项职责是对饭店整改情况的复核与监督，使得整改有成效，不走过场。因此，饭店管理公司一定要在适当的时候进行质量整改复核工作，并将其纳入年度质量复核计划中。

质量整改后的复核方法有多种，可以是深入实地进行再次检查，可以是突击性的检查等。一般最基本的方法是：

1. 对质量问题进行专项检查型复核

专项检查，即针对某一个岗位、某一项专业的情况进行检查。对于饭店的各个岗位，可以做专项检查的内容很多。不管是一线面客岗位，还是二线后台区域的各个岗位，都可以运用专项检查的方法，监控饭店的质量工作和对质量问题发生后所做的整改工作。

例如，一家饭店在暗访中被发现房间送餐不够规范，饭店管理公司负责质量监控的部门，就可以在暗访过去一段时间之后，对这家饭店的房间送餐再次进行专项检查。公司可以指派餐饮方面专业人员，以宾客的身份入住该饭店，并在房间通过电话预订，要求送餐服务。在检查时，要记录接听电话的规范性、外语接听能力、回答客人点餐时语言的规范性、送餐承诺的时间和实际送达的时间、进房程序、摆台程序、直至结账程序等。还要查看餐品质量、送餐车、台布、餐具的清洁程度、热品的热度、餐品的配料是否齐全，等等。对这些内容的综合检查和综合评价，就是专项检查。专项检查不仅是质量监控的实用方法，也是质量检查后进行复核的一个实用方法。

2. 对质量问题整改情况的突击检查

突击检查，即在事先不告知的情况下所采取的一种检查方法。这种检查方法，比较能够了解到饭店日常管理和服务的真实情况。突击检查也是比较适合于管理公司对所属饭店质量监控的一种方法。

例如，在例行的质量监控中，若发现某饭店存在某些突出问题，或者发现所属饭店存在共性的问题，管理公司就要提出整改要求。为了证实各饭店是否真的做了整改，也为了解整改的情况是否彻底，管理公司可以指派专人，在事先不通知的情况下，突然来到某个饭店，并当场提出要对某个部位进行检查。如检查客房卫生清洁情况，检查饭店消防设施完好情况等。这种突击检查，也可以用于检查二线各个岗位的日常工作状态，比如突击检查库房管理情况、厨房卫生状况等。

如果在突击检查和复核某些岗位中，发现上次检查中提出的问题没有整改或整改不到位的，管理公司要比上次发出的整改通报更加有力度地进行严肃处理。因为，第一次检查发现的问题，有可能饭店没有意识到存在的问题，可以给予整改的机会和时间，但是过了一段时间，仍旧没有整改的，说明是态度问题，这就要追究管理者的责任了。对于整改不彻底的情况，也要严肃处理，不能迁就。如果一次迁就了，管理公司的权威性就可能打折扣，以后的管理力度就会缩水。

3. 对质量问题进行再次复查

饭店管理公司要树立质量管理的绝对权威性。管理权威的树立，一要靠制度，二要靠执行制度。制度的建立阶段，是树立管理权威的开始；制度的执行过程，是检验管理者是否有权威的过程。很多管理公司不能树立起管理的权威性，公司的命令下达后，执行不力，甚至根本不执行。这样的问题就出在贯彻制度不坚决、不果断上。

曾经有这样的案例：管理公司设定了质量部门和专人主抓所属饭店的服务质量工作，他们制定了一系列质量管理的制度和操作规程，然后到所属饭店按照制度规定进行服务质量检查。当检查到一个饭店的某些部位时，发现卫生质量不合格，家具上面有较厚的尘土，就作为质量不合格记录下来，准备将检查情况整理后下发整改通报。当饭店总经理得知信息后，不但不能接受这个现实，不承认家具上的尘土也是质量问题，而且还气势汹汹地找到管理公司领导，大告这位检查人员的状，指责这位检查人员是故意找碴儿，提出的问题是鸡毛蒜皮的小事。管理公司不但没有支持这位检查人员认真工作的态度，反而批评检查人员太过于苛刻了。此事过后，管理公司再没有人敢于坚持到饭店做质量检查工作了。

这个案例告诉我们，制定制度容易，执行制度难。尤其是管理公司，必须要树立公司自身的权威性，要敢于管理，坚持按制度办事。在发现饭店的质量问题后，就一定要抓住质量问题不放松、不手软。对于发现的比较重大的质量投诉或质量问题，一定要进行再次复查，要追踪饭店整改后是否有效果。管理公司要树立质量管理部门和人员的绝对权威，要给予他们坚决的支持。饭店管理，在很大意义上，就是要管理一些"鸡毛蒜皮"式的事情，就是要关注细节，就是要坚决不放过任何细小的问题，哪怕是一根毛发，也要当做质量问题提出来，并引起饭店管理方的重视。所以，对于检查中发现的问题，一定要再次复查。复查可以采取突击检查的方法、专项检查的方法，也可以采取明查的方法。例如，上次明查中出现的问题，下次明查时，一定要作为重点问题进行复核。

上述这些复核手段，是管理公司监控所属饭店质量，保证质量管理稳定、有效的做法，也是体现管理公司监控力度的做法。一个有权威的管理公司，就要实施严格的管理和监控，使饭店养成良好的工作作风，同时要使饭店的日常管理处于严格监控状态下，这样才能保证饭店的服务质量和工作质量的标准不降低。才能保证质量体系真正落地。

12
质量管理与品牌创立

作为一家企业，质量管理是品牌创立的前提和基础。从某种意义上讲，没有质量的产品，永远不可能创立知名品牌；之所以成为品牌，必定是质量信得过的产品。饭店服务产品也同样如此。本章将通过中外饭店质量观的对比，提出一个命题：中国的星级饭店应着重打造服务文化，以塑造自己的饭店品牌形象。

一、品牌的含义

关于品牌的解释，有多种多样的说法，但是其内涵还是比较一致的。让我们从下面几种说法中理解品牌的含义。

有解释道：品牌是生产者、经营者为了标志其产品，以区别于竞争对手，便于消费者认识而采用的显著的标记。品牌可以是一个名称，一个术语，一种记号，一种象征或设计，也可以是上述若干因素的组合。换言之，品牌是用以辨别不同企业、不同产品的文字、图形或文字与图形的有机组合体。这是一种比较学术化的解释。

著名营销学权威P.道尔说：品牌是一个名称、标志、图形或它们的组合，用以区分不同企业的产品。这其中提出了产品组合的概念。

P.费尔德维克关于品牌的解释是：品牌是由一种保证性徽章创造的无形资产。费尔德维克是著名的广告代理商 B M P 公司的执行董事。在过去的大约 20 年里，该公司开创性地使用较完善的研究技术来了解消费者与品牌之间的关系。他提出了品牌 "是一组无形资产" 的概念。

还有一种说法：品牌是一种附加在产品及服务上，最后归属于产品名称或服务名称之上的综合特征，其目的是借以辨认某个销售者或某群销售者的产品或劳务，并使之与同行的产品和劳务区别开来，使消费者乐意并持续使用其产品和享受其服务。

从上述概念来理解：品牌在外形上首先是综合的特征反映，例如最基本的名称、颜色、logo等，在本质上是与同类商品区别开来，从而利于顾客识别。

还有学者认为：品牌最根本的内涵是反映企业核心竞争力的 "身份证"。

这种竞争力不但体现在质量、服务、设计等有形的物质上，还体现在心理、情绪等无形的、能使顾客对此 "深信不疑"、"情有独钟" 的感情认同。一个品牌的价值越高，说明消费者在感情上对其越依赖，越认同。因此，要树立优秀品牌，企业必须针对目标消费群体，采取攻心策略，并内外如一，提供优质的产品、服务、设计，以满足消费者的感情的最大需要。

上述各种解释，综合归纳起来，可以这样认为：品牌是一个产品的综合反映，用以区别不同企业的产品。品牌是一组无形资产，反映企业的核心竞争力。因此，一个品牌的价值越高，消费者对这个品牌的产品会越依赖、越认同；在感情上也会越投入，甚至达到 "迷信" 的程度。

二、品牌的作用

1. 有利于企业产品参与市场竞争

首先，品牌具有识别商品的功能，对消费者购买商品起着导向作用。其次，有受法律保护的作用，将有力遏制不法竞争者对本企业产品市场的侵蚀。再次，商誉好的商标，有利于新产品进入市场。最后，名牌商品对顾客具有更强的吸引力，有利于提高市场占有率。

2. 有利于提高产品质量和企业形象

品牌是产品质量内涵和市场价值的评估系数和识别徽记，是企业参与竞争的无形资产。企业为了在竞争中取胜，必然要精心维护品牌的商誉。追求品牌的企业对产品质量非常重视，努力做到精益求精。创名牌的过程必然是产品质量不断提高和树立良好企业形象的过程。

3. 有利于保护消费者利益

品牌是销售过程中，产品品质和来源的保证，有助于培养消费者的购买偏好。注重产品品质的企业，必然是诚信的企业，他们十分珍视自己企业的品牌。当产品质量出现问题时，一定会努力挽回由产品质量造成的损失和影响，当然也会积极弥补消费者的损失。

实践表明，一个享有盛誉的品牌，将是企业一笔巨大的财富。任何产品或服务，如果只有知名度而缺乏美誉度的话，注定要在短时间繁荣后而丧失生存的能力。遗憾的是，我们有的企业为了短期利益，追求迅速膨胀的效果，往往专注于用巨额广告打知名度，而不愿花费金钱与精力赢得美誉度。有的企业只看到经营效益的一面，而不追求自己企业品牌如何发展，如何做响。

在中国饭店业市场，近些年来，外资品牌通过合资、独资或兼并收购等多种方式，创造了一个个成功的知名品牌。相比之下，我国饭店业真正的强势品牌几乎没有建立起来。锦江国际（集团）有限公司虽然是国内知名饭店品牌，具有一定的历史积累、具有独特的企业文化和东方式的服务文化特色，但是与世界著名饭店品牌的差距还是存在的，其国际竞争力还有待一个发展和成长的过程。还有一些国内的饭店集团或管理公司，逐渐显露出强势发展的势头，他们注重品牌形象，具有很好的品牌意识，从饭店集团的起步，就遵循品牌发展的路子制定战略和策略，起点较高，势头很好，但是他们也还需要一个成长的过程。

随着中国市场经济的不断发展，品牌营销是企业营销的必然选择。企业能否开展好品牌营销，建立自己的强势品牌，与企业的长期战略密切相关，也与企业如何追求产品质量有着非常密切的关系。

三、国际知名品牌饭店的质量意识与我们的质量观

被誉为"家外之家""香港的骄傲"的半岛集团，是一个规模不大的饭店管理集团，它的成功源于保持和加强品牌的影响力，这是他们的一大特色，品牌对于他们来说意味着一切。他们不急于扩张，不追求自己所辖饭店的数量超过竞争者。他们的任务是"保持和加强品牌"，与此同时，给投资者以优厚的回报……保证在25年后它仍能具有和今天一样的实力，甚至比今天更强。

里兹卡尔顿饭店管理公司总裁霍金斯·舒尔茨说：我非常仰慕亚洲的一些饭店品牌，如半岛和东方文华，他们把传统的服务价值观输出到了美国，多年以来，他们已经树立起了强有力的、能反映某种文化的品牌形象。他们声誉卓著，有着第一流的饭店。

担任过半岛饭店集团总裁15年的荷兰人昂诺·普尔梯埃说："半岛集团声誉显赫，我为自己曾经在那里工作过感到自豪。"

喜达屋集团是全球最大的饭店及娱乐休闲集团之一，他们收购了威斯汀饭店度假村国际饭店集团，实行强强联合，他们集团旗下的品牌包括圣·瑞吉斯、至尊精选、喜来登、威斯汀、W饭店、富朋等，通过这些强品牌的联合，打造强品牌优势，占据豪华高档市场。他们的质量意识非常明确。饭店业同仁都知道，威斯汀以"天堂之床"著称，他们精心设计最适合人的身体曲线的床，让客人享受最舒适的休息感受，以此带动一系列的超高档品牌服务和可供选择的个性化服务；如威斯汀儿童乐园，为13岁以下儿童精心准备的活动和服务；又如威斯汀的一个电话，使客人的会议从设计到组织都十分轻松自如；再如威斯汀的快速结账，免去了令商务客人烦恼的等待时间。

喜来登的智能客房，有根据人体特点设计的椅子；考虑到宾客阅读的需要，灯光充足；为了适应现代商务宾客的需求，在互联网刚刚起步的阶段，就提供网络连接和个性化的语音邮件设备，提供打印、复印、传真等设备；他们以最灵活的登记、结账方式使得商务客人节省了最宝贵的时间。这些充分体现了饭店为高档商务客人提供最方便服务的理念。

喜来登的服务承诺是："如果你不满意，我们同样不满意。"他们的服务要求保证使每一位顾客拥有一个愉快的经历，否则立即打折作为补偿，甚至给提出意见和建议的顾客奖励或返还现金。

上述这些饭店都充分体现了高品质饭店的质量观念和做法，他们的质量观已经达到了"至高追求"的境界，而之所以这些饭店或饭店集团著称于世，最根本的就是其对质量与品质的至高追求。

而我们国内的一些饭店，到目前为止，还处于追求利润、追求经营收入指标能否完成的阶段。一些饭店看重的是经营利润，注重的是年终财务报表，看到产生了预期的利润时就心满意足，只要财务报表好看，就"乐不思蜀"。甚至有的饭店或饭店集团还在盲目追求低成本、低人工费用。实践证明，低成本、低人工费用往往换来的是对饭店硬件的破坏性使用。

有的星级饭店为了降低人工成本，他们招聘低技能、低素质的员工，为宾客提供低水平的服务。而低技能、低素质员工的低水平服务是不可能让客人满意的。例如，有的饭店为了节省劳动力成本，在服务人员中实习生、临时工占有较大比重。从人工成本上看，是节省了许多费用，可是其无形的投入却不计成本，如对实习生、临时工的培训成本加大了许多。其实实习生、临时工的招聘是有成本的，招聘之后的入店培训也有成本，上岗之后的熟练过程也是有成本的，这些可以说是无法计算的一笔笔隐性费用。而众多的实习生、临时工的工作质量比起经验丰富的老员工来讲，也肯定是大打折扣的。再有，有的饭店为了节省费用，在硬件设施方面使用不够环保的、不够节能的，或者质量低劣装修原材料。表面看，装修一间客房似乎节省了不少费用，但是它给宾客带来的是污染的环境、不满的印象、不愉悦的心情。宾客的回报往往是不再选择这家饭店入住了。笔者曾经入住香港四季饭店，当时是一家新饭店，开业不足半年，但是他们的装修材料非常环保，酒店内没有任何异味，宾客入住时没有任何担心。而我们内地一些新饭店或者新装修的客房，其刺鼻的异味和刺眼睛的感觉，让宾客难以忍受。笔者也曾经入住过一家新的酒店，在偌大一间豪华的客房里，四壁生辉，但是房间内的味道让人有窒息的感觉，笔者提出了室内空气严重污染的质疑。后来经专业测试，此间客房内装修材料的各种污染物严重超标。由此可见，短期的利润或短期的"好看"的营收指标，可能换来经营者的"好看"的业绩，但却是以牺牲宾客的利益，牺牲经营者的长远利益得来的。而这样的做法一定是短期行为，根本谈不到品牌意识和品牌效应。

如今，国内许多经营者常说的口头禅就是"国际化""追求品牌""与国际接轨"。这些词汇很好，国人也很想这样做，也很有做大做强做好的决心。不过，与国际接轨的最主要的标志，应该是首先看是否在理念上与国际接轨。做品牌不是自己主观上说做到了就做到了，也不是自己感觉是品牌了就是品牌了，品牌必须是公众认可的。品牌形象是经过长期的塑造，使得公众心目中有一种别人无法替代的视觉形象和产品认知度。做品牌是要下一定工夫的，是百年大计、基业长青的事业，需要从一点一滴做起，需要从细节做起，需要持之以恒地、认认真真地、实实在在地、脚踏实地去做。应该承认，我们许多国人的质量观，与国际知名品牌相比，还有一定差距。

我们做现代饭店管理，是在改革开放中逐步认知的、逐步向国际化靠拢的。欧美国家打造饭店知名品牌已有上百年的历史，而我们才刚刚起步。从人们认识事物的客观性来讲，都是从"不知"到"知"，从"知之不多"到"知之甚多"这样一个发展过程。所以，我们认识饭店的现代管理，认识打造饭店的知名品牌，也需一个认知的过程。现在国内许多饭店管理者在逐步提高对饭店管理的认识，提高对质量管理的认识，而更为重要的是应首先从理念上认识到品牌的作用，认识到创造品牌的艰巨过程。打造品牌绝不是一朝一夕的事情，要下一定的力气，花一定的工夫，不可能一蹴而就。著名品牌饭店的打造需要一个过程，尤其不是浮躁心理所能奏效的。

可以说，我们现在也有捷径可循。这个捷径就是国际知名饭店品牌已经走在了前头，我们可以借鉴国际知名品牌的创立过程，借鉴他们的经验和成果，借助发达的科学技术和信息资源，使得我们不走或少走弯路。但是，有捷径，也必须下工夫，必须扎扎实实去做，必须有高标准，必须长期坚持、兢兢业业、一丝不苟地做下去，才有成功的可能。

四、国际知名饭店集团在质量方面的创造性发展

我们不妨再来看看国际知名品牌饭店的质量关。

（一）马里奥特集团

马里奥特集团（Marriott International，又译"万豪"），是一家美国家族式公司，创始人为约翰·威拉德·马里奥特（1900—1985）。

在服务方面，马里奥特最突出的特点是强调制度和标准化管理。马里奥特所属的饭店、旅馆和航空食品公司都采取典型的美国式管理方法：一切服务、一切食品制作都强调程序化、质量标准化、工作制度化。

他们的每个职工衣袋里都放一本工作手册，随时对照检查自己的工作职责、工作范围及完成任务的情况，检查自己是否达到了质量标准，是否具备了承担该项工作的知识技能和实践技能。例如，厨师衣袋里放一本食品配方和菜式配方，一切要按照标准、按照程序、按照规章制度去做，不得随意更改；在客房部，服务员在做房时，规定必须按照66个步骤去做。

马里奥特的这种制度和质量标准管理既控制了成本费用消耗，又保证了服务质量，也为其质量盛誉奠定了基础。

马里奥特成功的关键在于高度重视对顾客服务的质量。他们的理念是：只

有全心全意为顾客服务，使其获得最大的满足，才能获得顾客的信任。马里奥特本人就是一位工作态度非常严谨，追求完美，把顾客放在首位的人。他总要亲自查看、处理每一个顾客的投诉，在他的饭店生涯中，他本人对投诉处理投入了大量心血。

"关注顾客的偏好"是马里奥特成功的重要原因。这就是一种理念，对顾客负责的理念。这也是一种境界，把客人的需求当成自己的职责；把对客人的服务，作为一种追求，追求完美，追求客人的最大满足；这还是一种诚信度，以自己的诚信获得顾客的信任。唯有这样的理念、境界和诚信度，才能获得顶级品牌的美誉度和知名度。

马里奥特对外部客人是这样，那么，他们对内部顾客的机制是怎样的呢？同样是以对客人高度负责的理念和境界对待自己的内部员工。他们的做法是：

（1）建立公平的竞争机制，不因种族、肤色、信仰而歧视员工，也不因员工提出了问题而对他们歧视或指责；

（2）尊重员工个人价值；

（3）重视感情投资——只有饭店爱员工，员工才能爱饭店；

（4）优厚的员工待遇，用高额薪水聘用管理人才，年薪比其他饭店高出4000～6000美元，使自己永居竞争前列。

从上述4点，我们可以看到：员工是饭店中资产的一个重要组成部分，要让这些资产变成优良资产，是要投入情感和资本的。在马里奥特看来，公平、尊重、情感和薪水是建立良好内部机制的重要筹码。实际上，员工需要的也就是这些。在没有公平竞争机制的工作环境里，在管理人员不尊重员工、不对员工有情感投资的氛围里，在不具有竞争力的薪水标准下，管理者再怎么强调员工的觉悟、素质，也不可能创造良好的内部人际环境。

从人性化管理的角度看，员工的心情非常重要。没有公平、受尊重的环境，员工就不会有好的心情；没有对员工情感的投入，员工就不容易被激发出工作的激情和热情；没有合理和具有竞争力的薪水，就留不住经验丰富的员工。因此，饭店的管理者要追求高质量的服务，必须先追求高质量的员工，必须对员工付出情感，给予优厚待遇。只有拥有高质量的员工，才能使饭店赢得客人的青睐，才能获得良好的经营效果。

（二）四季饭店集团

四季饭店集团是加拿大家族饭店的代表。创建于 1960 年，创始人伊萨多·夏普。总部位于多伦多。主要使用的品牌是四季、丽晶。

四季饭店通过对豪华饭店 50 多年的运作，创造并发展了许多独特的服务品牌项目，成为其显著标志，后来也被许多饭店集团吸收和模仿。

（1）欧式风格的"金钥匙服务"。四季饭店是北美地区第一个创造性地应用"金钥匙服务"的饭店，他们对饭店服务的全过程设置了一个全新的标准。

（2）舒适的房内物品。四季饭店是第一个提供名牌洗发水等房内物品的饭店。他们提供头发干燥剂、提供印有公司标记的毛料睡衣、护发产品等客人在房内所需物品。

（3）私人委托代办业务。饭店 24 小时为旅游者提供食宿和委托代办业务。他们为所有客人提供免费的委托代办业务，无论当时旅游者是否住在该饭店内。

（4）私人预订。为常客提供高效的预订服务。

（5）四季高级套房。为官员们提供比普通套房大一半的客房，为他们创造方便办公和开展非正式社交活动的场所。

（6）"无需行李"方案。四季饭店为住店客人准备了许多必需品，可减少他们随身携带的物品。

（7）免费的儿童监护方案。饭店全天免费照顾 10 岁以下儿童，包括教育、体育活动和娱乐，方便了旅行中的父母。

（8）免费的早到/晚出休息间。为解决旅游者早到或晚出的不便，四季饭店在其健身房隔壁为客人提供一间类似图书室的休息间。可摆放行李，使用健身房和娱乐设施，并能够淋浴和盥洗。

（9）冰毛巾服务。客人在游泳池或海滩休息时，均能享受提供洁净的冰毛巾的免费服务。

（10）家常菜制作。他们提供简单、卫生的家常菜系列，使得旅游者能品尝到像在家里一样的饭菜。

（11）独特的餐厅。为改变人们印象中饭店餐饮既贵且质量低的状况，他们特别重视餐饮的质量。

（12）多样化的美食。他们关注宾客饮食需求，提供低热、低胆固醇、低盐食物，同时又保证食物的色、香、味。

（13）免费的送报纸服务。四季饭店是北美第一家免费提供报纸的饭店。他们通常将报纸随同早餐送给客人。

（14）装有电话的浴室。四季集团是率先在其所有饭店的浴室装上电话的。所有四季饭店高级套房都有3部电话：卧室、书桌、浴室各1部，3部电话中有两部是双线的，可以发传真。

（15）全天24小时的商务服务。包括室内传真服务及手机出租服务等。

（16）通宵的洗衣服务。四季饭店客人可以在第二天早上取回头天晚上送洗的衣服，方便客人参加重要会议和社交活动。

（17）全天24小时送餐服务。

（18）1小时熨衣服务。

（19）设有健康俱乐部和疗养地。四季饭店有很多康乐设施，为那些注重健身的客人提供健身服务，客人还可以按照饭店建议的不同路线、不同距离进行慢跑锻炼，还可以要求饭店将健身器材放于他们的房间里。

（20）给客人留下持久的印象。住店客人可以方便地从饭店买到许多价格适宜的小礼品留作纪念或赠送亲友。

（21）专为听力受损的人设计的数码显示系统。四季集团专门设计了一套有助于听力不便的人发送和接收信息的系统。

（22）一天两次清扫服务。这是四季饭店的一项重要制度。

（23）凉鞋或高尔夫球鞋修理服务。四季饭店为住店客人提供免费的修鞋服务。

（24）免费的通宵擦鞋服务。

（25）在休息室提供免费咖啡。每天上午5:00~8:00，四季饭店集团的所有饭店都会向客人免费提供咖啡。

以上25项服务，是四季饭店集团以人为本，首创或不断创新自己服务的特点的概括。

（三）全面质量管理（TQM）的典范——里兹卡尔顿饭店管理公司（Ritz-Carlton）

里兹卡尔顿饭店管理公司的创始人恺撒·里兹被称为世界豪华饭店之父。他于1898年6月创立了巴黎里兹饭店，开创了豪华饭店经营之先河，其豪华的设施、精致而正宗的法餐，以及优雅的上流社会服务方式，将整个欧洲带入到一个新的饭店发展时期。

里兹的成就概括为：最完美的服务、最奢华的设施、最精美的饮食、最高档的价格。

1. 里兹的"全面质量管理的理念精髓"

（1）强烈地关注客人。其含义不仅包括外部购买产品和服务的住店客人，还包括内部顾客。

（2）坚持不断地改进。全面质量管理是一种永远不能满足的承诺。他们的理念是"非常好"还不够，质量总能得到改进。

（3）改进组织中每项工作的质量。全面质量管理采用广义的质量定义，它不仅与最终产品有关，并且与组织如何交货，如何迅速地响应顾客的投诉，如何有礼貌地回答电话等都有关系。

（4）精确地度量。全面质量管理采用统计技术度量组织作业中的每一个关键变量，然后与标准和基准进行比较，以发现问题、追踪问题的根源，消除问题的原因。

（5）向雇员授权。全面质量管理吸收生产线上的工人加入改进过程，广泛地采用团队形式作为授权的载体，依靠团队发现和解决问题。

2. 里兹的"全面质量管理的保证措施"

（1）公司高层管理者要确保每一个员工都投身于全面质量管理过程。

（2）要把服务质量放在饭店经营的第一位。

（3）高层管理人员组成了公司的指导委员会和高级质量管理小组。每周会晤一次，审核产品和服务质量情况、宾客满意情况等，将1/4的时间用于与质量管理有关的事物。

（4）其质量策略之一是"百分之百满足顾客的需求"，之二是"新成员饭店质量保证项目"。

3. 里兹的"质量保证的五条指导方针"

（1）对质量承担责任。把质量放在第一位，对质量承担责任，必须有一种公司的质量文化来支持它。而这种质量文化只有公司最高领导层能培育它。因此，全面质量管理的第一要务是最高领导层要承担质量管理责任，培育重视质量的文化氛围，特别是公司的总裁、首席执行官，必须是质量文化的倡导者、实践者。

（2）关注顾客是否满意。成功的管理公司十分清楚他们的顾客到底需要什么，他们能够做到始终满足和超越顾客的需要与期望。

（3）评估组织文化。研讨、评估、开发组织文化，是管理公司的职责，可以从公司选出一组人来考察、研讨公司的文化行为，评估公司文化与全面质量管理文化的相适应性，从而不断纠正不足，确定解决问题的先后顺序。

（4）授权给员工和小组。授予质量小组和员工解决宾客问题的权力，还要培训他们如何有效地使用好他们的权力。

（5）衡量质量管理的成就。确定质量管理衡量标准，建立信息搜集与分析制度，以便于及时发现问题和解决问题。但要注意，全面质量管理主要依靠理性的思考和对问题的及时解决，而不是复杂的统计和其他衡量技术。

4. 里兹的"产品和服务的最重要的黄金标准"

信条、格言、三步服务程序和20条基本准则：

（1）信条："使宾客得到真实的关怀和舒适，是我们最高的使命"。

（2）格言："我们是为淑女和绅士提供服务的淑女和绅士"。这包含两个含义：一是员工与顾客是平等的，不是主人与仆人，而是主人与客人的关系；二是饭店提供的是人对人的服务，不是机器对人的服务，强调服务的个性化与人情味。

（3）三步服务程序：热情和真诚地问候宾客，如果可能的话，做到称呼宾客的名字问候客人；对客人的需求做出预期和积极满足宾客的需要；亲切地送别，热情地说再见。如果可能的话，做到称呼宾客的名字向宾客道别。

（4）20条基本准则：

①要做到使每一位员工都知道、拥有和履行饭店的信条。

②我们的座右铭是"我们是为淑女和绅士提供服务的淑女和绅士"。

③全体员工都应该做到三步曲的服务程序。

④所有员工都要成功地完成培训证书课程，保证自己在岗位上履行里兹卡尔顿饭店的标准。

⑤每一位员工要掌握自己的工作范围和饭店目标。

⑥所有员工要知道内部宾客——同事和外部宾客——顾客的需要。

⑦要不断地认识整个饭店存在的缺点，即错误、重复的工作、损坏、无效率行为和差距。

⑧任何员工接到顾客投诉以后，应该接受投诉并进行处理。

⑨要保证投诉的宾客立即得到安抚。要快速行动，立即纠正问题。并要在处理问题后20分钟内再打电话给宾客核实问题是否解决到了满意的程度。要做一切你可能做的事，决不能失去顾客。

⑩要用宾客问题一览表来记录和处理宾客不满意的每一件小事，每一位员工被授权去解决问题和防止问题的重复发生。

⑪严格遵循清洁卫生标准是每一位员工的责任。

⑫"要微笑，因为我们是在舞台上表演"。要使用适当的语言与宾客沟通。

⑬在工作场所内外，每一位员工要成为自己饭店的大使，始终说积极的话语，不应有消极的评论。

⑭要陪同顾客到饭店的一个区域去，而不应仅指明如何到那个区域去的方向。

⑮要掌握回答顾客询问所需要的有关饭店的信息，如不同设施经营的时间等。要始终先介绍饭店内的零售、食品和饮料设施，然后再介绍饭店外的有关设施。

⑯在接听电话时要注意礼节，要做到铃响3声内回答，要微笑着接听电话。在可能的情况下要尽量接通电话，而消除再转的电话。

⑰制服要干净整洁，没有污点，要穿合适、干净、擦亮、安全的鞋子，佩戴好自己的名牌。要以自己的容貌为骄傲，遵循所有的修饰标准。

⑱要十分清楚在紧急情况下自己的角色作用，知道在火灾和生命危险情况下的反应程序。

⑲当发现存在危险情况和设备受到损坏时，当需要各种帮助时，应该及时通知主管。要注意节约能源，维护、保养好饭店的财产、设备。

⑳保护好里兹卡尔顿饭店的财产是每一位员工的责任。

上面这些最重要的黄金标准，包含了对员工个人的要求、解决顾客问题的方法、财产管理、安全及效率的标准。

5. 里兹还创造了"边缘服务规则"

（1）记录回头客的个人喜好信息。饭店要求员工把顾客的好恶记录在小纸片上，然后保存在中心计算机的顾客档案里。里兹卡尔顿饭店保存了24万条回头客的个人喜好信息。

（2）员工能在个人层面利用顾客反馈的信息来为顾客提供最优服务。当员工发现顾客有什么不快时，饭店允许员工放下正常工作，立即采取积极的措施，不惜一切去满足顾客。任何一线员工可在2000美元范围内尽可能去满足一个顾客。如果需要其他部门员工协助，其他部门员工应立即放下手中的正常工作，协助满足顾客需求。

6. 里兹的"详细的计划管理"

在集团公司和所属饭店的每一层面，从公司领导人到饭店经理到每一个员工，在每一个工作领域里都制定质量管理的目标和行动计划，这些目标和行动计划都须经过公司指导委员会的审核。另外，在每一家饭店里，都指定了一位质量领导人，他作为饭店质量管理的最终策划人与指导者管理饭店日常质量工作。

里兹的详细质量计划管理和每一位经理都参与质量管理的做法，特别要灌输到新饭店开业时的工作行动中去。里兹卡尔顿饭店管理公司对新饭店的开业有"七天的倒计时管理计划"来协调所有的准备工作。其中，公司总裁和其他高级经理亲自在两天的入店教育课程里，向新员工讲授有关最重要的黄金标准和质量管理方法。

7. 里兹的"早期预警系统"

每天的质量情况报告，来自于一家饭店的720个工作区域所提交的质量情况资料。这些报告能够构成认识质量问题的早期预警系统。这一系统加上季度性的质量总结报告，可以使管理者综合进行分析，并与事先掌握的顾客期望进行比较来改进服务，如不排队办理住店手续客人的百分比、清扫好一间最干净客房所花的时间、为一间有客人居住的客房进行服务所需时间等。这些信息资料的分析、整理和使用，可以起到早期预警和及时改进服务质量的作用。

8. 里兹的"全面质量管理成果"

上述里兹卡尔顿饭店的一系列"以顾客为中心"的全面质量管理措施，成功地将顾客满意程度保持在很高的水平，使顾客享受到难以忘怀的经历。依据一家独立的研究机构对里兹卡尔顿饭店的调查资料反映：顾客对员工的满意程度达97%，对销售人员达97%，对设施情况达95%。那些首选里兹卡尔顿饭店的顾客，满意率为94%，而其竞争对手仅达57%。92%～97%的客人不仅对里兹饭店感到满意，而且是留下了深刻的印象。在1991年里，里兹卡尔顿饭店获得了来自旅行行业的121项质量奖。

9. 里兹"全面质量管理成功的秘诀"

（1）授权。授予每一位员工及时解决宾客问题的权力。提倡服务员当场立即解决客人的问题。他们的法则是"1-10-100"，意为：你今天纠正错误可能花1美元，明天去纠正就要花10美元，如果留待以后去解决，就要花费100美元。

（2）工作互助合作。在每一层都设立质量管理小组来共同发现问题和解决问题，并制定防止问题再次发生的措施。每一个成员都承担责任。管理者像教练员，培训每一位成员掌握工作方法。他们甚至将不同部门的人放在一个质量小组里，讨论如何改进整个饭店的质量管理工作，以培养大家互助合作的整体意识。

（3）及时反馈质量信息。里兹卡尔顿饭店要求员工大大缩减从认识宾客需要到满足这种需要的间隔时间，要实现使宾客成为100%的回头客目标。他们的理念是：不直接以客房出租率这一传统的指标为经营目标，而是确立"以最有效率的制度使宾客满意"为目标。

（4）要求供应商也加入全面质量管理的行列。对能满足公司质量改进需要的供应商发放证书。他们对供应商的考察由采购者、会计人员、宾客共同进行，考察事项涉及100个问题。

（5）人力资源管理。他们认为：人是任何一个机构中最重要的资源。强调对员工的挑选录用、入店教育、岗位培训和考核评价。他们采取"性格特征聘用"方法来招聘员工，减少了近一半人员的流动。

（6）考核。他们要求每个人对自己所能控制的事情负责。评价依据是"黄金标准"。员工被授予了培训合格证书后，就采用重新确定的标准进行考核，使培训成为一种与认证相结合的过程，培养员工不断进取和追求卓越的精神。

上述介绍的几家国际知名饭店管理集团，他们之所以成为著名品牌，绝不是一朝一夕的事，是他们在几十年，甚至长达百年的饭店服务过程中不断摸索、创新、总结、改进、提升的结果，他们早在几十年前就创造的质量管理经验和做法，是非常宝贵的财富，至今长盛不衰，对我国的饭店质量管理工作具有较强的借鉴意义。

从国际知名品牌饭店集团创立饭店品牌来看，最为突出的特点是"以人为本，宾客为先"。他们的"宾客"这个词的内涵既包括住店客人，也包括饭店员工。他们一切从人性化的角度去考虑，不管是对顾客还是对员工。他们既为客人创造舒适的环境，也为员工创造舒适的环境；既把利益与客人分享，又与员工分享。其最为值得我们学习的秘诀是"不断总结和改进"。在对客服务的过程中，不断发现自己工作中存在的缺陷，不断改善服务，不断完善硬件设施。他们的许多服务经验的总结和服务理念的革新，已经为今天国际上大多数高星级饭店所共享。比如：浴室装电话、24小时房间送餐服务、免费擦鞋服务、免费熨衣服务、免费送报纸服务、休息室提供免费咖啡、残疾人特殊设施、金钥匙服务等项目，几乎所有五星级饭店都成为常态服务项目。

上述国际品牌的饭店和饭店集团，是经过不断地改进和创新，才赢得了良好的品牌声望。他们最可贵的是不懈地探索和改进。更可贵的是在服务细节上下了很大的工夫，对于服务宾客达到了精雕细琢的程度。他们先是建立制度，规范操作程序，在这些规范达到纯熟地步的时候，进而要求服务在个性化方面作探求，针对不同性别、国籍、不同需求的客人，在规范的基础上提供个性化服务，使客人惊喜，让客人对该饭店和服务人员产生高度信任感，成为忠实的回头客。这就是国际品牌经营的秘诀，这就是他们的管理和服务达到一定境界的秘诀。

五、服务文化在质量和品牌中的体现

（一）什么是服务文化

说到服务文化，应该说是一个新的概念。在以前没有单独将服务文化作为一个概念提出。但是它并不陌生，也非新的创造，而是我们做饭店服务及服务行业当中必然产生的现象，或者叫做自然生成的文化现象。

服务文化，属于派生文化，或者叫做亚文化。服务文化是由企业文化派生出来的，是企业文化的组成部分，或曰企业文化的亚文化。

服务文化的特点：

（1）从属性。服务文化从属于企业文化，是企业文化在服务当中的具体表现。

（2）地域性。服务文化具有比较明显的地域文化特征。一个国家、一个地区、一个民族的文化特征必然反映在其服务当中，形成其特有的服务文化特征。

（3）引导性。服务文化既然是企业文化的一个重要组成部分，其在企业中必然具有一定的引导性作用。管理者在倡导企业文化的同时，必然引导员工遵循企业的服务文化要求，使其在各项服务当中突显本企业的文化特征和特色。

（4）培育性。服务文化有一定的自然形成的特点，但是更多地是需要企业的培育。企业在培育企业文化的同时，也同时培育了服务文化。而且优秀的服务文化是需要企业循循善诱，经过一个长期的培育才能形成的。

（二）东西方服务文化的异同与融合

因为服务文化具有地域性的特征，那么遍布全球的饭店属于不同的国家、不同的管理集团旗下，也就具有不同的管理风格和管理特色，同时也具有不同的服务风格和服务特色，因此形成不同的服务文化特点。从大的区分来看，由于东西方地域的不同和历史文化形成的迥异，东西方的服务文化也各有特色。

1. 东西方在服务文化方面的不同特色

从总体上说，东方文化的特点是热情、好客、殷勤、温馨、体贴，但缺乏规范性和标准性。我们经常说"宾至如归"，这种理念就体现了东方人待客的原则。通常家里来了客人，主人会把最好的居住条件让给客人，会拿出最丰富的餐食招待客人，会从头至尾陪同客人，会主动、细心体察客人的需求，并千方百计满足客人的需求。这些特点用在饭店服务方面，具体体现在待客态度上的热情、好客；服务当中的殷勤、温馨、体贴。大凡服务经验多一些的员工都能够细心体察客人的需求并超前做出满足客人需求的服务，所以我们经常说要做到"令客人喜出望外"，就是在服务中超出了客人的期望值，达到了客人内心想要的服务被满足的期望。这种服务是现在各国星级饭店都在追求的服务境界，特别是在东方国家和地区。因此东方人服务文化突出的是热情和温馨。最具代表性的是香格里拉集团、锦江国际集团等知名饭店集团。但是东方人做事的特点与西方人相比，缺少制度性、规定性、标准性方面的严谨。在我国成长中的星级饭店更具典型性。很多饭店在经营和服务中，可以不事先做出什么具体的规定、制度、规范等条文，只要按照管理者的意图，听清楚了原则和要求，就可以去做了。在实际操作中，我们往往听到这样的对话——领导说："这次接待很重要，必须确保不出任何纰漏。"执行者回答："您放心，保证完成任务。"都是原则性的部署和原则性的承诺，忽略标准、程序的严谨性和依据作用。当然现在很多星级饭店更加注重标准和操作规则，在逐步靠近西方的严谨性和规范性。

西方文化的特点是规范、量化、做事循规蹈矩，但缺乏灵活性和体贴与温馨的氛围。西方国家在管理上，首先制定各项制度、规定、操作标准、操作程序等，要求每一个从事工作的人都要严格按照操作程序和操作标准进行加工、制作、服务等。他们形成了一整套严格的工作标准和制度，将企业管理和服务推向了制度化、规范化、标准化，从而提升了企业管理水平。比如现在的ISO 9000质量管理体系，成为全球共享的标准化质量管理体系。在服务中也同样如此，欧美著名品牌的饭店管理集团在长期的饭店管理工作中，不断总结出来每一项服务工作的操作程序标准，从而使员工工作标准化、规范化，有依据可循，有标准可查。因此西方人服务文化突出的是规则和制度。在规则、制度、标准的引导下，他们还会赋予管理者和员工一定的权限，要求他们悉心体察宾客需求，在权限范围内给予宾客一定的关心和帮助。但是他们缺乏灵活性的一面，比较执着地遵守制度和规范，似乎少了点温馨的氛围。

2. 东西方服务文化需要融合

现代社会，由于全球化和信息化的飞速发展，东西方在理念上、做法上有吸收、融合、兼收并蓄的趋势，正在逐步减少差异，特别是在服务方面。许多东方人自己管理的饭店在努力接近西方品牌饭店和著名饭店集团的规范化、标准化的做法；在服务中也更加注重量化标准、规范化操作程序，不断融入西方的理念和做法，弥补了在制度、规范方面的缺陷。

西方品牌饭店和知名饭店集团也在长达几十年、上百年的饭店服务中不断总结和改进服务操作的程序和做法，也在努力创造人性化的、灵活的服务模式，在操作中给予员工一定的灵活度，他们称之为"授权"。员工得到一定的服务权限，便可以在服务客人的时候，不经事先请示，先满足客人的特殊要求，然后向自己的主管汇报。这样可以在第一时间满足客人的需求，为留住客人和争取回头客赢得了时间。

欧美著名饭店近年来纷纷打入中国饭店业市场，占据了一定的高端市场比例。通过近距离的接触和了解，我们体会到他们有许多值得中国人学习的东西。比如：非常注重细节方面的体察和管理，尤其在硬件设计和制造方面，突出人性化、讲求舒适度。由于他们的文化中推崇制度和标准，在操作上推崇一丝不苟，由于他们注重服务细节的研发，他们在硬件方面的改进非常贴近人的需求，使服务文化渗透到硬件的设计之中。他们的思维方式决定了工作思路。例如，"床"作为宾馆、饭店核心产品之一，其功能是供人们休息。为了宾客的休息能够达到最佳的舒适度，欧美人从设计理念上思考如何改进，设计出了符合人体曲线的床垫，能够使人全身放松，得到很好的休息，使大脑的疲劳和身体的疲乏得到充分的释放和调整。再如，他们特别注重残疾人的需求，在残疾人入住的需求上，他们在硬件设计和制造上突出了人性化服务的特点，设立停车场的残疾人车位、设立盲人坡道、符合残疾人使用的电梯按钮的高度、客房内宽大的卫生间门、卫生间内安装了方便残疾人使用的恭桶、扶手等，还增加盲文标识，根据残疾人的特点来确定门镜的高度等设施，在很多细节上做的十分周全。

东方人则更多考虑的是对客人有一个甜美的微笑，有一个谦恭的态度，能够把客人的需求做到客人没有讲出来之前，使客人从心理上得到一种满足感。如果能够得到客人当面的表扬和称赞，他们就会更加热情地服务宾客。而在硬件设施等方面不太注重研发，对于饭店的家具、设施等，他们更多地考虑只要其风格、样式令投资人满意，就不再考虑更多的舒适度等问题了，甚至为了节省成本，在装修、家具等设施上使用不够环保的材料。再有，饭店管理者的创新能力也比较缺乏，他们更多关注的是饭店的收益、服务态度，不太擅长去发现硬件设施等方面需要改进的地方。虽然有的管理者为了体验服务质量，自己入住客房，但是他们更多地是找出卫生方面的问题、服务方面的问题，很少有人意识到哪些设施功能需要改进，哪些细微的地方需要改进，甚至客人多次提出了硬件方面的问题也不能够引起管理者的注意，或者认为客人"事多""找茬"。作为饭店人，我们有一种非常明显的感觉，走进中国人管理的饭店，如果饭店是以中国生产的硬件为主的话，客房内空调噪声、排风扇噪声非常明显，睡眠不好的人很难入睡；床垫很硬，睡在上面全身不舒服；房间灯光昏暗，老年人看书报极为困难；棉织品硬、发黄、发灰；甚至洗澡时热水忽冷忽热，难以应付。即便是这样，有的饭店管理者也没有意识到自己饭店存在什么问题，他们甚至认为"我们该有的服务设施都配备齐全了，功能设施都是完善的"。从不考虑客人使用时的感觉如何、舒适度如何。

随着外资饭店的进入和影响，也有一些饭店的管理者意识到了硬件设施的重要性，他们也在硬件改造时，参考许多发达国家饭店硬件的标准，吸收其中人性化考虑、美学意蕴、舒适性等因素，改造后的饭店硬件接近国际品牌饭店的设施。有的私企老板很有见识，聘请国际大牌设计公司设计、装修、装饰的五星级饭店，所有硬件设施设备达到国际上五星级饭店的顶级标准，只是软件服务和管理还有欠缺。

东西方都有许多优秀的服务文化，也有各自的缺点和弱势。东方人需要强化制度、标准意识，需要大力倡导创新精神，在发扬民族服务文化特色的基础上，努力吸收国际品牌饭店的管理优势，弥补我们的不足。

3. 我国饭店管理者需要在服务理念和服务意识方面得到提升

值得关注的是，我国还有众多的中小饭店、宾馆处于没有标准、没有规范的粗放经营状态，提升他们的服务文化意识是当务之急。

有一位饭店的管理者，节假日旅游时住进某县城一个号称"准三星"级的宾馆，那是全县最好的、最值得炫耀的"高级"宾馆。宾馆坐落在一个公园式的庭院中，花草树木、小桥流水、假山环抱、曲径通幽。在县里的人看来，住进这家宾馆已经是非常荣耀的事情了，已经是最高礼遇了。可是，这家"高级"宾馆的客房，墙纸上面有许多破洞，褶皱中透着斑斑黄迹；床单上面几处破洞，没有床裙，裸露着不洁的床边；镜前灯只剩了一个瘪瘪的灯罩还歪歪地悬着；房间内昏黄的灯光令人打不起精神，又无法看书、看报；洗手间极差的洗浴用品配着斑秃的台面，又黄又硬的毛巾、浴巾无法让人去碰；想洗澡，拧开水龙头半个小时还是不够30℃的水温，只好凑合着冲冲完事。在这个园林中走走、看看，风景确实很美，可是员工面目僵直，形体没有职业感，服务时没有规范的标准，只是面带淳朴的笑容。看到这一切，作为一位饭店管理出身的旅游者，作为一位深知什么是饭店管理、什么是服务标准的业内人士，情不自禁地感叹：现在还有众多这样的宾馆（饭店）只是开业、有生意而已，他们还基本上处于"原生态"的管理状态。在理念、见识、服务标准等方面有待开发，有待提高。

随着现代经济的全球化发展，西方管理文化中重制度、讲规范、有标准、有程序的严谨做法，已经为国人做出了榜样。我国在饭店管理方面，特别是那些二三线、甚至四线城市的星级饭店需要吸收西方管理的经验，规范管理操作标准。这些优秀的管理标准和服务文化也需要推广，需要辐射到广大的中小宾馆、饭店，同时也不能忘记融合我们的东方温馨与热情，走东西方融合的路子来提升服务质量。

（三）服务文化在质量管理中的作用

服务文化是在服务的过程中自然形成的，带有民族特色、地域特色，这是不言而喻的。服务文化又从属于每个饭店或饭店管理集团的质量管理范畴。服务文化服从于质量管理，体现质量管理要求，质量管理又要依服务文化的需要进行调整。在质量管理中，既要体现服务文化特色，又要符合现代饭店管理需要；既要标准统一，又要突出服务特色；既要符合国际化操作程序，又要有自己的特色。服务文化在质量管理中有如下几个方面的作用：

1. 服务文化是质量管理的基础，具有坐标的作用

在上面我们谈到了服务文化的形成带有民族性、地域性特点，它是在企业发展中自然形成的。因此服务文化就必然是质量管理的基础，具有坐标的作用。

每一个饭店或每一个饭店管理集团的服务文化都是特殊的，都具有自己的特色和氛围，这种特色和氛围是不可复制的、不好模仿的，也不太容易用语言去形容清楚的。例如，北京市旅游局组织行业检查时，分为若干个检查小组，分片进行服务的专项检查。当某个小组走进一家饭店检查时，检查团成员有时会不约而同地说，这个饭店怎么像锦江管理的饭店？再细问，果然是锦江管理

的饭店。有的管理人员或员工到锦江管理的饭店应聘时，事先不知道这家饭店是哪个集团管理的企业，但是当他们进去后，也会产生一种感觉，说这个饭店具有锦江的"味道"。还有，我们做饭店的业内人员，当走进一家饭店，马上就会感觉到这是中国人管理的饭店还是外国人管理的饭店，一般这种感觉是不会错的。这就像大海航行中的坐标一样，使人们能够通过坐标找到具体的方位。这就是服务文化的作用之一。

2. 服务文化是质量管理的核心，具有标志作用

服务文化是质量管理中非常重要的一个组成部分，也可以说是质量管理的核心。比如，待人礼貌热情，是东方人服务中的一种文化现象。那么，中国人管理的饭店都非常强调待客的态度，管理者会不断地要求员工在服务中微笑、问候。

在具体作法上，最典型的要属日本人对饭店员工微笑的培训。他们把微笑的程度具体化，要求员工在微笑时，口型做成什么样子，露出几颗牙齿，点头鞠躬到什么角度等，这些都规定得非常具体、细致，使员工的微笑像用尺子量出的一样标准。久而久之，员工就会养成习惯，这个标准的微笑成为饭店本身的形象代言标志，不是这样的微笑，好像就不是这个饭店的员工。

3. 服务文化是质量管理的内容，具有规范作用

服务文化一旦形成，就会成为饭店质量管理的主要内容之一，饭店在强调质量的同时，必然强调服务文化的具体内容。譬如，饭店服务文化中，要求员工仪表端正、胸牌完好，展示自己最佳的仪容仪表。这个标准就成为质量检查的内容。当看到某个员工胸牌没有戴端正，或者没有戴在应该戴的位置时，就会当成违反质量要求的问题，给他指出，如果这个员工不能马上纠正，就有可能受到处罚。在实际管理中，确实有不少员工因为胸牌不端正、或者已磨损，达不到质量要求而遭到处罚。也有许多员工因为头发过长、皮鞋没有擦亮等仪表方面没有达到规定要求而被处罚的。在饭店中，员工行为规范的内容，已经成为服务质量检查当中最为重要的一个组成部分，每天都会有检查人员专事检查员工的仪表和微笑，发现不符合要求时当场纠正。

4. 服务文化是质量管理的标志

服务文化还具有品牌标志的作用。许多国际知名饭店管理集团就是因为其服务文化的优秀而成为著名品牌饭店集团。上面介绍的四季集团，就是在管理当中注重细节，不断从硬件和软件上改进，而成为世界著名的管理集团之一。里兹卡尔顿饭店管理公司因其服务文化的一流和贵族化，使其饭店具有一种贵族气质。香格里拉的"殷勤好客亚洲情"就是他们集团服务文化的集中体现，也是东方服务文化的典范，这些文化特征使品牌形象得到提升，香格里拉所属的饭店都具有这样的氛围，从而成为品牌和质量管理的标志。

（四）创造品牌需要打造优秀的服务文化

品牌一般是企业家精神或企业家文化的精髓的体现。当代知名品牌饭店或饭店集团的创始人，无一不是以打造优秀服务文化为标志的。他们在创造高档、豪华饭店的过程中，倾尽毕生精力，努力创立自己独特的优秀文化，在对客服务上，尽力做到让宾客满意、感动，让宾客牢牢记住这家饭店的品牌。

形成饭店品牌最重要的标志是其服务文化，而优秀的服务文化是促进品牌创立的基础。当今所有知名饭店或知名饭店集团，都具有非常优秀的服务文化，他们围绕"以人为本"的服务文化，能够充分体贴宾客的需求，以超前意识服务于宾客，使宾客得到"意外惊喜"的感受。

优秀的服务文化必然有一个培养和打造的过程。万豪集团在服务中常说的一句话，就是"小事不小"。他们认为在某种情况下，需要"小题大做"，要培育严肃认真，一丝不苟的精神，这是万豪所一贯倡导的服务理念。这是他们服务文化的一种体现。希尔顿饭店品牌的精髓，就是关注有着各种不同需要的宾客的要求。为客人提供优秀的服务，他们说这是希尔顿品牌的基石与核心。他们还说：无论你在世界的任何一个角落，"希尔顿"代表着始终如一的卓越水准。这些是西方优秀饭店服务文化的典型代表。

在东方，也有许多优秀的服务文化，中国上海的锦江饭店，其创始人董竹君、任百尊创造了"唯美唯真"的服务文化，他们提倡细致、周到入微的服务，要求服务人员做到"十到"，即人到、眼到、耳到、鼻到、手到、脚到、礼到、心到、神到、脑到。他们提倡日常服务要做到"一摸、二知、三轻、四快、五勤、六有人"。"一摸"，摸清客人生活规律、兴趣习惯；"二知"，知道菜肴特点；"三轻"，走路轻、说话轻、操作轻；"四快"，清洁快、上菜快、反映情况快、解决问题快；"五勤"，勤看、勤听、勤服务、勤分析、勤联系；"六有人"，客到有人迎、进房有人引、用餐有人领、生病有人护、困难有人助、客离有人送。这样的东方服务文化，也颇受西方要人的欢迎。有这样的事例：意大利前总统佩尔蒂尼下榻锦江饭店，自己带了电动剃须刀，服务员发现他的剃须刀是三相插头的，而客房内的插座是两相的，于是准备了一个三相插头电源插座。第二天早上，当总统打铃需要服务时，服务员递上了三相插头接线板，这位总统很感动，翘起拇指表示称赞。还有，英国前国防大臣皮姆住在锦江饭店时，一天晚上，他刚拿起一瓶威士忌，服务员就马上送上了苏打水和冰块，大臣诧异地夸奖服务员比自家跟随多年的管家还好。

这些事例说明，优秀的服务文化是需要饭店的领导者大力提倡，并坚持不断地引导、不断地发扬、不断地鼓励员工去做的。久而久之就能成为一个饭店的职业习惯，只有优质服务和优秀的服务文化，才能赋予品牌形象深刻的内涵，成就卓越、优秀的饭店和饭店集团。

13

饭店质量管理与企业文化的有机结合

　　企业文化是一个企业的核心理念和价值观。企业文化对企业的一切行为都有渗透和影响作用，对质量管理理念和做法也同样具有影响作用。知名品牌的外资饭店在长达百年的管理经营中，创造了优秀的企业文化，优秀的企业文化又促进了其饭店的成长和发展。中国的知名饭店也有许多自己独特的优秀的企业文化，也是值得不断总结和发扬的。基于此，每一家饭店都应该总结自己具有独特管理文化的内容和做法，并加以提升和发扬，使之成为饭店质量管理不断深入的推动力。

一、企业文化如何渗透到质量管理理念中

　　企业文化的说法是20世纪七八十年代开始在西方企业界兴起的。企业文化的定义是：在一定的社会大环境的影响下，经过企业领导者的长期倡导和员工的长期实践所形成的具有本企业特色的、为企业成员普遍遵循和奉行的价值观念、信仰、态度、行为准则、道德规范及传统、习惯等的总和，也可以称为企业的意识形态。

企业文化主要内容包括企业目标、企业哲学、企业价值观、企业精神、企业道德、企业制度、企业文化活动、企业环境、企业形象、企业创新等。这些内容都不是独立存在的，而是作为一种文化氛围弥散于企业特定的环境中和企业中的人群中。它似乎看不见、摸不着。但是，企业文化又体现在有形的载体中，通过有形的物质实体、企业行为、员工行为等表现出来。

到过海尔的人都会感受到，海尔的企业文化特色十分突出，并且具有贯通性。当我们到海尔参观或者交流时，见到的所有海尔人，不管是高级管理者、中层管理者还是车间员工，他们的言谈话语、做事风格都明显地带有统一的价值观和创新发展精神，从海尔的产品中也能透出海尔的文化特色和创新特色。这正是海尔领头人张瑞敏及他们的管理团队所创造的海尔企业文化。

饭店管理集团也同样如此，走进香格里拉饭店集团管理的饭店，其中透出的"殷勤好客亚洲情"充分使人感觉到东方人管理饭店的风格：温馨、殷勤、好客。走进喜来登集团管理的饭店，透出的是大气、标准和程序。走进锦江集团旗下的饭店，透出的是礼貌、微笑、东方温情。这些都是与每个饭店集团的企业文化密不可分的。

在企业哲学中，有研究者认为：企业哲学是指导企业生产经营活动，使其符合既定目标的微观世界观和方法论。企业哲学是对企业中人与物、人与经济规律关系的把握。企业哲学的内容包括：辩证观、系统观、实践观、质量观、服务观、效益观、人才观、时空观等。其中的质量观是我们这里要展开来说的一个话题。

在企业各种要素中，我们说质量是企业的"生命线"。除了在技术上、程序上、操作上要讲求质量以外，更重要的是要对所有成员灌输所倡导的"质量观"。把质量观作为企业文化传播内容的一个组成部分，进行广泛的、大力度的宣传和教育，使企业的所有成员对严格管理、质量第一具有明确的认识，让"质量成为企业生命线"深入人心，成为共同遵守的价值观。管理者要通过企业文化让所有成员都服从这样的理念，认同这样的理念，内化这样的理念，共同为企业的服务质量、管理质量负责，共同追求高品质的质量。

如何做才能将企业文化渗透到质量管理当中呢？

1. 要倡导符合先进理念的积极向上的企业哲学观、价值观

作为创新时代的21世纪，企业文化中的哲学观、价值观如何定位非常重要。美国GE公司的前CEO杰克·韦尔奇在1989年圣诞节期间到海边度假。他躺在海滩上，头顶是一把撑开的太阳伞，他望着"圣诞老人"从一艘潜水艇里冒出来，于是一个灵感诞生了——"无边界"。他感觉"无边界"是一个应该推广的"理念"，于是就像是科学上的重大发现一样，他回到公司立即在公司中倡导并贯彻这个新的理念。其主要做法是将各个职能部门之间的"障碍"全部消除，工程、生产、营销以及各个部门之间能够自由流通、完全透明，使他的团队就像浩瀚的大海无边无界一样宽广无垠。这个理念的发明，是一种创新，它提倡的是团队精神、集体智慧的作用，摒弃的是小团体、本位主义作风。杰克·韦尔奇把这一哲学观、价值观推行到全公司后，掀起了"无边界"风暴。他们把这个理念变成口号，出现在全世界GE公司的工厂和办公室的墙上。这个理念成为GE公司企业文化的重要组成部分，成为他们文化思想的精髓，渗透到每一个GE公司的员工心中。

这个案例告诉我们，企业文化的渗透可以像风暴一样席卷每一个公司成员，对于我们做饭店的质量管理者具有可借鉴性。管理者要善于把企业文化和企业精神变成一种文化精髓，渗透到每一个员工思想深处，要善于提出和运用简单明了的口号，提炼出创新理念。在饭店的服务中，重视质量，提倡质量第一，质量是生命线，就是灌输质量观。比如"让客人完全满意"，是一个服务质量的口号，它要求每一名员工都要本着对客人负责的精神，做到"让客人完全满意"。虽然我们不太可能做到让每一位客人完全满意，但是我们要提出这样的口号，倡导一种严肃、认真、负责的精神，就是要求所有共事的成员认同统一的理念，在理念的指导下形成合力，追求实现共同的目标，共同打造优质服务的企业文化。

2. 用积极向上的服务文化"理念"指导质量管理和质量教育工作

许多企业都具有自己独特的企业文化理念，这些企业文化理念往往使用最简捷的一个或一套口号体现出来。比如：国内某饭店管理公司，他们的员工待客基本行为准则共有 10 个词 20 个字，即仪表、微笑、问候、让路、起立、优雅、关注、尽责、致歉、保洁。这些词，乍看起来像是生硬堆砌在一起的、不具严密逻辑的单词而已。可是身在其中的饭店人员，却十分认同并赞赏这 20 个字，这 20 个字完全贯彻到了其所属饭店的每一位员工之中，体现了他们的企业文化精髓。为什么呢？因为这是他们在待客服务当中自己总结出来的带有自己企业特色的文化精髓的体现。

前 10 个字是：仪表、微笑、问候、让路、起立，即员工要衣着整洁完好，以自己最佳的容颜展示在宾客面前；要以自己的微笑和问候给予宾客第一个美好印象；在面遇宾客 1.5~3 米距离时，要主动让路，请客人先行；在坐着办公的岗位上见到宾客，首先要起立、微笑并问候客人。这 10 个字，体现了员工待客的基本行为。在这 10 个字的基础上，管理者又提出了内容进一步深化的 10 个字：优雅、关注、尽责、致歉、保洁，即员工举止要优雅；关注宾客的需求并尽可能满足宾客的需求；对于宾客提出的要求，要做到不推诿、不懈怠，而是努力满足宾客需求，尽到自己的职责；在不能满足宾客需求和没有达到宾客满意程度的不得已的时候，要主动致歉，诚恳地致歉，并尽可能弥补宾客的损失；员工有责任随时随地做到保持饭店的清洁，使每一个角落都一尘不染。

该饭店管理公司的员工有上万名，所有员工都能够背诵和解释这 20 个字，并做到了共同遵守和实践这 20 个字的要求。在他们的质量管理手册中将这 20 个字准则的内容列入质量检查和控制范畴。在他们的日常走动检查中，随时检查和纠正不符合 20 字准则规范的行为。在员工每天例行的班前会中，督导人员都会重复这 20 个字并逐一检查员工背诵"20 字准则"内涵的情况，让员工阐述对准则含义的理解，并要求员工执行准则要大方、得体，运用适当。

就这样，经过了若干年的强化推行，员工自觉养成了良好的行为习惯，不仅在工作岗位上彬彬有礼，甚至在家接听电话，也首先要微笑着说"你好"。他们说如果不这样，自己都感到别扭。长期的养成，使他们在公共场合习惯于自觉为别人让路，见到碎纸屑就想拾起，见到墙面的镜框歪斜就想去扶正。这20个字不仅锤炼了他们服务的良好习惯，而且锤炼了他们做人做事的道德规范、礼节礼貌和公共意识。这种企业文化带给员工的是现代文明和自检行为。

这种强力灌输和习惯养成，给企业带来了良好的声誉。在进行行业检查时，其他饭店集团的检查人员明显地感到这个公司所属的饭店在行为准则方面是那么的一致，甚至不用介绍这家饭店的背景，就能知道一定是某某公司的旗下饭店。

这种企业文化的凝炼，对于规范企业员工的行为，对于质量管理的推动，无疑起到了至关重要的作用。

3. 在质量管理工作中推行企业文化理念，弘扬企业文化理念

在创造了良好的企业文化氛围后，切记要时时刻刻做到贯通。除了大力提倡之外，还要贯彻到企业行为的方方面面。做质量管理工作的人都知道，质量管理行为在日常主要表现为管理者的检查和督导。那么，在管理、检查、督导过程中，就要运用企业文化中关于质量的理念来说服、教育、指导和帮助员工；在检查质量工作时，就要将企业文化的内容与质量管理的要求有机结合。

某饭店提倡"像军队、像学校、像家庭"的企业文化氛围，把"三像"作为企业文化的主要内容进行灌输，他们在质量手册当中也融进这个理念，把对前台、后台的质量要求与"三像"挂钩，在制定工作标准时，一并融合"三像"的理念，在检查质量时一并进行检查，起到了非常明显的效果。

例如，他们提倡"像军队"，所属饭店从上到下就体现着雷厉风行的作风。当管理公司部署了质量明查任务之后，各个饭店雷厉风行，从上到下立即

贯彻，并且在一个月之内使所有岗位达到标准，接受管理公司检查。他们提倡"像学校"，所属饭店就把培训当做一个大课堂，员工每年接受50小时的业务技能和企业文化培训，他们做到人人有学习记录，层层有检查把关，所有培训的内容员工都熟练掌握和运用。他们提倡"像家庭"，所属饭店就开展关爱员工行动，在员工生活区域，如员工餐厅、浴室、宿舍等改善员工生活条件，为员工宿舍安装空调，增加被褥的厚度，开辟文化活动室，改善员工伙食。所属饭店特别重视员工生日会活动，每月组织当月过生日的员工开生日Party，总经理为员工亲笔写贺卡祝贺。

上述做法，与质量观、质量要求完美地融为一体，在灌输企业文化的同时，灌输了质量观；在落实企业文化内容的同时，也落实了质量要求；在弘扬企业文化的同时，也增强了质量意识，为质量管理铺平了道路。

二、饭店高管如何将企业文化与质量管理有机结合

企业文化的培育不是一朝一夕的事，它是一个长期的过程，是一个循序渐进的过程。企业文化与质量管理的有机结合也需要企业管理者有意识地培育和灌输。让我们看看世界著名饭店管理公司里兹卡尔顿是如何将企业文化与质量管理有机结合的。

世界著名饭店管理集团之一的里兹卡尔顿饭店管理公司被誉为全面质量管理的典范。其经营和管理的成功及其服务理念和全面质量管理系统的成熟，与其企业文化是密不可分的。他们的做法是：

1. 高层要把服务质量放在饭店经营的第一位

里兹卡尔顿饭店管理公司的高层对在全公司灌输质量管理理念的态度非常坚决，要求高层管理者要确保每一名员工都投身于服务质量的改进过程，明确要求把服务质量放在饭店经营的第一位。为此，高层管理人员组成了公司的指导委员会和高级质量管理小组，每周会晤一次，审核企业产品和服务质量工作

情况、宾客满意情况、市场增长情况、组织指标、利润和竞争情况等，要求高层管理人员要将1/4的时间用于质量管理方面的事务，强调要100%满足顾客的需求。如何实施和做到上述要求？他们的秘诀就是推行强势的企业文化，在企业文化中注入质量第一的理念，以企业文化带动质量管理。

2. 高层要对质量承担责任

他们主张把质量放在第一位并不是只对下属提要求，而是要求高层"对质量承担责任"。这些要求是用公司文化来支持的。在公司文化里，他们把质量管理提到一定的高度，并且每一个高层管理人员都必须亲自过问质量问题，承担质量责任。甚至公司老板亲自过问宾客投诉情况，亲自处理每一份投诉，而且是每天花大量的工作时间处理宾客投诉。一般饭店是不可能这样做的。

3. 用高层的理念影响公司理念的形成和发展

从规律来看，企业家的文化倾向直接影响该企业的文化倾向，公司老板提倡的文化，也一定体现在该公司的企业文化之中。里兹卡尔顿饭店管理公司的创始人恺撒·里兹自15岁起就从事饭店事业，由于他长期在欧洲名流、达官贵人、君主、巨富等上流社会人士出入的豪华饭店服务，在实践中他也深深喜欢上了饭店这个行业，并深刻地了解到上层社会需要的服务是什么。因此，在他有能力独立经营饭店的时候，他的理念就是要做最高档、最豪华的饭店，他的饭店软硬件都要做到最领先。

由于有了这种做顶级事业的理念，他在质量管理方面明确提出：全面质量管理的第一步是最高领导层要承担质量管理责任，最高领导层要重视并培育质量文化，特别是公司的总裁、首席执行官这个层面的管理者，一定要自身深刻认识企业文化对质量管理的影响，要用自己的理念和行动带动整个公司的质量文化的形成和发展。他们把质量管理纳入公司的质量文化，并且层层落实。这在饭店业不愧为管理者重视质量并把质量当做文化经营的开山鼻祖，这种理念就是在当今也还是十分领先的理念。

在企业文化现象中，有一个突出的特点：就是公司文化必须要由公司的最高领导层倡导并身体力行予以推动，因此在一定意义上，企业文化就是企业家文化。从上述里兹先生倡导的企业文化和质量文化中，我们也可以清晰地看到企业管理者高层的文化导向对企业的影响是多么的重要。因此，质量管理能否做好，如何做好，与公司或企业管理者的理念有着直接的关系。如果公司高管真正重视质量，必然在企业文化里体现。如果想要搞好质量，必然要与企业文化有机结合，使得质量管理的要求变成企业文化的一个组成部分。只有具有这种强势的推动力，才能做到质量第一的品质。

三、如何让以人为本的企业文化成为质量管理的前提和基础

21世纪的企业管理，正在从制度约束和绩效考核所形成的对员工手脚管理的模式，逐步转向手脚管理与头脑管理相结合的文化管理模式。这是20世纪80年代以来企业文化越来越深刻地影响了企业管理理念、管理方式所带来的转变，使我们看到企业管理越来越趋于以人为本了。在饭店业，一个普遍的共识正在取代传统的约束式管理，即饭店总经理的工作是努力使每一位员工心情愉快。这应该是总经理最主要的工作，也是最值得去做的事。如何能够做到呢？

1. 改变传统的管理员工的理念

"使每一位员工心情愉快"，这个理念的创始人也是恺撒·里兹。这个理念可以作为企业管理中对人的管理的理念飞跃，也是管理创新、进步、发展、提升的标志。在过去相当长的一段历史中，企业管理中对人的管理理念和做法就是对人的严格管教，运用制度和规范使组织中的人员顺从、服从。这样的管教，使被管理的人磨掉自己的意志，放弃自己的主张，不管愿意不愿意，都必须服从组织，不管本人的心情如何，都必须服从组织的需要，这种管理在饭店行业里表现得更为明显。而恺撒·里兹突破了传统管人的理念，提出"使每一位员工心情愉快"，是"以人为本"理念和企业文化创新的表现，是管理创新的表现。他本人提倡员工入职的导向性培训必须由总经理主持，若总经理没有

时间，宁可暂停或后延。这被视为雷打不动的原则，充分体现了总经理对员工的极大尊重。

"使每一位员工心情愉快"，就是要关心每一位员工，尊重每一位员工，体贴每一位员工。要了解每一位员工的心情如何，帮助每一位员工解决心情不愉快的问题。这就要求管理者改变传统的管理人的理念和方法，把每一位员工放在自己的心上，像对待自己的家人一样，在乎员工的喜怒哀乐。这个理念在笔者《星级饭店员工管理》一书中，做了详细的阐述。

一些饭店的管理者是非常具有权威、具有尊严形象的代表，他们可以说一不二，可以随意指责员工的行为，而不顾及员工的心情。如果发生什么问题，首先受到惩罚的是员工，甚至在基层里，老员工可以随意指使新员工做最脏最累的工作。如果是在这样的环境里，员工的心情是无法愉快的，带着不愉快的心情工作，恐怕无法高质量地完成工作任务。所以，"使每一位员工心情愉快"，不仅是个口号，更重要的是一种理念——一种尊重下属、爱护下属的理念，是向传统管理理念的挑战，是以人为本的现代管理理念的核心。作为企业，只有解决了员工心情问题，才能做到让员工像关心家人一样去关心客人，体贴客人，为客人尽心尽力地服务，也才能体现超值的服务质量。

2. 以企业价值观和服务理念作为凝聚员工的纽带

恺撒·里兹的管理中最为突出的特色是以企业价值观和服务理念作为凝聚员工的纽带。这也是他创造的企业文化的又一个突出特点。他的用人主张是：如果员工与饭店的价值观不吻合，员工可以辞职，饭店也可以辞退他，完全没必要强迫或争执。若员工的理念与饭店一致，但工作出现差错，可以让他们自己反思，找原因，没有必要由总经理去训斥他们。对于员工发生问题，里兹的观点是：饭店基层员工自身能控制的错误在15%之内，而85%的错误出在管理系统，从管理上找服务差错的原因是不变的金科玉律。对比我们现在一些企业，往往是在发生了差错或问题时，首先从员工身上找原因，扣罚员工甚至开除员工，却没有想到从管理系统找原因并从管理系统解决问题。

举个案例：一家五星级饭店，硬件非常豪华、高档，可是在员工送餐服务时，程序既不规范，语言也不到位，该配置的食品和用具都没有配备齐全，使客人无法方便地用餐，导致家人提出投诉。这样的事情发生后，饭店领导非常恼火，提出罚款处理，甚至要开除这个员工。可事情发生的真正原因是什么呢？原来由于该饭店员工流动率非常高，熟练操作的员工越来越少，饭店不断招聘和补充新员工，这些新员工大多是来自边远山区和农村，他们自己本身对大城市还很陌生，对高档的五星级饭店更像是"刘姥姥进了荣国府"。饭店由于急于用人，来不及培训，就简单教一教基本操作程序，匆忙派上岗位，于是这样的情况发生了。但是管理者没有扪心自问自己的管理是否存在问题就把板子打到了员工身上。像这样处理问题，即便开除一百个员工，也解决不了服务问题，因为服务不规范的问题出现在管理系统中。

理念不同，对员工错误的处理方式就会不同。同样发生了一个餐厅员工不小心把盘子打碎这样一件事，我们有些饭店很可能是从制度着手，要求服务员自己赔偿。而里兹卡尔顿饭店的做法却是首先关心员工是否受伤，并给予安慰。然后找原因，是盘子本身滑，还是水没擦干净？是地板滑，还是鞋穿得不对头？然后对找出的原因，做对症处理。如果是员工技能不熟练，则进行培训；如果是地板滑，要改善工作场所的条件；如果是程序不够科学，要从管理上找问题并改进操作要求等。里兹卡尔顿饭店的员工说，在里兹卡尔顿饭店工作，最主要的感觉是心情舒畅，个人受到尊重，几乎遇不到人与人之间不愉快和矛盾的事。这是他们愿意在这里长期工作下去，也愿意竭尽全力为饭店做出贡献的主要原因，这也是为什么里兹卡尔顿饭店管理公司成为世界著名品牌饭店的重要原因。

3. 要将企业文化作为一种"精神"进行培育

假日集团认为，优秀的企业文化是集团保持长期发展繁荣的保证。他们的文化被称为"假日旅馆精神"。其内容是：朴实无华、诚实可靠、坚持不懈、乐观大度。他们的"假日旅馆大学"担负着培训总经理、部门经理和有培养前途的员工的任务，其中除了开设饭店管理、预订政策、实业保险等课程外，其培训的重点就在于培训"假日旅馆精神"。

他们把要培育的"假日旅馆精神"编写在小册子里，发给每一位员工，要求员工理解和照做。其"假日旅馆精神"的主要精髓就是：对客人讲礼貌，将客人视为饭店生存发展的基础；客人是有感情、有权利享受应有舒适的人。假日精神就是将企业文化中体现的以人为本也体现在对待客人方面。

4. 努力创造一种员工自身价值受到认可的氛围

香格里拉集团的理念是：有了忠实的员工才会有忠实的客人。他们在努力提高员工素质的同时，十分关心员工是否满意。他们努力创造一种员工自身价值受到认可，并且有归属感的工作氛围，使员工能看到自己将来事业发展的前景。

这一点，对于80后、90后的青年人来讲非常重要，他们在寻求一份工作的同时，也在寻求自己的职业发展方向。如果找到一份工作十分满意，但是个人发展方向不明确的话，他们有可能放弃这份工作。现代青年人也十分在意自身价值被认可与否，如果在一个单位里工作，尽管自己十分努力，但是得不到周围同事的认可，得不到领导的认可，他们就会感到郁闷、纠结，也可能会放弃这份工作。

可见员工十分看重工作环境氛围，十分看重自身价值的认可程度。作为企业管理者，在企业文化里面必须倡导对员工的关爱，必须努力创造宽松的环境，使得员工有成长和发展的空间，这样的企业氛围才能够留得住人。

5. 尽可能提供具有竞争力的工资与福利

薪酬福利是企业人力资源管理的核心问题。在薪金和福利方面，年龄大一点的人，提这个问题可能比较难于启齿，尤其在关系到本人的福利或薪金的时候，更是不好意思跟组织讲条件、提要求。但是在市场经济环境下，这个问题是不能回避的，也是回避不了的。现代企业非常重视对员工提供具有竞争力的工资与福利，企业在与面试的员工谈话时，就要讲清楚福利待遇，讲清楚工作环境和工作前景，然后双向选择。有战略眼光的企业为了长远发展，也为了培育有竞争力的员工队伍，他们会从长远的发展考虑，用具有竞争力的薪酬福利聘用有潜力的员工，同时肯于给员工投资，如对员工做高阶培训，送到国外培训，给予各种学习的机会等，促使他们个人尽快成长和发展，鼓励每个人实现自己的事业发展目标。

6. 尽可能为员工提供舒适、方便的生活环境

员工每日在饭店工作，特别是那些家在外地的员工，他们大部分时间生活在饭店。员工的生活条件如何、生活设施如何，也是饭店企业文化的体现。关心员工的饭店管理者，必然事事处处关心员工的生活，给员工创造方便舒适的生活条件。

如何知道企业关爱员工还是不关爱员工呢？很简单，走进他们的生活区就会一目了然。有一些饭店，当走到他们的员工区域时，两边是白墙，甚至是部分墙皮脱落的、不灰不白的、色调灰暗的墙，让人感觉没精打采；走进员工餐厅，很小的一块地方，条凳和破旧的桌椅，简单的饭菜；走进浴室，狭小的空间，锈蚀斑斑的更衣柜，潮气扑脸，灯光灰暗。员工生活在如此这般的环境里，却工作在大堂明亮、设施豪华的饭店前台，心情是不会愉悦的。而有些饭店的生活区，首先看到的是在员工通道两旁丰富多彩的企业文化墙，有员工郊游的欢乐生活照片、有员工子女的儿童图画、小制作等；还有员工生日树，每个月过生日的员工都会"榜上有名"，且能够得到一份总经理亲笔签名的生日贺卡和一份生日礼物。走进员工餐厅，如同麦当劳一样的餐桌椅和环境布置，使得员工一进入便会觉得轻松，工作餐多为自助餐形式，有着花样繁多的主食和菜品，有着各种饮料和水果，员工用餐环境舒适。走到员工浴室，浴室干净明亮，设施齐全。员工宿舍被褥蓬松，空气清新。走进员工娱乐活动室，图书阅览区、棋牌活动区、体育健身区、上网游戏区等，设施一应齐全、丰富多彩。生活、工作在这样的环境里，员工当然感到满足、幸福，肯定没有生活的后顾之忧，他们的心情必然愉悦，精神清爽，工作起来也必然劲头十足。

  企业文化是管理的重要前提，也是管理的基石，更是质量管理的重要基础。要想搞好质量管理，必然要依托企业文化的支撑。里兹卡尔顿饭店提出：饭店产品质量有5个明确的要素，即可靠性、一致性、高效、无缺点和物有所值。这5个要素，可以说这是饭店高质量管理的精髓。这里的"所值"不只是数量和质量的价值，而且包括宾客的总体感受和体验，如宾客感到新奇、刺激、温馨等；包括员工的服务境界被企业文化同化到一定高度所带给员工的良好体验。由此可见，努力丰富饭店产品的文化内涵，打造以人为本的体制，让企业文化渗入到饭店内外部顾客关系维护中去，是21世纪饭店业创新和发展的主要方向。

  企业文化是企业管理的精神平台，不管是否有意识地在质量管理中融入企业文化，都会在质量管理中体现企业文化精神，既然如此，饭店管理者何不明确地将企业文化内容与质量管理有机结合？从上述许多案例中，我们也看到国际知名品牌饭店都非常重视企业文化的影响力和推动作用，都在质量管理中体现了其企业文化的精髓，并利用企业文化推动质量管理，为饭店创立名牌效应。

14
质量管理的持久性战略

只要饭店存在，饭店质量管理就是一个永久的话题。饭店管理者应该把质量管理作为持久性战略纳入饭店的长期管理目标，并坚持在深入性、持久性上做文章。饭店要根据自身的具体情况制定质量持续性改进的战略目标，这也是品牌管理战略所需。

一、如何体现质量管理的深入性

作为饭店管理者，质量管理绝不是一时的口号，也绝不是停留在表面的话题，质量管理工作是需要深入持久地开展下去的。

（一）质量管理必须摒弃一阵子、表面化的做法

有的饭店管理者，时而注重质量管理，时而淡漠质量管理，当他们出于某种需要，认为质量管理重要时，会提出许多如何提高质量、如何抓质量、如何高度重视质量的口号，很多口号也是振奋人心的、颇具鼓动性的。可是，这样的管理者往往对质量的重视和抓的力度只是停留在表面的口号上，或者停留在

"一阵子"上，或者是为了拿什么"奖牌""荣誉"才大张旗鼓地抓质量。这样的"质量观"具有"一时性""一阵子"的特点，没有深入性和持久性。虽然在开始的时候轰轰烈烈，虽然提出的口号非常鼓舞人心，可是落在实际行动上的，往往是只注重形式，不注重内容；只注重一阵子，不注重长远。其表现主要有以下几种情况：

1. 为了行业评比大搞质量突击工作

在我国，做企业都离不开行业的指导、管理和监控。行业组织或者行业协会为了推动工作，经常会组织各种评比、比赛之类的活动。饭店业也是如此，各地区的旅游系统经常组织"优质服务质量月""开展旅游质量竞赛"等活动。

旅游系统布置这样的评比活动，无疑是为了促进旅游饭店的质量管理工作不断提高。为了规范饭店服务和管理工作，这些管理和检查是必要的，是有积极促进作用的。这样的活动也确实能够推动饭店服务管理工作更加规范，提高服务人员的质量意识、服务意识。

可是往往这种阶段性的活动，被饭店管理者单纯地理解为应付旅游系统的评比和检查，在带来推动饭店质量提高的同时，也会产生副作用，这就是一些饭店为了荣誉，只注重表面文章，只是在评比的阶段内特别重视质量的表现。而待评比活动一结束，这个企业的质量管理往往就会落入低潮。如果此时再走进这家饭店，看到的是疲倦的面容，感受到的是松懈的情绪与工作气氛，服务质量反而下降许多。这是因为在紧张地应对完评比检查之后，大家都认为可以松一口气了。这种为了应付检查而抓质量，使得质量管理工作紧一阵、松一阵，好一阵、差一阵。这样的质量观是表面应付型，而不是深入扎实型的。

2. 为了迎接检查大搞质量突击工作

与行业评比比较相似的情况是行业检查，如星级评定检查、星级复核检查、服务质量大检查等。这些检查是必要的，会促进饭店管理工作的规范化，会提高饭店的质量管理水平，这是毋庸置疑的。如果饭店借这些检查，深入而扎实地促进质量管理工作，对饭店管理水平的提高是毋庸置疑的。可是，也经常会看到饭店的管理者为了追逐名誉、名次，在检查之前组织全饭店上下齐动手，掀起火热的迎检场面，主要表现为全面清理卫生，加班加点清洁环境的各个角落，包括死角，员工也高度重视迎检工作，处于兴奋状态中。在这个迎检的过程中，确实体现了人人重视质量，短期内质量表现突出的现象。但是容易导致员工认为清洁卫生就是质量的全部内容，认为只有在迎检时才体现质量管理。全饭店在表面文章上下了很大气力，待检查一过，也会出现工作松懈、精神不振等现象。

这些现象说明质量管理能否做实，能否深入、扎实出实效，在一些饭店还是一个"盲区"或曰管理"症结"。要想克服这个管理"症结"，首要的是要在管理者的理念中去除应对检查、为了名次而大做"质量"文章等想法。应该树立扎实、牢固的质量意识，树立深入搞好质量工作的理念，并且要在企业的内部做艰苦、细致、深入、长期的质量基础工作。要在建立质量体系、维护质量水平、提高质量管理、改进质量缺陷上下工夫，才能使质量工作真正有成效、有长效。

（二）质量管理必须做到深入地发展

1. 必须建立质量体系

前面章节我们讲述了饭店行业建立质量体系的过程和所要做的工作。质量体系是一个完整的、规范的、公开透明的质量管理工作系统。在建立这个体系的过程中，饭店必然会下一定的工夫整顿质量，组织宣传质量体系的重要性和必要性。在其中，从管理者到员工受到质量观的教育和培训，并要组织相关人员拟写质量文件、构建质量管理工作体系、健全相关的质量组织和管理内容。在质量体系建立之后，饭店会坚持按照质量体系的规范内容开展质量管理和控制工作。而且还必须做阶段性总结和改进。在年初要制订质量管理工作计划，提出当年质量管理工作要点、活动内容、检查措施、评比方式等。在年底要总结质量管理工作，找出需要持续改进的缺陷和问题，提出持续改进的措施。有了这些正常的质量管理工作部署和工作计划，质量管理工作就会像产品加工企业一样，在生产、服务、日常管理的各个环节扎实、稳步、积极地开展和持续下去，不会成为一阵风式的质量管理。就会从思想上和行动上避免赶风头和应对检查性的质量管理工作方式。

2. 必须持续维护质量水平

质量管理工作是一项艰苦、长期的工作，需要饭店坚持不懈地抓下去。往往我们看到许多饭店的质量水平呈曲线形，忽高忽低，不能维持在一定高度上。就是因为在企业强调质量的时候，企业的质量水平就高上去了；在企业管理者放松管理的时候，企业的质量水平就马上降下来。这就对管理者提出了一个如何维护质量水平的问题。除了上面所述的为了迎接检查、评比而造成的质量忽高忽低以外，还跟饭店领导对质量的认识水平有一定的关系。有的饭店的领导对质量管理存在无所谓的思想，认为效益上去了，就能"一俊遮百丑"。他们往往会说："效益不好，你再强调质量也没用；效益若好，自然质量就好，或者质量问题就不突出了。"基于这样的认识，他们不会主动去维护质量水平的稳定性、持久性，他们很容易在效益好的时候忽视质量工作，在效益差的时候又想起需要抓质量工作了。

还有，当一家饭店的质量管理达到一定水平的时候，也容易出现松懈心理，摆在他们面前的就是如何持续维护质量水平的问题。其实，饭店领导者提升质量水平可以借力，比如：借检查、评比，借整顿等东风，把质量提升上去，但是切记不要短期行为。持续维护质量水平才是真功夫，这需要饭店领导者依托企业文化底蕴，做长期的持久的质量提升工作，而且丝毫不能松懈。

3. 必须不断提高硬软件管理水平

质量水平应该说是一个永无止境的追求过程。对于追求质量的管理者应该有这样的理念：没有最好，只有更好。尤其是星级饭店，要在硬件上追求完美、高档、豪华、舒适。硬件在科技、智能、人性化等方面的追求也是永无止境的，每年我们都会发现，在饭店硬件上的变化层出不穷，更新速度惊人，星级饭店硬件不断在智能化、安全性方面有所突破，有所创新，有所改善，有所提升。在软件方面，越来越多的饭店追求优质服务、个性化服务、超前性服务、预见性服务。这也是对服务质量永无止境地追求的表现。

硬软件的不断提升，带来了饭店业在服务境界方面的不断追求、服务境界的追求又促进了硬软件的不断创新和改进，从而使得饭店对质量管理的不断提高也成为永恒的主题。要想做好，要想保持永恒的高质量管理，就必须不断创新，不断提高硬软件水平。

这就需要管理者既要高瞻远瞩地规划饭店发展的前景，又要深入实际了解饭店发展的信息，既要灵敏地意识到新的改进的需求，又要在管理上不断跟进。

4. 必须不断改进质量缺陷

不管如何追求质量，如何将质量品质不断提升，只要做企业，就会存在质量缺陷的。比如我们购买的电冰箱，以前是依靠氟立昂制冷，后来因为氟对人体和环境有害，改进为无氟冰箱；随着科研的发展，在设备型号方面，有两门的、三门的，有向左开或向右开的；有冷冻室在上面的，有在下面的；有人工除霜的，有可以自动除霜的，等等。正是由于不断发现使用中的缺陷，才有产品的不断改进。饭店的服务管理也是一样，也会在质量不断提升的同时，发现新的缺陷和不足，需要不断总结、不断改进。只有这样，才能使星级饭店品牌永不言败。

大多数饭店在服务方面，一直不断追求个性化服务、预见性服务，追求让宾客满意。为了提高宾客的满意度，引入了宾客意见书、宾客满意度调查操作系统，让宾客能够时时处处监控饭店的服务质量，时时处处能够发现饭店本身存在的质量缺陷。许多饭店还依靠暗访这种方式来监控饭店的日常运作状态，以便及时了解存在的缺陷，特别是现在饭店十分重视互联网网评，将其做为实监控和发现缺陷的工具。这一切，都是为了主动发现质量缺陷，为了持续不断改进质量工作。因此，持续改进也是质量管理深入性的一个环节。

二、如何体现质量管理的持久性

质量管理应该在深入持久性上下工夫、摒弃表面文章。持久性就是长效质量观，它是对临时性、突击性、应对性的否定。持久的质量观要的是饭店在质量管理方面做扎实、稳固的基础工作，牢固树立质量第一的理念。饭店要树立持久性的质量观，就要在企业文化方面突出质量意识、开展质量教育，使质量意识成为员工的共识，使质量真正成为饭店的生命线。

现在有许多企业，包括制造业、咨询业、饭店业等都有非常现代的质量意识和质量观。他们在管理教育方面、在培训方面突出质量意识的教育和培训，在日常生产、服务过程中，做到了质量第一，员工心目中的质量意识已经变为自觉的行动和自愿遵循的原则。根据这些企业的经验，要想做到质量管理的持久性，必须做到：

（一）树立正确的质量观

树立正确的质量观是一家企业做好质量的前提。我们通常说"没有质量就没有数量"，就是说，没有质量的产品是谈不上数量概念的。如果没有质量，产品生产得越多会越糟糕。市场经济的规律告诉我们，没有质量的产品是无法在市场上站得住脚的，即便同行业的企业不与其竞争，购买者也不认可其产品，它也会被淘汰出局。同样，没有质量的饭店管理和服务也是无法在竞争激烈的饭店行业里生存的。因此，饭店的管理者一定要树立正确的质量观。首先从高管人员的观念中就必须认识到，质量是饭店的生命线。做服务产品，必须把质量放在第一位；做服务产品，必须高度重视质量，管好质量。这个"质量"必须是真正的过得硬的被顾客认可的质量，而不是自我认为的高质量。要树立正确的质量观，就要热爱自己所从事服务的饭店，要把饭店的服务产品当做自己的孩子一样来抚养。

举一个例子。一家饭店的总经理，他虽然不是饭店管理专业出身，而是后来改行做了饭店管理工作，可是他本人具有极强的敬业精神，对工作非常投入，在进入饭店业很短的时间里，竟然把一个十分平常的以接待旅游团队为主的四星级饭店，转型为以接待商务客人为主的五星级饭店。不仅如此，他本人还参与对饭店装修改造的设计，虽然从来没有学过建筑和装潢学，却通过调集自己的建筑、艺术、美学智慧，亲自设计、亲自筹划改造方案，把一个普通的饭店改造成为中西合璧、具有时尚艺术风格的豪华、典雅、独具特色的五星级饭店。在硬件上是这样，在软件上，他与他的高管团队，创造了独具特色的企业文化，制定了"永远微笑，尽我所能"的待客准则，并且通过他们坚持不懈的大力度的培育，使得这种企业文化深入人心，形成风格，做成品牌，成为这家公司的服务文化典范。

这就是真正的质量观，即追求一流、追求卓越、追求极致、追求完美的精神与不遗余力地落在实处，构成了打造国内一流五星级饭店的典型案例。

（二）树立诚实守信的经营意识

"诚实守信"是市场经济的一个"准则"，或曰"信条"。没有诚实守信，就没有企业生存发展的空间。有的企业经营者可能在我国经济秩序还不够完善的情况下，钻了空子，得到了一定的经济利益，可能一时占到"便宜"，可能一不小心淘到了第一桶金。但是随着我国市场经济体制的健全、法律法规的完善，随着国际经济一体化的发展，市场越来越规范，法律越来越健全，诚信经商的信条就显得越来越重要。安然事件曾告诉世界诚信是多么的重要，国内许多正反案例也告诉我们，做企业一定要诚信。一个企业要想"基业长青"，必须切记"诚实守信"。做饭店业经营和管理的也同样如此。

许多中外优秀饭店集团创立品牌的过程也告诉我们，他们之所以成为百年老店，之所以长盛不衰，其真谛就在于以诚待客。他们的经验告诉我们，如果你像对待家人一样地对待宾客，宾客就是你的忠诚的回头客；如果你认为宾客可以被欺骗，可以让他失去"物有所值"，那么，你就一定失去了这位宾客，至少这家饭店在这位宾客的心目中失去了诚信，失去了尊严；而且这位宾客还会告诫他所接触到的亲戚朋友，千万不要入住你们的饭店，使他周围的人都认为你们是最不值得信任的饭店。

有这样一家饭店，他们待客真诚，讲信誉，赢得了众多宾客的青睐。其中一位颇有身份的客人到国内来只认这家饭店。他长年旅居国外，由于商务活动的需要，经常往返国内，总是入住这家饭店，成为非常忠实的回头客，饭店把他作为至尊客人，给他特殊的待遇。他也不断介绍他的亲朋好友、生意伙伴入住这家饭店，给这家饭店带来了更多的生意，这就是"诚信"的魅力。

（三）持续不断地进行质量管理的教育培训

要想保持质量管理的持久性，还要求企业持续不断地进行质量意识的培训和教育。

某饭店集团非常注重质量管理，也非常注重持久地抓质量，总体来说力度大、效果好。但是他们也发现，虽然注重了质量管理的现场督导，但质量管理的教育培训却没有跟得上。他们发现：饭店天天提要求、天天督导，可质量工作还是有停留在表面上、深入不下去；有的员工对质量管理或者理解不深，或者不正确，或者反感，或者抵触，从思想上不太理解饭店为什么要这样没完没了地强调质量工作。

饭店领导意识到了这个问题，感觉在质量教育培训方面的工作比较薄弱，忽视了在培训中纳入质量观教育的问题，于是加大了培训力度，开办质量教育专题班。他们从为什么要狠抓质量管理开始培训，让员工从道理上明白"质量是企业的生命线"，也是员工赖以生存的生命线；质量与饭店的声誉紧密相关，也与员工的职业发展紧密相关。一些员工在质量教育培训班结业时，很有感触地说："以前虽然也知道服务质量如何如何重要，但是没有理解饭店抓质量的良苦用心。通过培训，自己真正意识到在一个管理严格的企业，养成注重质量的良好意识，养成一丝不苟的工作态度，将给自己的职业发展打下了良好的基础，也会使自己受益终生的。"

饭店的管理者通过质量意识的培训也感受到：做质量管理和做教育培训不是对立的、互不相干的，而是相辅相成的，相得益彰的。质量与培训互相促进、互相支持、形成互补，有力地促进了饭店质量管理工作的开展。之后，他们把质量意识和质量教育培训列入年度培训计划，持续不断地进行培训，反反复复地强调质量的重要性，使得质量意识深入人心。

（四）持续不断地抓好质量监控工作

质量监控工作，是质量体系中非常重要的一个环节。实践证明，建立监控制度并不难，在某一时段加大质量监控力度也不难，难的是长期地、持续地、不间断地做好质量监控工作，难的是做出成效，做出高水平来。

一些饭店或饭店管理公司，有时候抓质量监控非常紧、非常严，有时候又放松了质量监控，形成松一阵，紧一阵，再松一阵，又紧一阵的态势。在这松松紧紧的过程中，制度不能很好地坚持，监控不能始终如一，员工的表现忽好忽坏，工作的标准忽高忽低，管理者也感到困惑：如何找到最好的监控方法呢？为什么总是不能达到理想的效果呢？他们头疼的是，只要饭店管理者稍稍放松管理，员工情绪、态度、工作表现就会马上滑坡。

有这样一个案例：一家饭店面临装修改造，方案迟迟没有确定，饭店员工中有的耐不住拖延，自己辞职离开，剩下的人员也是人心惶惶，不能进入正常的工作状态。恰恰这时，暗访人员前来暗访，发现这家饭店与前一阶段表现形成鲜明反差，滑坡非常严重。那么，如何解决这类问题，如何做到长期坚持不懈地抓质量监控工作呢？

1. 制定和实施质量监控管理制度

与其他管理一样，质量监控管理也必须首先建立一套严格的、有具体内容的监控制度。要与制订经营工作计划一样，制订年度质量监控工作计划。要制定检查、监控工作条例，将检查监控内容、检查次数、检查方法等明示出来。同时制定相应的各个层级的质量管理监控制度。这些制度与其他制度一样，要有权威性、制约性、可行性，又要便于操作。

2. 依照制度制定质量管理监控措施

根据质量管理监控制度和要求，饭店要制定详细的可操作的质量管理监控措施。措施一定要具体、有实质性内容。例如，质量检查一年多少次，检查方式是什么样的，检查内容有哪些，检查人员的组成，检查之后的要求和处置。再如，要明确对检查中发现有严重问题的部门、岗位、班组、个人如何处置，如何与管理人员的年度工作业绩考核挂钩等。以上这些都必须具体、量化、可操作，才能实施下去。

3. 成立有专人负责的质量监控组织

要想坚持质量监控制度的有效性，有了措施还不够，还需要有责任心的专职人员来具体实施这些制度和措施，而不是临时指定某人员做临时性的检查评比。有的饭店规定，在质量委员会的下面，分设几个组长，每个组长下面有几个成员，其成员每周走动检查3次，在检查中必须查出问题，必须有检查记录、有检查报告，检查报告每周一要在店务会上公布。这样就能够做实，而不是只有制度，不做实事。他们对监控的人员有严格的要求：如果某个组长不能认真履行职责，质量委员会就会追究其责任并将其撤换，如果组长在检查中怕得罪人，看到问题不敢指出，也要坚决换掉，以保证制度的执行有力。

4. 质量监控列入年度总经理考核项目

现代企业都有对经营者的年度考核制度。这个年度考核要与其日常工作态度、工作方法、工作成效紧密结合，也要与其质量管理成效挂钩。有的饭店管理公司是这样做的：在一年当中，总经理对质量管理的态度如何、重视程度如何、抓质量管理的力度如何、效果如何、有无因重大投诉给饭店造成损失等都要纳入考核内容，并且尽可能量化。

饭店管理公司抓好对总经理的监管、考核，就等于抓住了纲。对总经理的年度考核，一般是饭店管理公司人力资源部牵头去做。饭店管理公司在年度考核诸多项目中，有10%的业绩指标是质量管理，他们在每年进行的质量管理检查、考核、监控中，都要以分值量化的形式将所属饭店的质量工作表现记录在案，在年终并入总经理的业绩考核内容中。只要质量业绩丢分较多，总经理的年度业绩就会受到较大影响，其年度奖励指数也会随之受到影响。

三、如何体现质量意识的可融入性

事实上，质量意识也是具有可融入性的。质量意识要融入饭店的经营理念、融入饭店的管理文化、服务文化、融入饭店所倡导的精神里面去，才能有长效。要把质量意识做成饭店服务与管理的精神支柱，深入到员工灵魂中去，才可能体现出品牌效应来。

每个企业都有自己的经营理念。不管什么样的经营理念，都必然包含着质量意识的内容。因为，可以说没有质量，就没有产品；没有产品，就没有经营；没有经营，就不存在企业。虽然在产品中，有高端产品、中端产品、低端产品之分，但是"质量"却不分高、中、低，各类产品必须符合质量要求，没有质量的产品，是无法在市场经济的海洋里站得稳脚跟的。因此，质量意识一定会体现在经营理念当中。

1. 质量意识要融入经营理念中

改革开放以来，外资饭店大举进入我国，与我国的本土品牌饭店形成竞争。外资饭店注重产品质量，并具有非常成熟的质量管理制度和做法，为我国本土品牌饭店提供了示范。这对我国长期以来形成的招待所式的饭店管理方式带来了极大的冲击，我国本土品牌饭店的管理者也意识到了竞争的关键在于管理和质量，使得我国本土饭店的经营理念也发生了较大变化，重视质量的意识越来越突出了。

把质量意识融入经营理念，就是要以质量求生存，以质量求发展。只有不断提高饭店服务质量、管理质量，才能赢得客人的青睐。

把质量意识融入经营理念，就是要关注市场，关注客人。要随时敏锐地察觉到饭店市场的变化，宾客需求的变化，要做到有极高的预见性，时刻保持清醒头脑，以质量第一的理念，应对万变的市场。

2. 质量意识要融入企业的管理文化中

管理文化是企业文化的一个组成部分。它是独特的，不可复制的。就像各国有各国的发展轨迹一样，只能借鉴，不能拷贝。有良好的质量意识，必然有良好的管理文化，这是毋庸置疑的。

严格质量要求是管理文化，单纯追求效益也是管理文化；以次充好是管理文化，精益求精也是管理文化。作为饭店，为了打造优质服务，一定要创造一套优秀的管理文化，使质量意识融入其中。我国某饭店管理公司在外资饭店打入国内市场之初，就敏锐地意识到饭店业的竞争态势必将加剧，他们不断深化自己的管理文化内涵，非常执著地追求管理质量，在众多五星级外资饭店的包围中，始终立于不败之地。他们的管理文化特点就是不断培育饭店管理层人员的"政令畅通"精神。只要管理公司制定了具体实施措施，所属饭店必须立竿见影，必须从速执行。形成这样的管理文化后，在所属饭店政令畅通，执行力强，所推行的质量管理力度非常大。

经验表明，贯彻质量意识，要充分发挥各级人员的作用。要运用已经形成的管理文化的优势，推行质量管理工作。例如上面的例子，《质量手册》初稿出来后，他们首先进行试点推行，然后全面推行。在推行过程中，管理公司不断深入饭店检查、督导并指导所属饭店如何执行好《质量手册》内容。每年根据所属饭店使用《质量手册》的情况进行修订。在《质量手册》的统一贯彻实施下，他们的质量管理工作推进有力，不疲沓，不落空。他们之所以能够推行有力，其特点就在于创造了一种"政令畅通"的管理文化，"管理文化"成为其所属几十家饭店步调一致、同步提高、不断赶上外资饭店质量管理水准的法宝。

3. 质量意识要融入企业的服务文化中

服务文化与管理文化都是服从于企业文化的，是企业文化的组成部分。有什么样的企业文化，就有什么样的服务文化。提倡什么样的服务文化，就决定有什么样的质量意识。我们东方人具有温馨体贴、礼貌热情的文化底蕴，容易做到"善于体察客人需求，热情待客服务"。如果饭店管理者积极引导，在服务文化中明确提倡热情、周到、体贴、主动的服务精神，员工就会在服务中养成热情、周到、体贴、主动的服务习惯。

四、如何体现质量与品牌的一致性、规范性和稳定性

我们大家都知道，好的产品才能创造品牌效应。就拿日常生活中我们去商场购买衣物来说，如果是世界名牌的产品，我们可以放心地挑选适合自己的尺码即可，不必过多地担心质量问题。

做饭店也是同样如此。众多国际品牌的饭店集团，在经历了几十年、上百年的品质磨炼之后，在全球树立了顶级品牌的产品形象。他们有各自打造品牌的体系和特点，但是其中最奥秘的部分，都是执著地在质量方面下工夫。

研究著名品牌饭店编写的岗位操作程序，其对操作程序细致的描述，包括了员工工作的每一个细节、每一个步骤的分解动作，真可谓不亚于我们所说的"绣花"功夫。由此可见，质量是靠执行标准操作程序达到一致性、规范性、持续性的。质量是品牌形成的前提，品牌是靠质量打造出来的。

1. 质量标准是保持一致性的前提

所有成为品牌的产品，包括饭店产品，毫无疑问，都是有着规范的质量标准的。通过执行质量标准，首先从操作上保证打造出优质产品的一致性，包括优质的服务。这种优质产品先要得到购买者的认可，使购买者逐步达到崇尚其质量的程度，才能形成品牌。著名的里兹卡尔顿饭店的成功，就是得益于其创造了饭店质量管理的操作系统——全面质量管理，在这样的系统指导下，创造

了质量管理的标准和操作程序。里兹一生追求豪华品牌，他独自开创了贵气豪华的里兹卡尔顿饭店，从此开了豪华饭店管理和服务的先河。他们的全面质量管理由饭店的高层发起，并且由上而下以不可阻挡的气势贯彻下去。在最初的贯彻中首先要达到一致性，这是质量要求的起点，饭店上上下下都要按照全面质量管理的要求和做法一丝不苟地执行，每个人每个步骤必须达到质量标准要求。在质量标准达到一致性之后，继而追求对服务操作的不断改进、持续改进，以至精益求精、不遗余力地做到了极致。这就说明没有标准，就不可能达到一致性。

2. 质量标准是规范性的依据

饭店服务包括前厅、客房、餐饮、康乐等直接面对客人的服务，也包括二线及后勤保障对一线服务的支撑。如何能够全面达到规范性？当然必须制定规范的操作标准。这种操作标准不仅一线的服务环节要有，二线后勤部门也必须有。

就拿"接听电话"这个服务程序来说，最直接的是总机，他们每天的工作就是接听电话，他们在岗位上必须有一套规范的接听电话的程序，不能随意用个人的语言或不规范的语言来回答客人。其他岗位也都有接听电话的服务功能，虽然不是专职接听电话，但是也每每要通过接听电话服务于客人。例如，送餐服务岗位，每天要服务中外宾客的房间用餐。他们要靠接听电话了解宾客的用餐要求，满足宾客需求，他们也需要正确接听电话和用规范的语言完成服务需求。二线岗位同样要经常接听电话服务宾客。工程部维修岗位，会经常接到客人报修电话，也需要用规范的服务用语回答客人和完成服务需求。因此，饭店的规范用语就是质量标准之一，是所有岗位都要遵循的。饭店要达到服务用语的规范性，就要制定公共的规范语言、规范服务程序，还要制定各岗位的规范语言和规范程序，才能保证每一个岗位服务的规范性。因此，在饭店里，接听电话的服务用语必须统一和规范。

3. 质量标准是质量水准持续性和稳定性的保证

凡是具有著名品牌的产品，其产品质量必然是稳定的。如果没有质量的保证，品牌就不可能具有生命力。

饭店的质量也需要做到持久的稳定，以保证其服务的品质，而且饭店的质量保证有其特殊的要求。因为是对人的服务，需要硬件和软件的支持。硬件需要质量保证，软件也需要质量保证。例如，在饭店用餐的宾客，要求餐厅装潢装饰的用材有质量保证，它包括清洁、环保、欣赏性和艺术性的综合效果；餐厅餐具需要有质量保证；菜品需要有质量保证；服务需要有质量保证。这些方面都需要有明确的质量标准。装修装饰用材，就要根据饭店的档次，制定选材的质量标准；根据餐厅的档次和风格制定餐具配套的质量标准；根据菜品的需要，原材料和出品要制定严格的质量标准；在服务环节上也要有标准的操作程序。它们共同构成整个用餐服务的标准。

笔者曾经入住某国际知名饭店，慕名来到他们的自助午餐现场，看到偌大一个自助餐厅，装饰风格豪华时尚，艺术品位夺目前卫。来自世界各地的商务客人都非常喜欢这个餐厅的硬件氛围，同时也喜欢这里的食品。他们运用琳琅满目的各种食品，装饰成吸引眼球的不同餐台区域。他们的食品原材料，其质量绝对一流、新鲜度绝对一流。虽然这家饭店的自助午餐规模宏大，他们仍丝毫不马虎，讲究每一样食品的质量保证，厨师精心挑选材料、精心制作。员工的服务既热情又标准，员工的现场操作的标准动作和精湛技艺，也是令人印象深刻的。用餐之后，我们理解了为什么这个餐厅名气在外，总是熙熙攘攘，总有回头客的光顾。

上述质量标准的一致性、规范性和稳定性，是质量管理深入性、持久性的前提和保障。没有质量标准，就谈不到质量管理；有了质量标准，就必须按照标准达到一致性、规范性和稳定性。为了饭店的品牌，为了饭店的质量持久性战略，必须在质量管理的标准化上下工夫，必须不断追求质量标准的一致性、规范性和稳定性，以便实现质量管理的持久性战略。

做品牌，其质量管理要有持久性战略。企业在质量管理达到一定水平的时候，就要考虑制定质量管理的持久性战略。持久性战略的实施要有组织保障、制度保障、人员保障和设备设施的保障，才能确保持久性质量管理战略的成功。

15
饭店质量管理与可持续发展

可持续发展不仅是国家战略，也是当今企业发展重要的战略之一。如今的饭店业，也需要重点研究和解决质量管理与环保、节能等问题。对这个课题的研究，也是饭店迫在眉睫的社会责任感问题。由于饭店质量管理与环保、节能密不可分，本章探讨创建绿色饭店和节能、环保等相关内容。

大家都知道，旅游饭店作为旅游消费的重要场所，尤其是豪华型饭店所具有的高消费性产品特征，使其在提供优质服务的同时，占用、消耗大量社会自然资源，排放大量的废弃物质。要想实现旅游饭店业的可持续发展，就必须走节约资源、保护生态的道路。因此，创建绿色饭店就是当今饭店业的一个非常迫切和必须解决的课题，是饭店实现可持续发展的必由之路。

一、何谓绿色饭店

目前我国理论界对绿色饭店的基本定义是："所谓生态饭店，又称绿色饭店，是指那些为旅客提供的产品与服务符合充分利用资源、保护生态环境要求和对人体无害的饭店。"由这个定义出发，绿色饭店应作如下解释：

（1）绿色饭店，首先符合生态旅游业的经济性，而经济性是生态旅游业与绿色饭店的根本性质。

（2）绿色饭店提供的产品和服务必须符合"绿色环保"的要求，其产品与服务旨在保护资源环境和人类健康。

（3）客人通过其在饭店对有形产品与无形服务的消费，要能够感受到"绿色文化"的特点，有陶冶情操、环境保护和符合生态旅游的文化特征。文化性也是生态旅游业与绿色饭店的基本特征。

（4）绿色饭店提供的产品和服务符合充分利用资源、保护生态环境的要求。绿色饭店的各生产流通环节，即经营、管理及服务要符合生态旅游业与绿色饭店的关键性质——生态性。

二、创建绿色饭店要做到清洁生产

（一）清洁生产的定义

所谓清洁生产，联合国规划署于 1989 年作出的基本定义是：清洁生产是指对生产过程与产品采取整体预防性的环境策略，以减少其对人类及环境可能的危害。

（二）清洁生产的措施有哪些

要想成为绿色饭店，就要在如下 3 个环节采取措施，予以有效的控制生产能耗。

1. 要尽量做到使用清洁的能源

饭店每日的正常运转，不可避免地要消耗大量的能源。就拿电能来说，一家五星级豪华饭店，其大堂是具有代表性艺术氛围的地方，一般走进大堂，首先的感觉是明亮、辉煌，用灯光营造效果是必不可少的。走进客房，廊灯、地灯、台灯、镜前灯、筒灯、夜灯等多达几十盏、上百盏。饭店的中央空调，夏季送冷风，冬季送暖风，需要大量的能源。饭店的客用洗手间，必须 24 小时供应热水。饭店的洗衣厂，每日清洗大量的客衣、床单、毛巾等物品。这些都少不了电能燃气等动力，因此，饭店是耗能大户。要做到合理地利用常规能源，如水、电、石油液化气、煤气等，采用节能技术，在提高能源效率方面采取措施是非常必要的。

有哪些可以采取的措施呢？

（1）饭店要尽可能地使用能源燃烧物净化设备，以降低排放物中有害物质的含量，减少废气排放。饭店应采用节能灶具并尽可能利用再生能源。

（2）根据我国地理环境的不同，也可考虑充分利用自然环境的特点来节约能源。如在高原地区（如昆明地区等）的饭店可使用太阳能采热系统加热生活用水；在风力资源丰富的地区，饭店可利用风能装置系统减少饭店在电能、热能方面的消耗；在有地热水源的地方，可通过打井，把地下温泉水引上来，用作生活用水。

（3）若饭店的大堂区域采用"中庭"理念设计，可采用"光感"装置，借助日照提高照明亮度。

（4）饭店客房可采用人体感应照明控制装置（即人离开房间自动断电）节约用电。

上述做法均是节约能源的环保措施。不过这些做法是需要较高的科技含量和科技开发成本的。

2. 要尽量做到生产过程的清洁

饭店使用的物品与食品应杜绝使用非标准化、有污染、有毒的原材料与加工型产品，以减少生产过程的风险因素。

（1）客房应选用"防爆型"电视机、"防静电型"地毯、阻燃材料的窗帘等。

（2）在食品用材方面，饭店的餐厅应慎用海（河）鲜食品如泥螺、毛蚶等。尤其是在大型宴会场合，凡直接入口的生食品，均须有严格的食品加工程序以保证食品质量。

（3）在饭店运营过程中，不可避免地产生高温（厨房）、高压（配电房）、易燃（木工加工区）、易爆（锅炉房/使用液化气的厨房）、噪声（公共场所风机房/歌舞厅）等风险要素，应设法将其置于受控状态。客房的空调、排风扇、冰箱、闹钟等，应选用无噪声产品，以减少噪声污染。

（4）在饭店生产过程中，已使用的原材料与加工产品应尽可能回收利用，如 VIP 水果、鲜花篮等撤下后，餐厅可用于餐桌插花、制作自助餐水果沙拉等。饭店厨房粗加工挑选下来的食品原料（鸡鸭骨头、鱼头等），可用于员工餐厅制作汤料或小凉菜。

3. 要尽量使用清洁的产品

在饭店产品生产过程中，还要考虑不危害人体健康和生态环境。

（1）要禁用贵重或稀有原料，以免加速该自然资源的枯竭。如不使用珍稀濒危物种（动植物）烹饪制作食品，尤其是已被列入国家保护动植物范畴的可食用品种，不得采买和使用。

（2）"山珍海味"中的高档食品原料的选用应符合绿色环保要求。众所周知，鱼翅是粤菜高档菜品用料之一，但是据科学家对曼谷销售的鲨鱼鱼翅进行的两项随机检测毒性试验表明，鱼翅被水银污染的程度高达70%，含有可被人体吸收的水银比率已超出正常允许含量42倍。水银会造成男性不育以及损害人的中枢神经系统及肾脏，还会造成胎儿畸形。专家还指出，鱼翅的营养成分主要是胶原蛋白，其本身的营养只跟普通牛肉相似，甚至不及奶制品。

（3）饭店的一次性牙刷等易耗物品，尽量做到多次使用（一客一换），以节约原材料。现在西方国家的饭店，已不在客房里放置一次性客用消耗品，我国旅游饭店业也提倡取消"六小件"，这些都是倡导使用清洁产品的做法。

三、绿色饭店的服务如何做到生态化

绿色饭店服务的生态化应包括服务产品和服务过程的生态化。

（一）服务产品生态化

客房与餐饮是饭店的两大核心服务产品。如何能够做到生态化呢？

1. 客房产品如何做到生态化

首先要从客房生态化的要求出发，从设计理念开始，就要注意符合生态要求。除饭店本身的选址应尽可能避开生态脆弱地带外，客房的涂料、填料、密封胶、覆盖物（如大理石、地毯）及家具等都应尽量使用无毒无污染的加工材料，这样既可减少对自然资源的占用，又符合生态要求。客房卫生间内选用的大理石放射素释放量要符合国家标准；客房地毯的化纤成分染料色不应对人体健康有害等。客房内的垃圾桶不应使用塑料袋，小件客用品的包装要简洁、环保。

2. 餐饮产品如何做到生态化

餐饮的绿色生态化是推出健康食品的保证。菜肴原料以蔬菜为主，食品以"少油、少盐、少糖；原汁、原味、原香"为原则，多用绿色食品。所谓绿色食品是指品质与属性无公害、无污染，安全、优质，可绝对放心食用的食品。餐饮的装饰环境也同样要做到采用无污染的"绿色材料"。

3. 饭店采购如何做到生态化

客房装饰用品和餐饮食品原材料的绿色和生态化，与供应商有着密切的关系，饭店必须对供应商的供货提出严格要求，饭店采购人员要严把进货质量关，不得采购有毒有害食品原材料。饭店管理者必须在供货渠道方面做到提高警惕，增强识别能力，严格把守进货渠道关，谨慎验货，并且要对市场信息保持敏感，以免上当。有的饭店采购及库房办公室墙上，专门设置了小黑板或白板，随时将社会上的质量信息和质量检测报告中提到的有毒有害食品、物品等作预警提示，以防止从进货渠道流入饭店，这是不错的做法。

（二）服务过程生态化

在服务过程中，如何做到生态化，这是需要服务人员和宾客共同来完成的。

（1）在客房棉织品的使用方面，需要客人与饭店方都从绿色环保理念出发，密切配合，共同承担创建绿色饭店的社会责任。目前各饭店纷纷采用了放置"环保卡"的做法。客人入住饭店，如果不需要每日更换床单、被单、毛巾等物品，可放置环保卡以表示不必更换，服务员看到环保卡，就会应客人的要求不再每日更换床上用品及毛巾，以便节约洗涤用水、用电，减少洗涤液的使用。

（2）在客房服务当中，还有一个问题需要我们转变观念，就是牙刷、牙膏、梳子、拖鞋、浴液、洗发液等所谓的"六小件"一次性用品，是放置还是取消，这一直是个困扰饭店服务的问题。在西方，我们看到许多饭店取消了"六小件"，只有当客人要求提供某件物品时，服务员才提供。在我们国家的饭店行业，为了提倡环保和节约，也试图取消这"六小件"，但是国人已经习惯了客房摆放"六小件"的做法，出差或旅游不愿随身携带这些物品，入住饭店后，没有"六小件"，就感到不方便，使得许多饭店在取消了"六小件"后，又不得不恢复摆放。由此看来，节约资源和服务生态化不光是饭店单方面的理念和做法，还需要全社会提高认识，共同参与。

（3）在餐饮用餐方面，当客人点菜时，餐厅服务员要本着"经济实惠、合理配置、减少浪费"的原则推荐食品，并尽可能介绍绿色健康食品、饮品；客人用餐后若有剩菜应主动提供"打包"等延伸服务。

（4）在餐饮用具方面，要杜绝使用一次性筷子，以免浪费木材资源；要使用环保餐盒盛放食品，这既可避免对食品造成污染，又有利于餐盒回收降解；客人也要尽量减少使用餐巾纸，以减少纸张的浪费，保护森林资源。

（5）饭店洗衣服务方面，以前饭店客人洗涤衣物，多用塑料袋包装、运送，没有考虑到环保问题。现在多数饭店已经将送洗的客衣用布制洗衣袋或无纺布洗衣袋装运，或者用竹编洗衣篮运送，减少了一次性塑料洗衣袋的耗用。饭店洗衣房对干洗机实行密封式操作，并要有通风设施，以降低四氯乙烯对人体的危害。饭店洗涤液的排放也须注意按照规定处理之后再排放，不可随意排放至附近江河水系当中。宾客在使用客房毛巾、浴巾等方面，也应该注意节俭，以减少洗涤量，减少能源的浪费。

上述做法，不仅要求饭店方面增强环保意识，还需要全社会都树立社会责任感，从保护人类生态环境的高度来认识，来规范自我。如果只是饭店单方注意节能、减排，是无法真正做到位的。节能、减排工作的实施，需要饭店、供应商、宾客共同提高认识，共同遵守环保、生态化的要求，才能实现服务过程生态化。

四、绿色饭店需要认识资源节约的原则

1. 资源减量原则

减量原则是指饭店用较少的物质产品（原料、能源）投入，通过产品体积小型化、重量轻型化、包装简易化的途径，做到既降低成本，又减少垃圾，从而实现既定的经济效益和环境目标。如客房"迷你吧"的洋酒（体积小型化）、客房电热水壶（重量轻型化）及客房卫生间内客人使用的沐浴品（包装简易化）等都是运用上述减量原则的体现。有的饭店还根据客源情况，对客房"迷你吧"进行调整。由于洋酒几乎无人动用，且日久挥发明显，他们就打破常规，撤掉洋酒，添置客人喜欢的饮料。此外，在为客人提供服务的过程中，也应遵从减量的原则，体现"恰到好处的细微服务"。如对客房卫生间内客用品的补充，应当在沐浴品（洗浴、洗头液）用至1/3余量时再补充新品，而原沐浴品仍保留原处继续供客人使用；应当向客人提供可以连续使用1～3天用量的牙膏产品，同时做到一客一换牙刷等易耗物品。

2. 资源替代原则

饭店为了节约资源，尽量使用资源替代性产品，以减少污染。如使用无污染或无化学杀虫剂的棉花或亚麻制成的床单、毛巾来替代含化纤量高的混棉制品；餐厅使用纸质餐具替代传统餐具（适用于一般快餐）；洗衣房使用无磷低泡洗衣粉替代高磷高泡洗衣粉等。

3. 资源再使用原则

资源再使用原则要求饭店在确保硬件设施和软件服务质量不降低的前提下，让物品尽可能地重复使用，把一次使用变为多次重复使用或调剂使用。如饭店废水可处理为中水，可直接用于浇灌、冲厕等。北京部分五星级饭店已开始利用中水冲洗厕所。如在北京新开业的里兹卡尔顿饭店的中水处理系统，以饭店客房的漱洗废水作为主水源，同时收集冷却循环水等其他水系统的排放水，经过处理后成为中水，直接用于饭店客房冲厕。此举每天可节水 220 吨，每年节水将超过 6 万吨，可节约水费近 40 万元。

资源再使用原则，还可以有的延伸，即积极采取措施并鼓励下榻客人在短期入住时，减少更换客房卫生间内的毛巾、浴巾等物品，并提倡使用"绿色环保告示牌"，以提示客人共同为生态环境做出贡献。一般情况下，可以考虑按"一客一换"的原则更换客用品。一个宾客一般入住饭店 2～3 天，如果每天更换床单、被罩、毛巾等物品，就会增加洗涤的工作量；如果一客一换，会减少每日的洗涤量，节约劳动力、水资源、电力资源和洗涤的日化用品。目前越来越多的宾客考虑到环保和节能原则，不再要求每日更换棉织品，这是环保节能行动在宾客中的体现，也是符合再使用原则的体现。所以我们说，环保节能是饭店服务人员和宾客双方共同的目标。现在由于社会的不断提倡和饭店"环保卡"的广泛使用，绿色环保已日益深入人心，为大多数饭店客人所接受。

4. 资源再循环原则

资源再循环原则就是在饭店物品完成其使用功能之后，将其回收重新变成可以利用的资源。如客房棉织品报废以后，仍然可以改作饭店用于客房、卫生间、公共区域等地方的清洁擦巾或饭店后勤生活区的清洁擦巾。有的饭店将废旧的被罩（带有花纹或花色的被罩）洗干净，裁剪缝制成办公室工作椅套，既卫生又能够保护椅面，延长椅子的使用寿命。另外，应尽量选择和使用可回收利用的原料和中间产品，并将废物分类收集，以便进行无害化处理。饭店应设立专门回收容器，置放在饭店内适当位置，并标有醒目的"绿色环保"标记。废旧电池尤其是造成污染的危害物品，饭店一定要高度重视其回收方式，应设置回收容器并有醒目提示，鼓励宾客和员工将废旧电池放入专用容器，而不是随意丢弃。

5. 饭店内部能源节约原则

饭店内部的资源节约、再循环、再使用原则，也是非常重要的一个环节。

在节电方面：办公室的照明需要做到根据情况随手关闭。有许多时候早上进入办公室，由于光线不足而打开日光灯（一般是一间办公室有两个大的日光灯安装在天花板上），到了上午或是中午，光线已经很充足了，可是很多员工没有养成节约能源的习惯，仍想不起来或不愿去关闭照明灯，通常一开就是一天，直至下班才去关灯。这种浪费能源的现象还包括电脑、打印机等办公设备，一开就是一天，即使下午出去开会了，也不去关闭电脑。这些浪费通常见怪不怪，无人提醒，也很少有人自觉地随手关灯、关闭不使用的电源。因此，员工自身的节约意识也是需要饭店培养的，饭店要在提倡宾客用品节约和控制的同时，不能忘记对内部员工的宣传和教育，要采取适当的措施或制定节约制度来达到人人节约能源的目的。

在节水方面：通常在洗手时，人们习惯打开水龙头，直至洗完为止。洗澡时，从开始到洗完，都始终让水一个流量地流淌。为节约用水，有的饭店安装了节水器具，如脚踏开关，这是很好的做法。有的饭店使用取水卡，控制员工洗澡时的用水量，也能起到节水的作用。在员工操作间，洗菜、洗碗等工作中，也要提倡节约用水。还有，要注意减少跑、冒、滴、漏等现象，看见了水龙头在滴水，一定要过问，一定要有人去修理，不然一天24小时都在滴水，浪费是非常惊人的。

在节约纸张方面：纸张是办公不可缺少的用品，在内部用纸时，一张纸尽量做到二次使用，即正面使用之后，还可以反面使用一次。另外还有，员工在打印时应该本着节约的原则，尽量减少浪费。经常有员工操作不当，一个"通知"就要打印若干遍，作废的纸张很多，这也是浪费。现代办公应该提倡无纸化办公，尽量使用电子手段，通过网络达到传递信息的目的，以减少纸张的使用，这也是非常必要的。

上下楼乘坐电梯的节约方式：电梯启动和运转是要耗费电源的。我们提倡员工在上下两层楼梯时，尽量走通道，不使用电梯。如果大家都能够这样做了，也可以取得节约能源的效果。

五、如何树立绿色企业文化的理念，达成绿色环保共识

绿色环保理念和行为也应列入企业文化范畴。"小处着眼"是我们节约资源的一个非常重要的理念。在绿色饭店的教育培训模式中，应对员工进行"生态环保"意识的强化培训。

1. 提倡绿色企业文化

绿色企业文化是现代企业文化理念的一个组成部分。绿色企业文化旨在保护资源、环境和人类健康。绿色饭店在生态旅游业可持续发展中应以保护社会生态环境为己任。饭店应切实做到节约能源、履行其保护自然环境与社会生态平衡的义务和责任。绿色饭店在可持续发展中已为全体员工提供了一种共同的文化价值观，进而营造出一种完整、和谐的"绿色企业"氛围。饭店方要借助全社会提倡绿色环保的舆情力量，在内部进行绿色企业文化的宣传和教育，开展节能、节电、节水、节约纸张等活动，使员工树立节约的观念和环保的观念。这些教育可以采取活泼多样的形式，如在员工区域张贴绿色环保、节约能

源的标语口号，定期放置宣传展板、宣传画刊，组织文艺演出、演讲等，使绿色环保成为一种企业文化，使绿色环保意识深入人心，成为自觉行动。

2. 强化教育培训，组织员工参与环保活动

在绿色饭店的教育培训模式中，应对员工进行生态环保意识的强化培训，对员工的日常行为提出"绿色规范"，促使员工积极贯彻饭店的各项"绿色措施"。

还可以组织员工参与绿色环保劳动、捡拾白色垃圾、清除周边环境废弃物等活动，这些也都是营造绿色饭店企业文化的基本内容。

3. 饭店在筹备期就要考虑和实施绿色环保行动

现代饭店的兴建，要在其筹建、营运之初，就要引入可持续发展理念。有的饭店在筹建之初，就考虑到能源问题，在有条件的情况下，打深井以取地下水源，利用地下水冬暖夏凉的特点，调节室内温度。还有许多饭店自筹备开始就每年制作图表显示能源使用状况，不断采取节能措施，尽量做到降低能耗与合理使用能源。

4. 绿色环保、节能减排是饭店与社会的共同责任

营造绿色企业文化，不但可以取得良好的环境效益和社会效益，更有助于创造良好的经济效益。有关统计资料表明，绿色环保投入产出比为1∶6。建设绿色饭店企业文化需要饭店管理层与全体员工的共同努力，同时也要重视与当地文化教育、环境保护部门及团体的横向沟通联系，并融入当地社会"绿色环保网络"中，饭店与社会共同担起节能、减排、绿色、环保的责任。

绿色饭店是现代饭店走可持续良性发展道路的时代选择，"绿色饭店发展"已成为现代饭店走可持续发展的必由之路。在全球旅游业实施可持续发展战略的今天，走绿色饭店可持续发展的道路，既是旅游业宏观发展的需要，也是生态旅游业迈入新世纪后一个必然的历史进程，作为星级饭店管理者们责无旁贷。

5. 绿色环保要纳入质量管理监控工作中

从上述意义而言，绿色饭店也是质量管理者不可忽视的一个重要环节。要把创建绿色饭店纳入饭店质量管理的范畴中，在质量检查、监控时要同时检查绿色环保措施的落实情况。在强调服务质量的同时，一定要强调绿色、环保、节能。质量管理和监控中要注意检查饭店客房、餐饮、康乐、工程、设备、公共环境卫生等方面是否注意了环保、节能，是否做到了节电、节能、节水、节约各种资源。

六、如何正确处理好创建绿色饭店和星级饭店标准的矛盾问题

我们提倡绿色、环保理念，培养日常的节约意识，并不是一味地降低工作标准或降低星级饭店的标准。可能有人会质疑，饭店照明的用电量是非常可观的，能否把所有照明都置换成节能灯头，这样不是达到节约能源的目的了吗？

事实上也确实有一些星级饭店在一线面客的公共区域把照明灯换成了节能灯头。这样看来是节省了用电量，可是我们还要注意一个问题，那就是不能一味地为了节电而降低饭店的档次。

我们知道，节能灯发出的是白色的冷光，饭店许多建筑装饰设施是需要灯光的配合才能突显其豪华、典雅，才能符合饭店设计理念和装饰风格，如果减少灯光的作用或改变照明强度、改变光线的柔和度，就从根本上破坏了饭店设计的初衷。因此，不能在顾及一个方面的时候忽视另一个方面的作用。要做到两相结合，相宜恰当。可以对供应商提出提供既环保又达到照明效果的产品要求，倒逼生产企业研发新的节能产品。

再有，现代高档饭店是商务客人青睐的地方，也是他们出差、办理公务的场所。有的饭店为了节约，将客房的灯头也都换成节能型的，台灯照明度为25瓦或40瓦，使得客房昏暗，商务客人看书、写字都感到困难，影响了客人的工作效率。这样的服务，只考虑了节能的需要，而忽视了宾客舒适度的需要。

上述现象，我们不能单纯理解为是节电节能的绿色环保措施，而是随意降低了高星级饭店的品位和档次，造成客人不能得到物有所值的体验和感受，甚至带给客人诸多不便。节约不能以待客质量的下降为代价，节约要适时适度。比如，深夜了，宾客出入少了，大堂等处可以关闭一些照明灯，而白天则不能这样做；夏天空调的温度可以适当调高一点，但是不能不开空调。再如，客房的其他照明可以降低一些，但是写字台灯、床头灯要明亮，至少达到60瓦或者100瓦，要保证充足的照明，以方便客人阅读、书写、办公。为客人着想是我们服务于客人的质量原则，不能强调节约就以牺牲客人的利益为代价。节约要从点滴做起，要从二线办公和二线环境方面关注节约，要从科技创新角度考虑节能措施，要在适当的时间、地点、场合采取恰当的节能措施才是正确的选择。

创建绿色饭店，是饭店走可持续发展道路的选择，是现代饭店与全社会共同承担节能、减排责任的体现，也是全人类走可持续发展道路的共同需要。创建绿色饭店的工作任重而道远，需要饭店全体人员以高度的责任感投入到绿色、环保、节能、减排的工作中去。现在有的饭店把绿色环保工作列入质量管理的范畴，质量检查委员会承担对绿色环保的检查和监控，在制订质量管理计划和实施质量管理检查时，都将绿色环保作为重点项目进行检查和监控，这样做是非常值得提倡的。例如，发现客房的垃圾桶套装塑料垃圾袋，就会马上指正，要求将塑料垃圾袋取掉；发现二线通道灯光过多，就会要求关闭一些；发现餐厅使用一次性筷子，也会纠正，要求换为可重复使用的筷子；等等。这些细节上的关注和措施，可以使员工养成良好的节约习惯。

质量管理的范畴是很宽泛的，不仅要管理一线服务岗位的质量，也要管理饭店各个运营岗位的质量，同时还要管理各个环节的质量，其中绿色环保的质量也在其管理当中。

将绿色环保行动的落实和监督，交给质量管理专业人员，这是一个十分妥当的做法。它有利于饭店各项环保措施的落实，有利于及时提醒和纠正不环保的行动和做法，有利于饭店将质量管理和环保行动融为一体。

附录一
质量检查方法案例分析与探讨

　　饭店质量管理虽然各有各的系统和管理方式，但是也需要相互借鉴，相互启发。本附录选取了一些暗访当中比较典型的案例进行分析。从饭店质量管理的角度来分析对比检查方法的长处与短处，探讨质量管理者如何运用标准规范的质量检查方法，如何将表格的使用与文字的叙述相结合，来促进质量管理工作更加完善有效。

暗访案例及分析（一）

	日期：××××年×月×日　　　　　部位：客房			
	标准	达标	未达标	备注
1	客房内外没有明显噪声	√		
2	客房温度适宜	√		
3	客房内没有异味	√		
4	客房门及其配件完好、有效、无灰尘、无污迹		√	
5	客房地面保养良好，平整、无破损、无卷边、无变形、无污迹，保持洁净		√	
6	床单、被子、毛毯、枕头等床上用品清洁、舒适	√		

续表

	标准	达标	未达标	备注
7	所有家具清洁、稳固、完好、无灰尘、无污迹、无变形、无破损		√	
8	窗户、窗台清洁，没有污迹		√	
9	窗帘清洁平整，无破损、无脱落、遮光效果良好	√		
10	空调出风口与回风口清洁无尘、无破损、无脱落		√	
11	墙面与天花板平整、无破损、无开裂、无污迹、无灰尘、无蛛网	√		
12	灯具及各种电器清洁无尘，工作正常		√	
13	室内各区域照明适度，符合不同功能区域与不同照明目的物的需求	√		
14	有请勿打扰牌或信号灯	√		
15	吸烟房里有清洁的烟灰缸和火柴	√		
16	客房内的所有镜子洁净，没有污迹	√		
17	客房电话机旁边有便笺和铅笔	√		
18	卫生间门（锁）安全、有效、无破损，无灰尘、无污迹		√	
19	卫生间地面平坦、无破损，无灰尘、无污迹，排水畅通		√	
20	卫生间天花板和墙壁平整、无破损、无脱落、无灰尘、无污迹		√	
21	洗脸盆、浴缸、淋浴区保持洁净	√		
22	所有的龙头擦拭光亮、无滴漏	√		
23	浴帘或淋浴房门洁净	√		
24	卫生间台面洁净、干爽、无毛发	√		
25	恭桶洁净、状态良好		√	
26	下水管道畅通、无明显噪声	√		
27	卫生间排风系统无明显噪声	√		
28	卫生纸盒方便取用，无灰尘、无污迹	√		
29	浴袍洁净，感觉舒适	√		
30	水杯洁净，并放在杯垫上		√	
31	所有的毛巾洁净、舒适柔软	√		
32	卫生间其他设备设施完好、有效，无灰尘、无污迹		√	
33	卫生间的各项设施摆放合理、方便使用	√		
34	采用四管制空调	√		

续表

	标准	达标	未达标	备注
35	客房电话机采取一键式服务		√	
36	有至少两个方便使用的不间断电源插座		√	
37	客房内设置环保提示牌，应宾客要求更换一次性客用品，否则坚持一客一换	√		
38	房内配有宽带上网接口	√		
39	床头有房间灯光总控制开关	√		
40	卫生间设置紧急呼救按钮		√	
41	卫生间里有访客等待显示器		√	
42	卫生间干湿分区		√	
43	提供熨斗与烫衣板	√		
44	提供西装衣撑	√		
45	设置行政楼层	√		
46	行政楼层服务台（可办理入住、离店手续，并提供问讯、留言等服务）	√		
47	行政楼层设置小型会议室或洽谈室	√		
48	行政楼层设置酒廊	√		
	标准小计	达标	未达标	备注
	48	31	17	
	其他评论			
	该项达标率		64.59%	

在质量检查中，通常采用表格列项的方式，检查所列项目操作程序的规范性如何。实践证明，运用表格列项，是非常详细、科学地记录真实情况的一种方式，也是现在普遍采用的工作方式。但是，尽管它具有很多优点，也不免存在缺陷。

让我们以这个案例来说明。

上表为暗访人员对某饭店的暗访检查客房设备设施部分的检查记录。从记录表看，设备设施内容共计48项，合格的31项，不合格的17项，合格率为

64.58%，不合格率为35.42%。这是对静态状况检查的记录。我们看到它给我们的信息十分有限。只能知道有31项内容没有问题，有17项内容存在问题。可是17项存在问题的内容中，具体问题是什么？达到什么程度？是非常严重，还是一般问题？都无法从表格打分的状况中得知。这应该说是运用表格检查所不能表达的。

暗访客人在以表格形式记录之后，附加了文字说明。只有文字与表格的结合，才可以清楚地了解到客房究竟存在什么问题。

那么，我们从这个案例的文字说明中，能够发现什么问题呢？

（1）从发生问题的17个点来看，其中11项是客房清洁卫生不到位。约占存在问题的64.71%。看来这个问题是客房中的主要问题。什么原因导致卫生不到位？一般而言，有客源紧张，打扫不及时的情况；有管理松懈，员工偷懒的情况；有饭店要求不严，标准不高的情况等。如何查找原因，要由饭店本身根据暗访报告指出的问题，结合饭店日常情况分析确定原因所在。

（2）在17个问题中，有1个是操作不规范，占存在问题的5.88%，主要是"水杯没有放在杯垫上"。这个问题，对于许多住店客人来讲，也许不是什么问题，他们更多关心的是客房清洁卫生是否合格，服务的及时性、主动性是否符合客人要求。可是，作为内行的暗访人员来讲，对于这样的问题就会很敏感，他们必然会根据表格列项，扣除相应的分数。

（3）在17个问题中，有5个是设施设备问题，约占存在问题的29.41%。表格内容要求"有至少两个方便使用的不间断电源插座"，而他们只有一个插座在写字台上；客房电话机不是一键式装置；卫生间没有设置紧急呼救按钮；卫生间里没有访客等待显示器和卫生间不是干湿分区。这5个问题全部是设施设备配备不到位。这些问题有当时建造饭店时设计的原因，也有随着饭店硬件的发展和宾客的需求，老饭店的设施设备趋于落后而没有及时更新所导致的问题。这些虽然也要减分，但是属于硬件设施设备问题。有些不可能马上整改，需要待装修改造时才能解决。

（4）总体划分，以上17个问题中，有约30%的设施设备问题，而约70%是软件上的问题。

（5）约70%的问题出在软件上，充分说明了这家饭店的管理存在比较大的问题，至少客房管理是比较薄弱的。

饭店拿到这样的暗访报告，应如何处理呢？

首先，应该召集相关部门经理进行分析，找出问题的根源，针对问题制定整改措施。硬件上的问题目前不可能解决，应该列入装修改造计划当中。软件的服务不够规范、工作程序不到位，应该是饭店高度关注的问题，并要找出问题出在哪里，究竟是管理问题、督导问题、责任心问题，还是培训问题。

其次，饭店对检查出的问题，要有整改措施，有复核检查。要发挥质量管理检查机构的作用，在一定的时候做有针对性的专项检查，了解问题的整改是否有效，改得是否彻底。

最后，饭店管理一定要关注细节管理。服务好与不好，宾客满意不满意，往往就在于一些细节方面做得如何。作为管理者，要关注这些细节，研究细节对客人入住的影响程度。如上所述："按规定电视应该固定在用遥控器直接可以打开的状态"。这个细节就是根据宾客的需要设计的，服务人员没有注意到，就会造成宾客的不方便。遇到这样的具体案例，饭店管理者应该将其列入服务案例当中，作为培训材料。让所有服务人员关注细节，做好细节处理工作。

宾客入住饭店，一般而言，客房状况是他们最关心的，也是他们最敏感的地方。现代人节奏快、工作繁忙，他们往往都是在匆匆赶路或频繁与客户谈生意中度过每一天。他们入住饭店，是为了生意的需要，也是为了休息和睡眠，如果客房卫生做不好，会非常令人烦恼；如果客房设备设施状况很差，也会影响他们的情绪和工作效率。所以，作为饭店管理者，一定要关注客房，关注细节，为宾客提供方便舒适、清洁达标的休息场所，让宾客体会到如同到家的感觉。

暗访案例及分析（二）

这是一份对饭店总机服务的暗访报告：

	日期：××××年×月×日		时间：11:00			
	标准			达标	未达标	备注
1	在正常情况下，电话铃响10秒内回答			√		
2	接电话时正确问候宾客，同时报出饭店名称				√	
3	转接电话准确、及时、无差错			√		
4	熟练掌握岗位英语或岗位专业用语			√		
5	接电话的背景没有嘈杂声和其他干扰声			√		
6	语音清晰，态度亲切				√	
	标准小计			达标	未达标	备注
			6	4	2	
	特殊情景描述					
	员工应变能力评价			优秀	一般	不合格
					√	
	其他评论					

第二项，接电话时总机人员仅仅报出饭店的英文名，没有报出饭店的中文名，且语速过快。
第六项，声音平淡，态度生硬。

该项达标率	66.67%

宾客在入住饭店期间有多次机会与总机接触交流，在此过程中，总机人员态度较生硬，语音不自然，而且有一次宾客在与总机人员对话时听到对话那边有哈哈大笑的声音。宾客打电话到很多部门结果都是打到总机，大概本饭店是提供一键式服务，并有专门的服务中心，此种做法的初衷很好，但是此项服务需要总机人员具有丰富的知识，对各部门都有一定的了解，但是本饭店总机人员一问三不知，很耽误宾客时间，在此方面需要加强培训。宾客于21:10左右刚回到房间，就有康乐部员工打来电话，询问宾客订的扑克牌什么时候送到，宾客感到莫名其妙，因为并没有订过。当宾客说没订过扑克牌后，员工告诉宾客是总机人员通知他们的，可见总机人员一定记错了房间号码。但更让人气愤的是当宾客告诉康乐部员工没有订过扑克牌后，康乐部员工仍旧送上扑克牌并告诉宾客："这是最便宜的。"

从这个案例中我们可以看到，如果只是从暗访表格设定的6项内容考察，仅有2项不达标，约占所查项目的33%。如果没有文字说明，看不出不达标的问题有多么严重，也无从知道具体不达标的问题出在哪里。这位暗访宾客用简要的文字说明了不达标的问题出在第2项和第6项内容中。如果只是根据表格内容提出问题，暗访人员的责任虽可以说尽到了，但饭店却不能知道还有更加严重的问题存在。因此，一位暗访客人的文字叙述是非常重要的。尤其当暗访客人遇到一些具体事情时，只有用文字，才能活灵活现地描述事情发生的场面，也才能够提供给饭店作为分析和查找原因的线索。

这个案例有如下几点启示：

（1）宾客在入住一家饭店时，经常会多次与某个部位的服务人员接触，能够多次而不是一次体验服务员的服务。如果饭店某个岗位出现问题或差错，必然会影响到宾客对该饭店形象的认知。

（2）在饭店里，总机岗位是不直接与宾客见面的岗位，但是其服务却是几乎每一个客人都要接触到的。总机虽然是在后台，可是，我们从这个案例中依然能够清楚地了解总机机房内工作秩序不规范，聊天和嬉笑，在他们聊得兴奋的时候，有电话打进来，似乎影响了他们的情趣，使得他们态度生硬、对宾客说话不自然。从文字描述中，我们还发现这个岗位的人员业务不熟悉，工作职责范围内的服务和应知应会内容掌握都很差，且由于总机传达有误，使得康乐部员工送错了物品等。总机的工作质量差，导致一系列问题的发生。

（3）这个案例中的文字描述，可以真实地告诉饭店管理者这个部位的员工缺乏督导和检查，饭店需要加强对这个岗位的管理和培训。

（4）这个案例还告诉我们，饭店如同一个人的身体，哪个部位出现了不平衡，都要影响全身的健康和本人的情绪。饭店不仅一线直接服务于客人的岗位重要，二线（后台）的岗位也同样不可忽视，同样关系到服务质量，关系到饭店在宾客心目中的印象，也关系到饭店总体运行的协调性和服务的准确性。

暗访案例及分析（三）

这是一份对饭店电话预订的暗访报告：

	项目：电话预订			
	标准	达标	未达标	备注
1	接电话时正确问候宾客，同时报出部门名称	√		
2	确认宾客抵离时间	√		
3	询问宾客是否需要交通接送服务	√		
4	提供所有适合宾客要求房型的信息	√		
5	正确描述房型的差异（位置、大小、房内设施）	√		
6	如该日期无宾客要求的房型，主动提供其他选择	√		
7	询问宾客姓名及其拼写	√		
8	询问宾客地址及其联系方式		√	
9	说明房价及所含内容	√		
10	提供预订号码或预订姓名		√	
11	说明饭店入住的有关规定		√	
12	通话结束前重复确认预订的所有细节	√		
13	通话结束，员工向宾客致谢	√		
	标准小计	达标	未达标	备注
	13	10	3	
	特殊情景描述			

员工应变能力评价	优秀	一般	不合格
			√
其他评论			

4~5在询问其他同事或上级的情况下提供信息。8仅仅询问了宾客的联系方式。12仅在通话过程中间确认过一次宾客预订细节，当宾客后来又一些其他要求后并未在通话结束前进行全面确认。13未向宾客致谢。预订员对业务不太熟悉，通话过程中至少有4次说："我帮您问一下吧"，在问其他员工或上级的过程中，仅有一次放背景音乐，在给宾客放背景音乐时也没有捂住话筒，以致宾客可以听到那边的对话。问完回来直接说："喂……"仅有一次说："对不起，让您久等了。"

该项达标率：	76.92%

一般而言，电话预订是饭店服务链条中的第一个环节，很多宾客是通过电话预订入住饭店的。这个岗位是对宾客的第一印象。

从这个案例中我们看到，预订员业务生疏、话语不规范、操作程序不规范，不能控制局面，好像是一位新上岗的服务生。

一个电话预订过程，从表格中看有13个程序。如果是一位熟练的服务员，完成预订是应该没有任何问题的，可是新员工由于业务不够熟练，就会比较紧张，尤其在独立操作时，发生上面这样的顾此失彼情况是在所难免的。

通过这个案例，我们有哪些启发呢？

（1）电话预订不仅是上述工作程序而已，它必然包含着销售内容，是适时推销饭店产品的岗位之一。一个熟练的预订员，同时又是一个很好的推销员。他可以在与宾客的交谈中，用自己娴熟的业务知识、热情的话语和服务的技巧吸引客人，最终使这笔生意做成。还可以推销饭店的高端产品、升级产品等，使饭店得到更大收益。相反，不熟练的预订员，很可能因为其服务的不流畅、不专业，导致客人流失。

（2）通过这个案例，我们认为，问题发生在员工身上，但是根子仍在管理。管理者不应该把一名没有经过培训或者没有培训好的员工单独推到一线岗位上，而没有同事去关照和帮助他。看来管理者对这个岗位的重要性及其销售作用也存在模糊的认识。

（3）从这个案例，我们还可以看到，饭店的专业培训的重要性。对于新员工的培训，一定要扎扎实实地做好、做到位，不能把培训不到位的员工匆忙派上岗去。另外，在饭店行业，不管哪个岗位员工的培训，都应该涉及销售意识的培训。这是一个全员培训的课题。每一个岗位都可以碰到适时推销本饭店产品的机会，如果员工没有接受过推销意识和推销技巧的培训，很多时候适时推销的机会就丧失了。

暗访案例及分析（四）

这是一份对饭店登记入住岗位的暗访报告：

	项目:登记入住				
	日期:××××年×月×日　　　　　　　　　　时间:14:50	达标	未达标	备注	
1	宾客抵达前台后得到及时接待	√			
2	主动、热情、友好地问候宾客		√		
3	登记入住手续高效、准确无差错		√		
4	确认宾客姓名,并至少在对话中称呼一次		√		
5	与宾客确认离店日期	√			
6	准确填写宾客登记卡上的有关内容		√		
7	祝愿宾客入住愉快	√			
8	宾客登记入住后及时将行李送至宾客房间	√			
9	送行李进房时,轻轻敲客房门或按门铃		√		
10	进房时,礼貌友好地问候宾客	√			
11	将行李放在行李架或行李柜上	√			
12	向宾客致谢	√			
	标准小计	达标	未达标	备注	
	12	7	5		
	特殊情景描述				

×月×日下午,宾客到前台告诉服务员忘带钥匙了,服务员在查了宾客房间号码、姓名,并让宾客背出身份证号码后,给宾客做了一把新的钥匙。宾客问起要交押金或是写条吗? 回答不用。

员工应变能力评价	优秀	一般	不合格
			√

其他评论

2 员工不太热情主动,都是宾客主动上前询问才有反应,感觉前台员工较散漫。

3 登记手续在两位员工的办理下居然用了10分钟,远远超过规定标准。员工解释说宾客用的是新身份证,因此没法"扫",只能人工输入到电脑中。

4 并未在对话中再次称呼宾客姓名。

6 宾客的房间是510,但是登记单上却打着504,经另一位员工提醒,办理入住的员工在上面用笔划了一下改成510。宾客的身份证上住址是海淀区,但是却被打成海殿区。离店日期是4月16日,但却被打成4月4日。宾客提醒服务员日期有误,员工回答:"没事。"

9 行李员直接用钥匙开房门进入房间,并未敲门或是按门铃。

宾客在询问员工房价时员工让宾客稍等,并显得支支吾吾,最终也忘记告诉宾客房价,宾客使用"东方万里行"卡做的预订,但前台并未让宾客出示此卡。

该项达标率	58.33%

一次登记入住手续的办理过程，从程序上看，细分为12道程序。我们看到有7项勉强合格，有5项不合格，达标率仅有58.33%，结论是"不合格"。即对整个入住办理环节的考核是不合格的。

从文字叙述中表明，该岗位存在这样几个问题：

（1）前台员工并不关注宾客，也不主动服务，没有很好地投入到工作状态中去。

（2）前台员工操作程序不规范。登记用了10分钟，不仅大大超过了3分钟的时限，且并未在登记的对话中再次称呼宾客姓名。

（3）前台员工状态不佳。他们的对客服务极为马虎和漫不经心，导致错误百出。在填写入住单时将510房间打印成为504房间，经提醒后，操作员很随意地做了手工修改，并未重做。前台将宾客的家庭地址搞错，将宾客的离店日期搞错。对于上述诸多错误，员工的回答却是"没事"。

（4）行李员操作不规范。登记之后，行李员未按照工作程序操作，带领宾客进入房间时不按门铃也不敲门。

（5）员工怠慢宾客。宾客询问时，员工表现得非常漫不经心，自始至终也没有回答宾客的问题。宾客使用了"东方万里行"卡，可是前台并没有要求宾客出示此卡。

以上诸多问题竟然发生在一次入住登记的10分钟之内，这是不符合要求的服务质量。

从这个案例中，我们看到饭店存在什么问题呢？

（1）饭店对员工的职业素养教育存在缺陷。我们看到前台员工并不珍惜自己履职的工作岗位，也没有认真严肃的工作态度。面对宾客，不是在服务，而是在应付。

表面看，这几个员工工作态度不好，但是从深层次分析，我们认为，这应该归因于饭店对员工职业素养教育方面的问题。饭店重视质量的一个重要前提，应该是不断地、反复地对员工进行职业素养教育，以至使员工养成自觉的、条件反射性的爱岗敬业态度、尊重宾客态度，养成一丝不苟服务、主动服务的习惯。

饭店拿到这样的暗访报告，应该意识到报告反映出的是员工素养教育的缺失。饭店要运用这个案例，有针对性地进行全员职业素养的教育，解决员工工作态度问题。

（2）饭店对员工的专业培训存在问题。员工不按照操作规范服务，随意地、漫不经心地对待宾客。可以推测到饭店对员工的要求、对员工的专业培训非常欠缺，否则，员工服务不可能这么糟糕。

（3）饭店的督导人员不够尽责，也不够到位。在10多分钟的入住登记过程中，饭店的督导人员没有出场，没有过问。这不能不说明饭店的督导缺失，即管理存在松散、松懈、松弛的状态。如果饭店有很好的督导，也不可能出现这样的场面。

暗访案例及分析（五）

这是一份对饭店餐饮服务岗位的暗访报告：

项目:正餐服务				
日期:××××年×月×日　　　　　　　　时间:12:10		达标	未达标	备注
	预订			
1	在营业时间,及时接听电话			
2	员工接电话时正确问候宾客,同时报出所在部门			
3	询问就餐人数、时间、宾客房号或电话			
4	重复并确认所有预订细节			
5	向宾客致谢			
	引座服务			
6	宾客抵达餐厅后,服务员及时招呼接待	√		
7	员工亲切友好地问候宾客	√		
8	员工亲切友好地问候宾客	√		
9	正常情况下,宾客就坐的餐桌已经布置完毕	√		
10	协助宾客就坐	√		
11	提供菜单/酒水单		√	

续表

项目:正餐服务				
日期:××××年×月×日　　　　　　　　　　　时间:12:10		达标	未达标	备注
餐间服务				
12	在宾客入座后,适时提供餐前饮料		√	
13	及时征询宾客能否开始点菜	√		
14	服务员熟悉菜单内容	√		
15	点单时服务员与宾客保持目光交流	√		
16	服务员的订单信息完整(如烹调方法、搭配等)	√		
17	点单完毕,服务员确认点单内容,并向宾客致谢	√		
18	点单完成后,及时上酒水及冷盘(头盘)	√		
19	根据需要适时上热菜(主菜)	√		
20	上菜时主动介绍菜名	√		
21	菜式和订单相符	√		
22	宾客用西餐时,服务员主动提供面包、黄油	√		
23	服务员根据不同菜式要求及时更换、调整餐具	√		
24	宾客用西餐时,服务员提醒宾客小心餐盘烫手	√		
25	服务员征询宾客是否需要各种调料(如番茄酱、辣椒酱等)	√		
26	宾客用餐完毕后,及时收拾餐具	√		
27	主动建议宾客使用甜品或替代品	√		
28	及时提供甜品,宾客有特殊要求的除外	√		
29	主动询问宾客是否需要咖啡/茶	√		
30	适时更新烟灰缸(此条根据国家禁烟规定已不适用)	√		
31	服务员询问宾客对服务满意与否	√		
32	宾客离开餐厅时,服务员向宾客致谢	√		
食品质量评价				
食品质量一般,上海特色菜少,西餐菜品及服务非常好,日餐食品很好且价格合理。				
酒水服务				
33	服务员向宾客展示酒瓶			
34	服务员在宾客面前打开酒瓶			
35	宾客用西餐时,服务员倒少量酒让主人鉴酒			

续表

项目:正餐服务				
日期:××××年×月×日	时间:12:10	达标	未达标	备注
酒水服务				
36	白葡萄酒搭配冰桶			
37	红葡萄酒应是室温,白葡萄酒应是冰镇			
38	服务员操作玻璃器皿时,总是握杯颈或杯底			
39	当首瓶酒水用完后,服务员主动询问宾客是否用第二瓶			
结账服务				
40	宾客要求结账,服务员及时提供账单		√	
41	账单和饭店专用笔一起夹在洁净的账单夹内		√	
42	账单条目清晰、正确	√		
43	结账手续高效、准确无差错	√		
用餐环境				
44	餐厅设置禁烟区(根据国家禁烟规定,室内全部禁烟)	√		
45	菜单外观清洁、平整	√		
46	菜单内容丰富	√		
47	菜单中至少含有两种素食者的菜式	√		
48	餐桌摆台与餐厅协调一致	√		
49	桌布洁净、熨烫平整、没有污迹		√	
50	餐具按中外习惯成套配置,无破损磨痕,光洁、卫生		√	
51	口布清洁、熨烫平整、没有污迹	√		
52	餐厅地面平整、无破损、无卷边、无变形,无污迹、无异味、干净、光亮	√		
53	餐厅的所有灯具完好、有效;无灰尘、无污迹	√		
54	照明良好、光线充足、灯光设计体现出专业性	√		
55	餐厅的天花板与墙面平整、无破损、无裂痕、无灰尘、无污迹、无蛛网		√	
56	家具稳固、完好、无破损、无烫痕、无划痕、无灰尘、无污迹、搭配合理	√		
57	空调回风口及通风设备有效、无破损、无脱落、无灰尘、无污迹	√		
58	艺术品、装饰品有品位,与整体氛围保持一致、无灰尘、无污迹	√		
59	背景音乐曲目、音量适宜,音质良好		√	
60	餐厅空气清新、无异味	√		

续表

项目:正餐服务					
日期:××××年×月×日		时间:12:10	达标	未达标	备注
用餐环境					
61	餐厅中的绿色植物新鲜无枯萎			√	
62	落台随时保持清洁			√	
63	封闭式厨房间与餐厅间有良好的隔音、隔味装置		√		
64	开放式厨房有良好的排烟措施				未用
标准小计			达标	未达标	备注
特殊情景描述					
		65	40	11	未查13
员工应变能力评价			优秀	一般	不合格
				√	
其他评论:					

(1) 凉菜上了后才将客人搭在椅背上的衣服盖好。

(2) 没有主动提供烟灰缸。

(3) 餐厅不分吸烟区与非吸烟区。

(4) 点菜时向服务员要一份菜单,但无人提供。

(5) 餐碟上发现一根头发,撤盘的服务员没有道歉,后来点菜的员工向客人致歉并在用餐后送客人果盘。

(6) 菜单为粤式和上海菜两种,同样菜品在两个菜单上的价钱不同,令客人糊涂。

(7) 台布上有污迹。

(8) 餐巾纸在用餐中途才提供。

(9) 餐桌上的植物下面无托盘,桌面上有许多土。

(10) 服务员主动撤完宾客用的饮料后说会为客人提供白水,结果为客人上了一杯滚烫的开水,直到客人离开时也没能喝上,后来在客人要求下服务员才为客人换了水。

(11) 客人点完菜和酒水后,又有两个员工先后来问客人是否需要点茶及饮料。

(12) 结账时速度较慢,也没有用饭店的专用笔(用的是燕京啤酒的笔)。

(13) 西餐厅台布上有很多窟窿,经询问,会尽快改善。

(14). 餐厅天花板有明显补过的痕迹。

(15) 在日本餐厅,客人点的两杯橙汁被上成了两杯西柚汁,服务员及时道歉并更换饮料,但橙汁味道偏酸。

(16) 晚上在西餐厅用餐时,开始没有背景音乐,后来背景音乐突然开启并且声音很大,然后才被调到了合适的音量。

续表

项目:正餐服务					
日期:××××年×月×日		时间:12:10	达标	未达标	备注
该项达标率				78.85%	

×月×日晚7:15左右到中餐厅用餐,发现以下问题:

(1)菜上错了,要的是煎带子,上的是北京煎饺,6个中有3个是破膛的;(2)餐厅只有三四桌客人,但是几乎所有桌子都未收拾好,酒杯无序地摆放在桌子上,客人用过的餐巾纸也放在桌子上;(3)客人希望员工提供水单,不开发票,但是服务员说"不行",只好开了发票;(4)厨房和餐厅间的地毯很脏;(5)萝卜丝酥饼个头有大有小,规格不统一;(6)客人要求点糟毛豆,服务员说:"不是季节,没有这个菜。"——很显然不是一个聪明的借口;(7)鳝丝从味道到色泽都不好,要求回锅以后方好。

　　这是一份四星级饭店中餐厅的一次午餐暗访报告。从表格记录来看,共计65项检查点,达标的41项,未达标的11项,未查的13项,总体合格率为78.85%,似乎合格率还可以。但是从文字叙述罗列的16项来看,其中有的问题还非常严重。由于暗访中发现问题较多,暗访人员不久后又一次来到这个餐厅,仍旧发现了不少问题。

　　如果说暗访这种形式,有其偶然性的一面,那么两次暗访结果都如出一辙,就可以做出必然性的结论了。

　　从报告中看,这个餐厅处于一种混乱无序的状态。卫生差、物品摆放凌乱;员工精神状态差,不主动,服务没有章法;对硬件设备和服务设施等没有保养意识;菜价混乱;等等。这些现象,说明什么问题呢?

　　(1)日常管理基础差。从暗访人员的文字描述中,我们看到,首先是餐厅基本状态非常糟糕:餐厅不分吸烟区与非吸烟区(当时还没有发布禁烟令),餐碟上发现一根头发,台布上有污迹,餐桌上的植物下面无托盘,桌面上有许多土;西餐厅台布上有很多窟窿;餐厅天花板有明显补过的痕迹;酒杯无序地摆放在桌子上,厨房和餐厅间的地毯很脏。这些问题居然集中反映在一个餐厅内,业内人士完全可以判断出这家饭店的日常管理是不严格的、不到位的,说明管理基础差,日常几乎没有督导管理。

　　(2)日常管理标准不高,服务意识差。通过描述,我们感觉到这个餐厅甚至不如社会餐馆。如果有严格的管理氛围，就不可能出现如此不洁的场面、无序的物品摆放和工作人员对此视而不见的麻木状态。

（3）员工没有得到很好的培训，对员工的要求不严格。撤盘的服务员没有道歉，服务员为客人上了一杯滚烫的开水，结账时速度较慢，也没有用饭店的专用笔，菜上错了，客人要求点糟毛豆，服务员说不是季节。这些描述，表明员工的服务随意性很强，服务不认真、不热情、不规范、不符合工作标准。

（4）出品质量差。更换后的橙汁味道偏酸；上的北京煎饺，6个中有3个是破膛的；萝卜丝酥饼个头有大有小，规格不统一；鳝丝从味道到色泽，都不好。

（5）餐饮的管理存在缺失。我们不难看出从餐厅环境到服务到菜品，都存在较多问题。分析上述现象，可以肯定地认为这家饭店的管理存在严重问题，管理人员严重失职。

要解决上述问题，不能头疼医头脚疼医脚，不能只从员工身上找原因，也不能以处罚员工了事，而应该从饭店的管理角度查找原因，认真反省：我们的管理有没有标准，我们的服务有没有程序，有没有规范，对服务人员有没有正规的培训，等等。要反思饭店的对客服务是以何种态度、何种理念为导向，是应付客人还是尽心尽力地服务于宾客。这是个理念问题，是把宾客摆在什么位置的问题。

饭店见到这样的暗访报告，应该高度重视，从上到下进行反思和查找原因。要借暗访报告中反映的表面现象，查找内部存在的问题，不仅是餐厅的问题，厨房一定也存在问题，其他岗位也必然存在类似的问题。应该用这样的案例为警戒，做到举一反三，深刻反省，全面整顿。从质量管理的角度看这个案例，这家饭店的质量管理意识很差，质量管理组织处于一种不作为的状态，就更谈不上追求品牌或者追求管理品质的标准和理念了。

以上5份暗访报告，都是根据事先设定的检查内容和检查表格，进行暗访并评价打分的。最初，暗访表格的制定者认为有了这样详细的表格和检查标准，完全可以达到检查和反映真实情况的预想。可是，通过实践，我们发现，如果只是根据表格内容打分，不加任何文字说明和描述的话，拿到表格后，我们只能知道第几项扣掉了分数，并不能知道为什么扣掉了分数，也不能知道扣分项目的具体问题是什么。可见只用表格检查和打分是不够的，需要加上文字描述和说明，才能完整地反映检查内容的状况。

有的暗访人员与上面的做法相反，不使用表格的方式，而是使用文字描述的方式进行记录。下面，我们再来看看不使用表格，只用文字叙述的暗访检查报告。

前台：服务人员很好，准确性高，账单没有出现异议，能在最短的时间内关注客人，与客人打招呼。行李服务稍逊色，在饭店内很少见到行李员，即使见到行李员，他们也不主动向客人提出服务请求。门卫表现出色。

餐饮：在礼貌服务方面不错。但是服务程序上还是有些问题，最为突出的问题是在中餐厅碰到冷菜热菜一起上的情况，餐厅员工都基本上不推销本餐厅的特色菜品，有的餐饮员工上班聊天，有的员工倚靠站立，很不雅观。

客房：改进最大的是客房的清洁度。上次检查中发现的毛发问题本次很少出现。客房工作人员在楼层中见到客人普遍能够主动微笑并打招呼。房间小酒吧酒水码放商标应朝外，在这方面还是有一些问题。在做床质量方面还有待改进。

上面的检查报告是一份暗访报告的片段。这种暗访形式与上面的5个案例不同之处在于它没有使用表格的形式，而是根据检查人员自己的入住体会和自己的工作经验，对暗访情况进行文字表述。这种检查方式也能基本反映饭店的日常状态，但是这种方式也存在一些缺陷，主要是：

（1）检查内容有一定的随意性。暗访人员只是根据自己的所见所闻用文字来描述，至于每一个岗位有多少个检查点，并不明确，每一个检查点的标准是什么，也不明确。每一个检查点的评价和打分无法操作。

（2）检查的文字表述有一定的随意性。由于不是按照表格内容进行检查和打分，其文字表述就是根据检查员的体验和个人经验进行评价和表述。无法使报告内容完整，无法衡量检查内容的标准。

（3）使用这种方式，检查的内容不够全面，不够均衡，而且还会有遗漏。例如一个岗位如果有10个检查点的话，单纯的文字表述，只能表达那些比较突出的问题，而不能反映全貌；如果有几十个检查点的话，例如餐厅，一般会有40~60个检查点，那么文字表述就更加不全面了。

从上述暗访报告的两种形式看，我们认为，使用表格加文字表述的方式比较好。这种方式比较能够规范地、全面地、生动地、真实地描述暗访人员所检查岗位的具体情况和真实场面。表格加文字表述的形式，对于暗访结果来讲比较科学、合理、真实、可靠。当然还可以利用拍照、摄像等手段充实暗访内容。但是这对于暗访人员而言，的确比较繁琐，既要填写几十页的表格，又要用文字、拍照等方式描述所查项目，确实需要付出得更多。

附录二
常用表格

在日常质量管理过程中，我们都会运用一些表格来记录检查情况，统计检查结果，分析问题原因，等等。各饭店或饭店集团、饭店管理公司各自都有不同的检查方式和检查表格。在这里，附录若干检查表格，供大家参考和借鉴。

主要有如下一些表格（示意表，可根据情况放大或缩小）：

一、班组（小组）日常检查表

二、部门日常检查表

三、饭店质检部检查表

四、饭店各部门检查情况月度汇总表

五、饭店月度质量检查分析表

六度质量情况报告表

七、饭店年度质量情况报告表

八、饭店对部门质量问题的整改通知单

九、饭店对质量问题的处罚单

十、饭店对员工的奖励通知单

十一、饭店年度质量管理情况评估表

一、班组（小组）日常检查表

部　　门		班　　组		质检员	
检查日期		检查部位		检查内容	

检查记录：

整 改 措 施	
备　注	通常每个班组每周检查2~3次，该表记录每次检查情况。

二、部门日常检查表

部　　门		经　　理		质检员	
检查日期		检查部位		检查内容	

检查记录：

存在问题：

整改措施	
备　注	部门质检情况记录表，每周检查2次，并于下周一向饭店质量委员会递交报告。

三、饭店质检部检查表

检查日期		检查方式	
检查部位			
检查记录			
主要问题			
整改要求			
检查人员签字			

注：该表为饭店质量委员会周检查报告表。

四、饭店各部门检查情况月度汇总表

日　　期		操作员	
主要问题汇总			

前厅部	
客房部	
餐饮部	
康乐部	
保安部	
工程部	
财务部	
行政办公室	
人力资源部	
培训部	
整改要求	
备　　注	

注：该表为饭店质量委员会月度汇总表。

五、饭店月度质量检查分析表

序号	项　　目	存在问题
1	仪表仪容	
2	礼节礼貌	
3	劳动纪律	
4	对客服务	
5	宾客投诉	
6	操作程序	
7	督导人员	
8	部门管理	
9	本月问题主要原因	
10	整改要求	
备　注		

注：该表为饭店质量委员会月度质检情况分析表。

六、季度质量情况报告表

报告日期		部　　门	
报告人		检查次数	

存在主要问题	
整改情况	
奖罚情况	
对质量方面的培训次数及培训效果	
班组评比情况	
备　注	

注：该表为部门季度质检情况报告表，于季末向饭店质量委员会报告。

七、饭店年度质量情况报告表

饭店名称		报告人	
		报告日期	
年度质量 管理计划完成情况		年度质量 检查频次	
专项检查次数		突击检查次数	
宾客重大投诉		宾客满意度情况	
年度奖罚情况			
年度服务明星			
年度微笑大使			
年度行业评比名次		年度集团(公司) 评比名次	
备　注			

注：该表为饭店向管理集团（公司）报告年度质量情况使用。

八、饭店对部门质量问题的整改通知单

整改部门		负责人	
本次检查 主要问题			
原因分析			
整改要求			
整改计划			
整改情况			
部门复查 情况			
奖罚情况			
备　注			

九、饭店对质量问题的处罚单

部　门		岗　位	
被处罚人员		主要问题	
处罚方式 （在相应的方式 上画勾）	口头提醒	书面检查	扣发奖金
	口头警告	下岗培训	其他处罚
部门意见反馈			
部门负责人签字			
备　注			

十、饭店对员工的奖励通知单

部　　门		岗　　位	
		日　　期	
员工姓名		奖励原因	
奖励方式 （在相应的方式上画勾）	口头表扬	宾客表扬信	奖　金
	奖励用餐	奖励旅游	其他奖励
部 门 意 见			
部门经理签字		受奖员工签字	

十一、饭店年度质量管理情况评估表

饭店名称		总经理	
质量委主任		质量委副主任	
年度质量计划 完成情况		年度质量问题 整改情况	
年度行业 评比情况		年度集团(公司) 评比情况	
总体评价			
需要改进的地方			
备　注			

主要参考文献

1. 奚晏平. 世界著名酒店集团比较研究[M]. 北京:中国旅游出版社,2004.

2. 谷慧敏主编. 世界著名饭店集团管理精要[M]. 沈阳:辽宁科学技术出版社,2001.

3. 龚益鸣主编. 质量管理学[M]. 上海:复旦大学出版社,2000.

4. 翁义骏著. 儒商任百尊[M]. 上海:汉语大词典出版社,1997.

5. 郑向敏著. 饭店质量管理[M]. 北京:旅游教育出版社,2006.

后　记

　　每一个人都有七情六欲。人对所从事的事业产生情感，是不足为奇的。本人从事了近20年的饭店管理工作，不仅投入了精力、体力、智慧，同时投入了自己的情感。"用心做管理"已经成为我的一种职业爱好。

　　2013年秋，我在超龄服役多年后从饭店管理岗位退下来了，从此我的饭店管理经历基本画上句号。在工作岗位上的时候，不能说老当益壮吧，但对所从事的工作充满激情，没有一天懈怠过。本人在长期的饭店管理工作中，倾尽全部心血专攻饭店内部管理，同时借助锦江北方公司这个管理平台，得益于领袖般管理天才海岩先生的指教，在国人自己管理高星级饭店的过程中，积累了许多独创的宝贵的并融入了国际理念和操作手法的具有实效的管理经验和实战经验，这些经历及经验在我的脑子里一直挥之不去。在某位好友的启发下，自己产生了一种强烈的责任感和义务感——用文字的方式把积累的宝贵经验传授下去，这应该是我继续要完成的工作。于是，编写《星级饭店高级管理丛书》的想法排上了日程。

　　在写作的过程中，我有机会到国外和各地走走、看看，入住了一些高星级宾馆，其中有外资的、有本土的。出于多年从事饭店管理的"职业病"，虽然本身不想再评价入住饭店的好坏，但是内心还是有许多评价和对比的念头，当体会到国人自己管理的五星级饭店与国际品牌高星级饭店在管理和服务上的差距之悬殊时，更感觉有一种饭店人的责任，要把多年的管理经验尽快整理出来，为提高本国星级饭店管理水平再做一点有益的奉献。

由于本人多年在质量管理、培训管理、员工管理和企业文化等方面积累了较多的实战经验，故此书系的名称分别定为《星级饭店培训管理》《星级饭店质量管理》和《星级饭店员工管理》。

经过奋笔疾书，《星级饭店培训管理》已于2014年4月份出版。《星级饭店员工管理》也已进入审稿程序。目前修改完毕的《星级饭店质量管理》一书，是在2008年已经出版的《饭店质量管理》（2012年第二版）的基础上，按照《星级饭店高级管理丛书》的风格和要求，又逐字逐句做了全书的整体修改。

当本书修改到最后一句话时，笔者忽然有一种莫名的释然感觉。这种感觉是舒畅、感叹，还是欣然，自己也说不清楚。这种释然，似乎是多年的管理经验和实战体会终于都落于文字上，不再担心这些经验和做法随着时间的流逝而淡忘；似乎是不再只有自己独享，而是可以分享；似乎是能够为我国的高星级饭店管理提供一点可供参考的东西而感到内心的快慰。当然也许这些文字没有什么太多的价值，但是我想，哪怕其中只有一句话、一条经验对其他管理者具有参考意义，我的这些文字就没有白敲。

对于《星级饭店质量管理》，我每天坚持至少抽出3个小时逐字逐句审阅和修改。这种投入，不亚于上班时的工作状态，而且它把我带回到了往日的管理环境中，一幕幕犹如电影回放，意在其中，情在其中，感动在其中，感恩更是在其中：如何检查各岗位质量，如何制定质量管理规则，如何进行明查暗访，如何帮助饭店提高质量意识，如何考察外资酒店质量管理方法，如何将外资酒店的管理经验输入内资高星级饭店，如何编写一本本饭店各专业的操作手册等等。

我还想起了曾经有那么多的同事与我共同配合做事，一起探讨质量管理秘籍，想起了无数个日日夜夜编写教材、讨论教材、修改教材的辛苦经历，想起了

《质量管理手册》历经一年半的编写和亲力亲为参与试行的经历，想起了体验和学习外资酒店质量管理时的执着和投入，想起了明查后的总结和研讨，想起了……太多的回忆和感动留在了往日的时光中，自己没有一丝的懊悔和遗憾。自己在锦江的平台上，在众多好领导好同事好朋友的襄助下，共同为高星级饭店的质量管理奉献了智慧和力量，留下的是无尽的感动和无限的感恩。

感动的是有那么多的好同事，他们无私地奉献了多年的管理经验，使得锦江的管理得到提升；感恩的是锦江给予自己的管理平台，给予自己施展才华去实战的机会。没有这些，自己一无所成。为此，自己有责任把这些管理和实战经验，经过文字的传递，使之成为可参考、可借鉴的财富，留给后来者，留给同行们。

自己虽然离开了饭店管理岗位，但是对饭店管理的情感丝毫没有减弱。我特别期盼着我国高星级饭店在改革开放的进程中，在与外资饭店竞争的过程中，逐步减小管理的差距，早日提升与外资著名品牌酒店的竞争实力，在世界高星级饭店中能够独树一帜，甚至超越同行，成为行业中新的领军者。这是我最最期盼的事情。

作为一个酒店人，这就是我的中国梦！

孙晨阳于北京

2014 年初冬